역사와 경제를 보는 눈
A Perspective on History and Economics

Kim Sang Duk's Column Collection
Principles of Enterpreneurship

가난의 결핍을 극복하고 한국경제를 이끌어간 선구자 삼성그룹 창업자 이병철 회장 현대그룹 창업자 정주영 회장 포스코그룹 창업자 박태준 회장 대우그룹 창업자 김우중 회장 히스토리

차 례

인사말 ··· 5

I. 개척의 시대 : 한국 경제발전과 산업 1세대 영웅들 ······························ 6
  1. 삼성그룹 창업자 이병철 회장 ·· 7
  2. 현대그룹 창업자 정주영 회장 ·· 25
  3. 포스코그룹 창업자 박태준 회장 ·· 39
  4. 대우그룹 창업자 김우중 회장 ·· 52

II. 부르주아 혁명과 자본주의 생성 ··· 70

III. 인간경영론: 공자·맹자·순자의 사상과 한비자 ································· 75

IV. 해방 후 두 체제 간 싸움의 질곡 ··· 84
  조선 주변국의 정세와 중국의 반란 ·· 85

V. 김상덕 칼럼 중에서 : 역사, 경제, 지식을 알아가는 힘 ················· 95
  01. 《1차》 자녀에게 요구되는 가정교육 강화 ·· 96
  02. 《6차》 세살 손자 이도가 할아버지를 감동시켰다 ·························· 97
  03. 《10차》 4·19 학생혁명 정신과 러시아의 데카브리스트 혁명 정신 ········ 99
  04. 《11차》 6·25사변과 미국 게티스버그 남·북군 ······························· 102
  05. 《17차》 국가 부채가 늘어나면 우리의 미래는 없다. 청년들에게 묻는다 ········ 104
  06. 《18차》 공정거래법과 공정의 원칙, 청년들의 꿈 ·························· 109
  07. 《19차》 권력의 탐욕 ··· 112
  08. 《26차》 부르주아혁명과 프롤레타리아트 독재, 자유대한민국 ······ 116
  09. 《27차》 전인격적 능력 높여 100세 시대 살아가자 ······················· 119
  10. 《29차》 경영자의 인격과 기업가정신 ·· 120
  11. 《36차》 이승만은 왜 미국을 신뢰하게 되었는가? ························· 122
  12. 《37차》 1948년 제주 4·3 사건의 진상 ·· 125
  13. 《41차》 제주 4·3 사건 김달삼, 이덕구의 무장력(제1.2대 인민 유격 사령관) ······ 129
  14. 《53차》 중국문화혁명 후 미국·중공 첫 외교와 한반도에 미친 영향 ············ 132
  15. 《54차》 1946년 10월 1일 대구 좌익 폭동사건 ······························· 135
  16. 《61차》 대구 10·1 폭동사건·의과대학생 최무학 선동에 놀아난 대구 시민들 ··········· 138

17. 《73차》 제주를 붉게 만든 인민유격대사령관 김달삼, 그는 제주인이며 제주를 파괴한 공산주의자 ·· 141
18. 《82차》 여수 14연대 군 반란사건(1948.10.19) ··· 146
19. 《87차》 KBS 제주총국 다큐로 다룬 남로당 프락치 문상길 중위는 어떤 사람인가? ··· 151
20. 《99차》 자유 대한민국 건국 가능성 1%로 성공 ·· 154
21. 《102차》 교육의 거품, 경제적이냐? 비경제적이냐? ·· 158
22. 《108차》 선과 악의 구분, 망국의 지역주의, 국가 미래는 국민의 주권 행사에 달려 있다 ·· 161
23. 《110차》 보이지 않는 하나님의 손, 기독교인의 자본주의 정신과 직업 소명, 막스 베버의 기독교인의 삶의 지혜 ··· 164
24. 《111차》 수용성 교육 강화, 전 인격적 능력 높여 100세 시대 준비, 자기 중심적 교육에서 벗어나는 세계관, 4차 산업혁명 시대 노후 40년을 버텨야 하는 생존 준비 ·· 168
25. 《112차》 19세기 세계를 지배한 패권주의 ·· 170
26. 《113차》 전두환 전 대통령의 과오와 평가. 3천 년 역사 중 최초 단임제 실천. 민주주의 꽃피운 정권 교체 디딤돌 놓다. 국격 신장 평가받아야 ··························· 173
27. 《116차》 컴퓨터 국부론 부자와 빈곤, IT 지식정보 고속질주 세계 디지털 사이버 스페이스. 국경도 지리적 거리도 없어져. 좌파 이념 색출 메커니즘. 미국의 저력 ·· 177
28. 《119차》 사병 출신과 장군의 만남. 정진태 장군, 이진삼 장군, 이부식 장군, 안장강 초대 서울시 교육청장을 만나다. 수호 정신은 살아 있었다 ························· 180
29. 《124차》 국가 정체성 회복 ·· 183
30. 《133차》 조 바이든 미국 대통령 2022.5.20 한국 방문 ······································ 186
31. 《135차》 누가 당신에게 무거운 짐을 던졌나? ·· 189
32. 《138차》 박정희 대통령 수 많은 경제 악재 대처 ·· 193
33. 《141차》 38선 그은 역사 왜곡 무고로 고발한다 ··· 196
34. 《143차》 흑자는 한국의 경제인인가? 해방과 일본의 귀속 재산 ······················· 201
35. 《145차》 톨스토이의 전쟁과 평화, 러시아 데카브리스트혁명 ·························· 205
36. 《165차》 나도 극우 반열에 오를 수 있을까? 극우로 인정해 준다면 나라를 위해 가문의 영광으로 살겠다 ·· 211
37. 《234차》 역적모의 악의 축이 대한민국을 장악했다 ······································· 214
38. 《235차》 윤석열 정부 인사 작동이 고장난 것 같다 ··· 217
39. 《237차》 장기표의 정치 역정, 가슴에 고인 눈물에 이 글을 바친다 ················· 220
40. 《특별기고》 역사와 경제를 보는 눈 ·· 224

국제경제인협회 사진 모음 ·· 226
요약문 ··· 250
참고문헌 ··· 251

인 사 말

  오랜 세월에 걸쳐 정치·사회·문화·예술의 변화 과정과 과거로부터 역사 흐름의 결과를 현재까지 기록되어 온 사실을 왜곡한 기록은 우리 미래에 아무 도움이 되지 않는다. 과거를 통해 현재와 미래를 이어가는 진실된 사다리가 세대 간의 소통과 끊임없는 대화의 연장이 될 수 있다. 본 저술의 핵심은 지나간 역사를 올바르게 기억하고 정치·경제·문화·예술의 귀중함의 토대로 기획된 것입니다.
  1917년 11월 9일 Bolsheviki(러시아 사회 민주 노동당) 혁명이 성공한 러시아 공산주의는 1991년 12월 31일자로 완전히 붕괴됨으로서 75년 만에 세계 역사 무대에서 사라졌다. 그들이 주장하는 공산주의 사상이 인간의 삶을 속였으나 그들의 허구성은 역사에서 증명되었다. 공산주의 이론이 평등·자유·번영·행복을 보장해 주는 실체적 가치로 인정되었다면 러시아를 중심으로 공산주의 위성국가들은 왜 몰락되었을까? 현재 세대들이 전혀 겪어 보지 못한 자유대한민국 격동기였던 을미사변, 을사늑약, 한일합병, 대구 10·1 폭동사건, 제주 4·3 폭동사건(1948년), 여수·순천 군 내부 반란사건, 38선이 그어진 이유, 6·25사변(1950년)으로 북한이 동족에게 일으킨 한국전쟁의 참상으로 한국경제는 완전 파탄이 되었으나 산업 1세대들은 이를 극복하여 도움을 받는 나라가 도움을 주는 나라로 바뀌어 국가 위상을 높였다.
  미래는 우리 후대들이 안고 가야 할 책임이고 높은 가치이며, 역사를 가볍게 여기거나 자유민주주의와 경제발전 과정의 가치를 허술하게 여겨서는 안 될 것이다(2024. 10. 저자 김상덕).

I. 개척의 시대 : 한국 경제발전과 산업 1세대
영웅들
이병철·정주영·박태준·김우중

1. 삼성그룹 창업자 이병철 회장

한국경제의 구심점을 찾을 때, 삼성그룹 창업자 이병철 회장, 현대그룹 창업자 정주영 회장, 포항제철 창업자 박태준 회장, 대우그룹 창업자 김우중 회장 등 네 분을 빼놓을 수 없다. 위 선도적 창업자들은 비즈니스에서 공통점이 있었다. 이에 필자는 각별히 기억에 남는 존경하는 분들이다. 이 분들은 한국경제 기초를 뿌리 내리게 한 최고경영자로서 후대에 영원히 기억에 남게 될 것이다.

이 네 분은 사업이나 계열사 창업을 구상할 때마다 국가 경제에 미치는 영향이 무엇인지 깊이 고민하는 습관의 공통점을 가지고 있었다. 따라서 어떤 명분인지 그에 따라서 결정했으며, 그에 충족한 사업인지 아닌지 염두에 두고 구상해 나갔다. 즉 고용 창출과 경제성장은 물론 경제 전반에 어떤 영향을 미칠 사업인지 사전에 치밀하게 검토하면서 결정하는 분이었다.

이병철 회장은 일제 때와 청년 시절부터 사업을 구상하고 해방과 나라 질서는 주먹이 법보다 먼저라는 무법천지 세상의 사회상을 경험하며 법의 바탕에서 합리적인 시장 질서를 강조한 분이다.

이병철의 일선 시장 활동은 산업 1세대에 속하고 무에서 유를 창조한 한 시대의 창조적 기업가로서 실패와 좌절을 경험하면서 값진 경험을 통해 포기하지 않는 기업가 정신으로 실천에 옮겨 높은 성과를 얻어내는 기업가였다.

따라서 한국 경제발전은 물론 1960년대에 추진한 기술개발 축적의 그 뿌리가 든든하게 이어져 21세기 제4차 산업혁명 시대에 이르러 선진 대열에 힘이 연결되고 있다.

특히 한국경제에 수반되는 뿌리는 선진 대열에 선 고급인재 육성과 H/W 수준을 끌어올려 제조의 세계시장 확대에 힘입어 수출입 1조억 달러 시장을 접근시키게 한 한국경제 선구자였다.

기업가들은 고 이병철 회장의 창업정신과 기업가정신을 이어받아 후대에 이어가는 사다리가 되어 국가 경제발전에 참고하고 교육에 접목되어야 한다는데 여론의 대세가 되고 있다.

한국경제가 지속적으로 발전하기 위해서는 필자가 거론하는 산업 1세대들의 모험심과 창조 정신 상상력 열정이 수반되어야 한다. 따라서 실패와 좌절을 극복하면서 꾸준히 노력하는 인내와 용기로 목적을 달성하는 데 통찰력을 발휘했다.

이와 같은 기업가 능력을 발휘하고 결과를 성공시킨 사례를 보면 탁월한 혁신적 사고를 가진 기업가였음이 증명되고 있다.

현재 후배 기업가들이 무에서 유를 창조한 한 시대 경영자의 몸소 실천과 성과는 현 기업인들의 이정표가 되고도 남음이 있다. 따라서 그 시대에 추진한 기술 축적의 뿌리가 오늘날 제4차 산업혁명 시대 선도적 방향으로 뿌리 내리게 한 업적이라 할 수 있다.

특히 한국 경제발전에 당시 요구되는 기술 기반을 이끌어 갈 인재 육성과 제조 부분의 시장 활로를 확대하고 뿌리 내리게 하여 경제성장 확장에 그의 능력은 유감없이 발휘되었다.

이 분의 경영 철학과 업적은 우리나라뿐만 아니라 국내외 정치·경제계에서도 널리 알려진 존경의 대상이 되어 오고 있다.

그러나 우리가 영원히 기억해야 할 선대들의 업적이 후세대로 이어지면서 산업 1세대의 업적을 이어가는데 기업가정신의 전통에 소홀한 점을 후배 기업인 스스로 보완해 나가야 한다.

다시 말해 우리 경제가 지속적으로 발전하기 위해서는 과거의 업적과 기업가정신이 승계되어 후대들에게 기억하게 하고, 그분의 경영 철학과 경영전략을 경험사례로 습득하여 산업 1세대의 도전과 혁신의 정신을 이어 국제 경쟁력을 높이고 새로운 비전의 시대로 또한 세대 간 연대를 이어가야 한다.

이병철 회장의 50년 기업 인생 중에서 10년을 곁에서 모신 손병두(전 서강대학교 총장)는 그가 일궈 낸 경영 철학을 곁에서 모시고 배우면서 많은 것을 배우고 체험했다고 증언하고 있다.

그는 30대에 곁에서 그분을 모시면서 경영 철학과 경영전략을 보고 듣고 체험하고 자신의 인생 목표에 접목이 되었고, 그분의 가르침에 바탕이 되어 나름대로 올바르게 삶의 지침이 되었다고 회고한다.

그는 미숙한 젊은 시절에 이병철 회장을 모실 수 있었던 것을 인생의 큰 영광으로 여기고, 그 분은 내 인생의 스승이고 멘토였다고 어느 장소에서나 자랑스럽게 말한다. 삼성의 경영이념과 경영 철학은 평생 사회생활을 통해서 형성된 자신의 실천과 체험이 하나하나 쌓이고 체득되어 능력과 겸손으로 살아온 아젠다는 삼성의 경영이념에서 터득했다고 회고했다.

주변에서 보는 이병철 회장의 세 가지 경영이념은 첫째, 사업보국, 둘째, 인재 제일주의, 셋째, 합리성 추구라는 경영이념에 접목하여 인재 양성과 고용 확대, 인재 우선주의, 국가가 항상 먼저라는 바탕을 둔 경영 철학이었다.

　필자가 기억하기로 1972년 최고의 국제 경쟁력을 가진 인재 양성을 위해 당시 2,000억을 투자한다는 그의 발표로 세상을 놀라게 했고, 지금의 가치로 20조억원이 넘는 돈이다.

　삼성그룹은 그때를 시발점으로 인재 중심 경영 철학이 곳곳에 스며들어 오늘의 삼성그룹 경영 정신이며 세계적 기업으로 발전시킨 기초가 되었다 할 수 있다. 그 정신이 한국 최고의 삼성그룹으로 키울 수 있었다. 지금에 있어 세계 일류 브랜드로 키우고 인정받는 기업으로 성장한 것은 한국의 자랑이며 그의 경영 철학이 기업인에게 존경이 될 수 있는 이유의 하나다.

　삼성 창업 초창기 이병철 회장은 정미업, 운수업을 시작하여 실패한 후에도 여러 차례 좌절과 시련을 겪었지만 굴하지 않고 끊임없이 사업을 구상하고 이끌어 나아가면서 많은 어려움도 극복한 잔디 같은 경제인이다.

　다양한 업종에 새로운 아이디어를 창출해 나갔으며 30개가 넘는 기업을 창업하는 과정에서 그의 경영철학은 국리민복을 거스른 창업은 없었다고 말한다. 에너지가 절대 부족한 시기에, 그리고 모든 부분에 자원이 부족할 때, 수출만이 살 길이라는 수출 제일주의 정책에 따라 1961년부터 시작된 수출 우선주의 정부 정책에 발맞춰 비좁은 내수시장을 벗어나 세계시장에 도전하기 위한 준비 과정에서 인재 양성을 첫째로 우선시한 이유였다.

　상업자본에서 산업자본으로 이동하는 과정에서 자원을 산업현장에 대체하기 위하여 수입대체 산업을 우선시했다. 그가 보는 눈은 6·25 전쟁을 통해 완전 한국경제자립 파탄으로 암흑한 상황에서 일반 생필품과 산업 물자 부족에 허덕이던 때였으며, 국가 총 운영예산의 52%를 미국 원조와 수입에 의존하던 때였다.

　그는 수입대체 산업을 해야겠다는 의지와 당시 국가 정책이기도 했다. 현실의 삶에 불편한 일반 생필품과 국가의 안보 및 안전에 관계된 산업 물자 부족에 착안하고 구멍 난 서민경제에 힘이 되어야 한다는 차원에서 정부와 기업이 협력해야 할 경제발전 구상에 적극 참여한 기업인으로 평가하고 있다.

　그는 보국 정신으로 수출보다 수입에 의존했던 우리나라 사회실정에 맞춰 설탕을 생산한 제일제당과 제일모직을 창업하여 옷감 직조 개발, 옷감이 부족한 것을 수입에 의존했던 내수와 수출 위주로 삼성경영방침을 전환했으며 국민에게 '옷이 날개다'라는 속담에 부응하는 데 힘을 쏟았다.

옷감 품질을 인정받아 해외 수출에 힘입어 국가 외화 재정에 필요로 하는 달러 유입과 국가 재정 안정화에 기여했다.

그때 그분의 연세는 40대 초였다.

이병철 회장은 당시 우리 현실에 다급한 식료품, 미국 구호물자로 군복을 물들여 부산 평화시장, 서울 남대문, 동대문시장에서 입는 옷을 의존할 때 옷감을 우리 손으로 짜서 제공할 생각을 하였다. 그는 기업가정신뿐 아니라 탁월한 능력을 갖춘 경영전략가였고 세계시장을 넓혀 나가는 황무지에 도전하는 측량가였다.

제일제당과 제일모직을 성공시킨 다음 평소에 항상 마음에 지닌 보국 정신을 발휘하여 현재 만족에 머무는 것이 아니라 우리나라의 경제력을 창출하는데 근원을 찾는 그림을 그리고 합당한 조건을 찾는데 심취하였다.

따라서 여기서 삼성이 안주하면 안 되지! 어떻게 하면 선진국과 같이 풍요로운 생활을 만들 것 인가 선진국 경제를 향한 도전 설계에 고민하고 다음 단계로 착수하였다.

그는 조선말 척신정치의 착취시대를 공부하고 일제 식민지 시대 과정을 경험하면서 국민은 늘 가난을 벗어나지 못하는 안타까움을 마음 깊이 되새김하였다. 우리 모두가 요구하는 자체를 기업인이 선두로 나서야 한다는 보국 정신을 항상 깔고 창업을 하신 분이다.

그때 번 돈, 즉 상업자본을 제조업에 비중을 두고 산업 자본화하여 제조의 활성화 착안도 그분의 보국 정신이었으며, 우리나라 제조업과 기술 수준을 한층 높이는 최초의 사례라 할 수 있다. 또한 먹을 것이 절대 부족하던 시절이라 식량 증산을 위하여 요소비료가 절대 필요한 때 세계 최대의 단일비료 공장인 한국비료 생산 공장을 설립하여 농업 국가인 우리나라의 식량 증산을 착안해 곡물 생산에 기여 했다.

국민 대다수가 굶주림에 허덕였고 가난을 해결하기 위해 쌀 증산이 절대 필요로 한 시기라 그 당시로는 세계 최대의 단일 비료 공장을 짓기 위하여 막대한 건설자금이 필요했는데, 국가나 기업이나 국제 신용도가 높지 않아 외국 자본을 끌어오기 힘든 상황이었다. 그 어려움을 극복하고 차관으로 비료 공장을 지었다는 것도 우리나라 제조 최초 시범적 케이스였다.

식량 절대 부족에 대응하기 위한 보국의 정신으로 비료 공장을 완성하여 곡식 증산에 기여했지만, 정치적 희생물이 되어 밀수꾼의 오명을 뒤집어쓴 채 국가에 헌납해야 하는 기업인으로서 깊은 상처를 입기도 했지만 삼성은 좌절하지 않았다.

　삼성창업자 이병철 회장은 이에 대하여 "역사는 언젠가는 제대로 밝혀질 것으로 믿는다."라고 말을 남겼다고 한다.
　당시 낙후된 경제를 높이기 위한 관 주도의 경제화를 자신의 독특한 창조 정신으로 새 시대로 가는 신선한 아이디어가 다른 기업의 모방을 하는 것이 아니라 인재 우위와 기술 우위에 올려놓고 시작되는 차별화 된 패러다임으로 삼성을 성장시켰다.
　그의 기업가 정신은 타 기업에 비해 미래를 예측하는 상상력이 풍부하고 신선했다고 평가하고 있다.
　그 시대 또는 아무도 엄두를 못 낼 시기에 박정희시대 경제정책 패러다임에서 경제발전의 기본인 농촌 새마을운동에서 농촌이 발전되고 곡물 증산을 높이기 위해서 미국에 의존한 곡물 및 먹거리 자급자족을 위해서도 곡물 증산이 반드시 필요로 한 시대였다. 모든 곡물 증산을 높이기 위한 조치가 비료 공장 설립이었고, 쌀 증산을 위해 비료 생산이 수반되어야 하는 것은 당연한 이치였으며 시대 상황에 맞아 떨어진 트렌드였다.

　그 시대 국민경제 요구에 부응하고 국가 정책에도 이바지된 것이다. 그의 상상력을 수반할 수 있었던 것은 국가 정책과 박정희 대통령의 일관된 취수, 취산 장려정책이 같이 움직여졌기 때문이며, 정부와 기업가 간에 높은 소통이 유지되었다 할 수 있다. '농촌 잘 살기 운동'에 지도자의 관심과 의지가 확고함에 따라 정부 국민 기업의 공감이 형성되었다는 것은 분명한 사실이다.
　정부는 기업가에 일하기 편한 제도를 만들어 권의 의식이 아니라 기업의 움직임을 긍정적으로 주시하면서 경청하고 마인드에 따라서 기업가들도 책임을 다하는 기업가 정신이 발휘되었다. 그와 같은 국가 정책으로 사회 전반에 공급과 수요가 올라가며 높은 성장 속도가 유지되면서 국민이 신나게 일할 수 있는 시장 확장과 고용이 자연적으로 증가되고 국가 역량은 폭넓게 성장되어 나갔다.

　1950년대까지 우리 국민은 외세에 시달려 왔고 일제에 억눌려 기가 살아나지 못한 탓으로 대단히 게을러서 한때는 희망 없는 국민이라 묘사되기도 했다. 그러나 박정희 대통령이 밀어붙인 근대화와 산업화 정책 이후 가장 부지런한 국민으로 세계 각국으로부터 인식되었다. 따라서 국가경영 슬로건이 구시대를 탈피하고 근대화로 사회경제적 제도적 환경에서 기존을 탈피해 인센티브 제도가 건국 이래 처음으로 시장경제가 관 주도에서 기업과 사회주도 변화한 것이다.

국가 통치력과 국가경영구조 시스템이 국민이 공감하는 합리적인 방안이었으므로 산업 1세대들의 기업가 의욕을 더욱 북돋아 시장을 건드리지 않고 기업가 스스로 왕성한 기업 활동을 하도록 정책을 펴나가는데 정부는 세계시장을 개방하는데 나서주었다. 이병철 회장은 최초부터 한강의 기적을 이룩하는 데 적극 동참한 기업인이었다. 비료 공장에서 생산되는 비료에 의해 농산물 생산은 크게 개선되고 증산됨에 따라 미국의 곡물 원조와 수입 의존을 줄이는 데 이바지했다. 따라서 박정희 대통령의 자립경제 자주 국방정책에 부응하는 자급자족의 길이 뿌리를 내리게 되었다. 즉 이것이 이병철 회장께서 살아간 한 시대의 인생 철학이며 기업경영의 패러다임이다.

국가 보유 달러를 아끼기 위해 기업인으로서 기업의 이윤에 마땅히 부합해야 함에도 국가 발전에 피해가 되는 이윤을 선택하지 않는 그의 차별화된 경제이론이 세계적인 모범기업 삼성그룹을 키워 온 그의 사회적 책임의식이 수반된 것이며 명품기업을 성장시킨 탁월한 창조정신이었다.

그의 경영이론을 바탕으로 제시된 가장 큰 업적은 수입대체 산업을 중시하여 파탄된 국가 경제를 탈피하기 위한 국가 자립경제 정책에 협력한 부분을 높게 평가할 수 있다.

그는 국가 미래를 걱정하는 기업가 본분의 역할에 충실한 경영자로서 그가 추구하는 최우선이 국가가 우선이었다. 또 한 경쟁력을 갖춘 기업을 보유한 부국만이 대한민국의 국제적 지위가 높아지고 우리 국민 모두가 살아갈 수 있다고 생각한 그의 경제 패러다임이었다.

그가 이룩한 업적의 결과물은 삼성그룹이 납부하는 납세로 국가 예산 20% 이상 국민 5000만 명의 삶을 시행해 주고 있다.
이 결과물이 이병철의 보국 정신이다.

우리는 삼성의 사회적 업적을 소중히 여기고 키워나가는데 정부나 사회가 협력해야 한다.

또한 정치나 어느 정부도 백 달러도 미치지 못한 그 시대의 상황을 충분히 이해하는데 노력해야 할 것이며 정경유착이니 비도덕적 행태는 21세기 선진한국의 기업가 자부심에 아무런 도움이 되지 않는다.

울산 공업단지 건설 정부에 건의한 혜안

그는 5·16 군사혁명 후 전국경제인연합회를 설립하고 초대 회장에 취임했으며 정부에 울산 공업단지를 건설하도록 정부에 건의했다.

당시 국가 신용도가 어려움에도 과감하게 차관 유치단을 구성하여 미국 유럽을 방문하여 울산 공업단지 건설자금을 위한 유치 활동에 자발적으로 나섰으며 그 결과로 울산 공업단지 내 상징적 사업인 한국 비료 공장을 건설한 것이다.

당시 삼성그룹 이병철 회장은 한국일보에 4회에 걸쳐 우리나라가 잘 사는 길이라는 기고문을 게재하고 그것이 우리나라 경제가 나아가야 할 방향이라고 제시한 지침이 되었다.

이와 같은 계기로 농업기술과 농산물 생산의 증산뿐만 아니라 각 분야의 기업인들에게 미래 비전을 제시해 주는 구심점이 되었으며, 곡물 증산의 힘으로 해마다 4월에 국민이 겪는 보릿고개를 면하게 한 시대 '가난은 이제 그만'이라는 가난 해제의 첫 단추를 끼웠다.

그는 새로운 문화 영역에도 경제인으로서 앞장서야 하는 책임을 느끼고 구상을 해나갔다.

60년대 중반부터 갖게 된 생각은 경제적 사회 환경이 제대로 되지 않으면 경제가 발전할 수 없다는 소신이 확고했다.

청년 시절 4·19를 겪고 40대 초반에 5·16을 겪으면서 뼈저리게 느낀 나머지 한때는 직접 정치에 뛰어들까도 마음먹었으나 정치는 본인의 적성에 맞지 않아 정치는 포기했다고 전해진다.

정치를 뒤로 한 채 언론을 통해서 정치·사회·문화 환경을 고쳐 나가는 데 리더 역할을 결심하고 중앙매스컴을 창업한 계기가 되었다.

정치 권력에 의한 우리나라 사회풍토에서 기업하기가 얼마나 어려우면 그런 생각을 했을까 충분히 공감할 수 있다. 현대그룹을 창업한 정주영 회장도 정치가 바뀌고 이념에 따라 이래라 저래라 하는 정치 사고방식에 따라 기업하기 힘들고 억장이 무너져 직접 정치에 뛰어들어 대통령 후보로 나선 것도 그런 심정이었다고 그는 말했다.

정치 권력에 밉보이면 수십 년의 공든 기업의 탑이 허물어지는 상황을 초래한다.
우리나라의 역대 정치는 기업하기 좋은 나라로 만들어 가는 지혜와 고민과 아이디어를 짜내는 좋은 그림의 정치가 아니라 정치 이념에 따라 기업인을 괴롭히고 겁주는 정치, 기업을 함부로 하는 것은 예사였다.

　기업이 실업을 해결하고 국민이 먹고사는 빵을 해결하는 기업을 보호하려는 것이 아니라 정권을 잡으면 변화와 희망을 주는 것이 아니라 썩은 이념의 방식으로 권력을 남용하며 그들이 평소 부르짖는 깨끗한 정치는 찾아볼 수 없고 정치로 인해 부패는 지속되어 왔다.

　민주화 사회가 성숙 되어야 할 이 시대의 대한민국이 이념의 정치 열심히 노력한 결과물을 적폐로 몰아 노력 없이 자기편에 기득권을 확장시키려는 현상이 벌어지고 있다.

　우리가 자신 있게 증언할 수 있는 사실은 박정희 정권 때가 제일 기업하기 좋은 때였으며 통치자 정부 기업의 소통 삼위일체였다.

　정치는 빵을 해결하는 기업을 아끼고 최우선에 두고 보호해야 하며 국민의 삶과 질을 높이는 경제주체가 국제사회 국가의 지위를 가지게 한다.

　사업에 전념해야 할 바쁜 기업인이 권력이 바뀔 때마다 기업에 전념할 수 있는 환경이 조성되는 것이 아니라 정치 권력에 눈치 보게 하고 정치 권력에 잘못 보이면 세무사찰이라도 당하는 불안감에 숨을 죽이는 심정이 기업의 입장이다.

　기업은 국민의 생존전략에 포함되며 우리나라 오랜 나쁜 관례의 한 부분이 정치만 변하지 않는 환경에서도 기업가는 끈질기게 경제주체로서 세계시장을 누비면서 역할을 충실히 해왔다. 그래서 제발 잘하려고 노력하는 기업가를 정치가 건드리지 말라는 것이다. 한국 경제주체는 부지런하고 머리가 좋은 기업인에게 경제 주도성장이니 주 52시간 근무 등 괴상한 논리를 따라야 하는 기업인은 이제 지칠 대로 지쳤다.

　경제주체가 세계에서 유례를 찾아볼 수 없는 성장의 결과물을 정치계는 기업인의 노력을 인징해아 한다.
이것이 국가경제발전을 위해 경제주체들이 꾸준히 노력한 결과물이며 오늘의 한국경제 발전이라 할 수 있다

　경제주체의 막중한 책임과 기업가 정신으로 단순 가공 산업에서 기술 집약산업으로 이동하면서 이병철 회장은 50대 말 전자산업에 뛰어들었으나 그 당시 국내 전자산업 업계에서는 삼성이 전자산업에 참여하는 것을 적극 반대했다.

　그는 삼성이 전자산업을 착수하고자 하는 이유를 중앙일보에 "전자공업의 오늘과 내일"(1969년 6월 26~27일자)이라는 기고문을 통해 당당하게 밝히고 정책당국의 결단을 촉

구했다.

　어차피 전자산업이 독과점으로 유지될 수 없고 외국기업이 들어와 전자시장 확장에 내수가 흔들리는 것보다 국내 기업이 참여 경쟁하여 경쟁력과 품질을 높이고 확대하는 것이 국익을 위해서 유리하다는 이병철 회장의 논지였다.

　그것은 단순 가공 산업에서 기술집약형 산업으로 전환해야 할 시기가 왔다고 보고, 기술의 미래 비전이 국가 산업발전이라고 보았기 때문이다.

　미래 산업의 발전 단계를 수용하게 되면 우리나라 미래 비전 경제 발전 단계로 보고 전자산업가 같은 고부가가치의 시대로 가야 한다는 것이 그 분의 신념이었다.

　삼성이 전자산업에 착수하면서 '모랫바닥에서 브라운관까지'라는 모토로 생산품의 시작과 끝을 잇는 전 공정주의를 채택하여 삼성코닝·삼성전기·삼성전관 등 전자 관련 회사를 잇달아 설립하여 10년 동안 시련과 시행착오를 겪으면서 전자산업의 경쟁력 강화에 집중했다.

　시행착오를 극복하기 위하여 기술 부족이나 해외 수출 마케팅 전략을 능력과 구도가 부족하면 합작을 통해서 파트너십을 강화하고 이에 따른 기술과 마케팅 능력을 배우고 끊임없는 노력과 기술 연마로 드디어 국내 1위의 전자회사로 성장시켰다.

　국내 1위의 위치에 만족하지 않았고 안주하지 않았으며 한국의 부국의 길은 중화학공업 조기 달성이 필요함을 생각하고 이에 모험적인 투자는 애국심에서부터 발휘되었고 불타는 정신력이 뒷받침되었기 때문이다.

　보국의 정신으로 공장을 짓고 이에 필요한 인력과 기술용역 등 달러를 벌어들여 국가 신용도를 높이는 역할이 나의 임무이며, 그것이 수출이라고 했으며, 가난한 젊은 청년들에게 일거리를 만들고 일하게 하여 삶의 질을 높여주는 역할이 경제인으로서 본분이며 사명이라고 늘 참모회의에서 사회적 책임감을 강조했다고 전해지고 있다.

　그는 살아 생전에 늘 그 논리를 변함없이 펼쳐나갔을 뿐만 아니라 국제 경쟁력을 강화하기 위해 삼성 직원 모두는 최고의 자존심 최고의 높은 자부심과 깨끗한 심성을 가지도록 공부를 재촉하면서 뒷받침했다.

　대한민국을 흥하게 발전시킨 경제실천가이며 비즈니스 지도자로 존경해야 할 분명한 사실은 과거 그의 업적에서 실천과 사실과 진실이 성공으로 증명되었기 때문이다.

또한 이병철 자신이 한갓 돈을 벌기 위한 사업가가 아니라 그분의 내공에 쌓인 애국심에서 아이템을 구상하게 되고 그러한 바탕을 깔고 기업을 창업하며 기업을 키우며 인재를 양성하고 고용을 넓혀 부강한 국가로 가는 데 앞장선 경제 지도자였다. 그의 기업가 정신과 철학은 한국경제를 흥하게 하는 지침이 된 것이다.

한 나라의 발전은 혁신적인 리더의 올바른 사고와 모험과 실천을 담아 앞장서는 선도자가 없으면 혁신은 더욱 불가능하다.
예를 들어, 중화학공업에 투자할 당시 국민소득이 190달러에 불과했고, 일제를 거쳐 해방 후 60년대까지 국가 재무 재정 도는 국리민복에 만족시킬 수 없었을 뿐만 아니라 오직 먹는 것의 해결에 주력해야만 하는 시대였다.

그는 60년대 중반부터 중화학공업에 이어 전자산업의 일대 모험을 스스로 함께하여 착수한 예지자이었다.
그동안 삼성에 대해 소비재 산업만 하고 중화학공업을 하지 않느냐고 당시 세간에 비판이 있기도 했다.
그의 참신한 내공의 경영 철학을 알지도 못하면서 함부로 말하는 말풍선이 퍼졌다. 그럼에도 불구하고 그는 항상 의연한 모습을 보였다. 구질구질한 세력들로부터 끊임없이 부당한 공격을 받으면서 생존할 수 있었던 삼성의 힘은 애국심의 끈을 놓지 않은 소신의 기업가였기 때문이다.

60년대 당시 박정희 대통령이 자립경제와 자주국방을 강조함에 따라 군수산업을 기업들에 배정하여 육성하였는데 삼성은 무엇 하느냐고 비난이 있었지만 50년대, 60년대 우리나라 국민이 필요로 하는 소비재산업이 빈약하여 내수의 활력이 가라앉을 수밖에 없었고 부자재 조달이 원만하지 않아 중화학공업 추진이 어렵게 될 수밖에 없었다.
따라서 부자재를 수입에 의존하면 절대 부족인 달러를 낭비하게 될 것이고 소비산업이 위축될 뿐 아니라 중화학공업개발도 추진해야 하는 이중고를 겪을 수밖에 없었다.
그러한 측면에서 박정희 대통령의 중화학공업 국가 정책에 소비재산업이 힘이 되어 산업 조달 전반에 가속도를 붙게 하였다.

50~60년대 중국 지도자 모택동은 박정희 대통령이 추진한 중화학공업 육성과 비슷한 경 중공업 대약진운동을 국가 정책으로 시작하면서 기초 산업진단과 제조산업을 성공시

킬 수 있는 소비재 생산이 뒷받침되어야 함에도 산업 체질의 기본을 두지 않고 선진 산업을 모방하다가 실패하고 대 약진 운동으로 인해 중국 인민 3,000만 명 이상이 굶어 죽은 사실은 이미 역사에서 증명되었다.

오늘날 대한민국은 국가 미래를 내다보고 자본주의와 시장경제 도입을 토대로 한 건국이었으며, 국민 스스로 자유시장에 당당히 참여할 수 있는 기회를 주었기 때문이다.

조기에 모험 혁신 정신으로 세계시장 변화에 기업인이 누비고 적응할 수 있게 한 정책의 결과물이다.

해방과 건국 새 시대 새 국가 건설의 아젠다는 시장경제와 개방된 국가 정책의 탁월한 그림을 그리고 자유시장 거점을 통해 기업인에게 국가 간 거래를 확장할 수 있게 하였다. 그런 국가 건국 설계대로 경제주체들이 해외시장을 개척할 수 있는 토대를 스스로 만들어 나갈 수 있도록 한 것이 자유대한민국 건국의 취지였다.

고 이병철 회장이 70년대 들어서면서 자동차산업 진출의 뜻을 보였으나 정부가 허락하지 않아 좌절되었다고 회고한다.

당시 손병두는 자동차 프로젝트를 담당했는데, 자동차산업 하면 승산이 있을 것이라 판단하고 세계자동차 시장을 감안하여 일본 도요타와 협력을 추진했다.

그러나 박정희 대통령은 주은래 중국 총리의 4원칙에서 중국의 적대적 국가에 진출한 기업은 중국에 진출할 수 없다는 원칙에 공감하고 한국에서 철수한 도요타와는 합작을 승인할 수 없다는 이유로 승인을 거부당했다.

그 이후로도 자동차산업을 포기하지 않았으며, 외국 자동차 회사와 진출을 시도했으나 매번 거절당하고 김영삼 정부 때 겨우 허가를 취득하여 삼성의 2세대 이건희 회장 시대부터 자동차산업을 하게 되었다.

현대그룹 창업자 정주영 회장이 울산 조선사업을 추진하는 즈음에 삼성도 조선사업에 뛰어들어 거제도에 있는 진로 조선을 인수한 계기로 조선사업에 진출하게 되었고, 이어 삼성정밀회사를 설립하여 여러 개의 관련 업무와 항공기 엔진 부분에 투자하고 항공산업의 선도적 역할을 하게 되었다.

삼성그룹이 거듭 확장되고 글로벌 그룹이 되기 위해서 금융 산업을 해야 함이 필수적이었다.

이병철 회장은 1960년 4월 19일 학생 항쟁에 이어 정부의 은행 민영화 방침에 따라

입찰에 응하여, 한일은행, 조흥은행, 상업은행 등 3개 은행의 대주주가 된 적이 있었지만 5·16 후에 다시 정부에 환원했다. 이때부터 금융기관 소유에는 관심이 없었다.

그러나 그룹의 수출입 규모 확장에 따라 손해보험회사가 필요하여 안국화재를 인수하고, 이로 인해 국가 정책과 국가 경제개발에 필요한 투자 재원을 마련할 수 있다는 점에서 파산 지경에 있던 동방생명(현 삼성생명)을 인수하여 건실한 금융기관으로 키워냈다.

부실한 금융을 인수하다 보니 내부적으로 우여곡절이 많았지만 동방생명 내 자동적으로 인수된 동남증권 인수는 실무진의 반대를 무릅쓰고 투기적인 것을 싫어하는 성격이라 원만하게 처리했었다.

자본시장이 어차피 커 갈 수밖에 없었고, 금융이 발달하게 되면 이에 따른 투자 재원을 확보하기 위해서 증권회사가 필요하다고 건의한 손병두 증언에서 이병철 회장은 증권회사를 높게 평가하지 않았고, 고리대금이나 투기나 비생산적인 방법으로 돈을 버는 것을 싫어했다고 당시를 회고한다.

김용환 재무부 장관 때 단자회사법을 만들어 삼성이 참여하도록 권유받고 참모들이 투자를 하자고 권유했으나 "그것, 고리대금업 아닌가?" 그런 것 해서 돈 벌 생각 없다"라고 하시면서 단호히 거절했다고 했다.

그분은 돈만 된다고 하시는 분이 아님을 보고 정말 경제 지도자의 처신과 인품에 큰 감명을 받았다고 삼성에 근무한 임원 출신들의 회고를 듣게 되었다.

가난과 자원이 부족한 나라의 한계를 마음으로 깊이 간직하고 새기면서 무역입국이 살 길이 무엇인지 고민하고 국가 경제 미래를 위한 아이디어에 집착하게 된다.

무역을 하면서 수출입 통관 업무와 영업 강화를 위해서도 많은 고급 인재를 키울 수 있으며, 생산관리를 통해 많은 고용을 창출할 수 있다는 확신을 가지고 옮겨 나가기로 했다.

미래 세대들에게 국제간 활발한 소통을 위해 어학을 연수시키고 수출입에 따른 제반 업무를 담당할 인력이 필요하겠다는 생각으로 종합무역상사 육성 대책을 정부에 건의하고 이것이 실업자를 해소시키는 유일한 길이라고 생각하며 추진에 확신을 얻는 계기가 되었다.

1973년 12월 4일 국민 생활 안정을 위한 대통령 긴급조치가 발동되고 석유류 및 일반 생활제품이 수요를 따르지 못해 물가 급등을 사전에 통제하여 고도 경제성장과 국민 생활 안정을 유도해 나갔다. 일반생활제품을 수요에 충당하기 위해 그는 수입 대체산업에 착안하여 수출산업에 적극 투자하고 수입에 적극 대응하기 위한 투자로 당시 귀한 달러 허실을 대체하기 위해 중화학공업 제품 수출 증가에 박차를 가하여 삼성뿐 아니라 국가 경제 내실에 도움이 되는 기업으로 키워나갔다.

이와 같은 지도력에 힘입어 육성된 고급인재들의 활동에 힘입어 삼성의 성장뿐 아니라 국가 경제가 확장되고 한국 경제 어려움에서 견딜 수 있는 자력을 키워나가는 데 힘을 쏟았다.
1) 1975년 용역수출 4억 5,000만 달러 달성
2) 1976년 용역수입 9억 4,400만 달러 달성
3) 1977년 용역수입 20억 달러 달성
4) 1978년 12월 제2차 석유파동으로 유가가 2배로 폭등하여 국제수지 적자 현상을 겪기도 해 삼성그룹 등 10대 그룹은 초비상 경영체제로 돌입했다.

당시 이낙선 상공부 장관에게 종합무역상사 육성방안을 제출했는데 정부도 타당성을 인정하여 삼성물산이 종합상사 1호로 지정받아 우리나라 무역에 주역을 담당할 수 있었다.

그리고 우리나라 지형상 치산치수 정책의 중요성을 국가 정책 목표를 삼은 것은 73%가 산지이고 국토의 경사가 심한 우리나라의 실정에 따라 국가 정책이 추진되었다. 강수량은 충분하지만 국토 경사로 일시에 하류로 방류되기 때문에 우리나라도 물 부족 국가로 분류되고 있다.
즉 한반도의 지형이 산지와 백두대관 머리로부터 경사와 굴곡이 심해 일시에 물 수량은 소모되고 천수답은 물 부족으로 수확에 피해가 크지 않을 수 없었다.
또한 산지에서 모든 땔감 및 에너지 소모를 거의 가 나무에 의존하여 땔감에 대체된 시대였다.
우리 국토의 산지가 73%, 농지는 27%로, 공장·도로·집을 지어야 하는 실정에서 땅은 태부족이고, 60년대 이전은 땔감 사용으로 산이 민둥산이었으며 우기에는 홍수가 많았다. 수해로 해마다 이재민이 많이 발생했으나 국가가 가난하여 이재민의 생활보호 지원에도 크게 미약했다.
우리 국토의 가용면적은 실제 13%에 불가하다. 야산은 쓸모없는 잡목이 자라고 있어 경제적 가치는 전무하다는 판단이었다.

　이병철 회장은 이러한 현실을 감안하여 잡목이 우거진 산지에 서울에서 가까운 용인자연농원을 개발해야겠다는 결정을 하게 된다. 잡목으로 버려진 땅에 유실수를 심으면 농촌소득을 올릴 수 있으며 산림녹화에도 도움이 된다는 경제적 가치에 두고 용인에 자연농원을 개발하게 된 동기며 산림 녹화와 농업 증대를 위한 그의 취지가 깔려 있음이 알려졌다.

　이병철 회장의 기획으로 알려진 구상은 야산에 밤나무 같은 유실수를 심으면 거름을 주워야 하는데 거름은 돼지 분뇨로 퇴비를 만들어 쓰면 좋다고 하였고, 그런 돼지를 양산하게 되면 육질도 좋고 성장 속도가 빠른 종자로 개량해야 한다고 지침을 내려 세계 돼지 종자를 모아 상호 교배를 통해서 90일이면 성돈이 되는 가장 질 좋은 돼지를 생산하게 한 것이다.
　또한 돼지를 키우면 돼지를 육 가공하여 팔면 소득을 올릴 수 있다는 착안에서 육가공 공장도 만들었다.
　그러면 국민에게 비교적 저렴한 가격으로 단백질을 공급할 수 있다고 실무진들에게 소상히 말했다.
　그리고 제일제당 사료공장에서 사료를 공급하여 단백질이 풍부하고 육질이 좋은 돼지를 생산하도록 지시하였다

　용인자연농원에서 유실수 품종개량, 돼지 종자 개량, 농업기술연구·산지개발의 모범 장소로 만들어 농촌에 알리고 농촌경제 자급자족을 위해 농업, 축산, 유실수 증산을 위한 교육을 보급 시키고 싶어 한 꿈이었다고 알려졌다.
　동물원·식물원·어린이 놀이동산도 만들어 가족과 함께 즐기면서 자연을 배우고 학습장으로 활용하여 공부하도록 구상했다.

　이병철 회장은 무슨 일이든 최고 제일을 지향했다. 종합상사를 허가받은 후 1980년 태백 강원산업에서 노사분규가 심하게 일어났을 때 무역이 호조되어 자원을 아끼는 의미에서 필요한 생활에너지를 기름으로 대체하고 18공탄 주물 난로 대신 기름 스토브로 대체하여 가정과 사무실에서 기름 난로를 사용하게 한 국가 정책이었다.
　당시 주택에 보급되는 연탄도 수입을 원칙으로 할 때 그 역할도 삼성에서 앞장서 기름 난로도 개발하고 나무로 에너지를 의존하는 농촌에 보급하여 산림녹화산업에 이바지함으

로써 푸른 강산을 유지 시키는 데 일조했다.

　우리 사회가 성공에 인색한 정서가 국가 품위를 손상시키고 있다. 용인 자연농원 건설에 부합하지 않는 언론의 선동 보도는 삼성이 얼마나 상처를 받았는지 가해자 입장에서 잘 모를 것이다. 모든 일간지에서 용인자연농원개발을 땅 투기라 하여 대대적으로 시리즈로 언론에서 비난성 기사를 쏟아냈다. 삼성 측에 서 그렇지 않다고 설명을 하여도 소용이 없었다고 당시를 회고한다.

　기업은 신용으로 성장하는 것인데 사회 악질 자본가로 호도하고 선의에 자본가들마저 모두가 그런 것처럼 언론에 의해서 옳고 그름이 분간할 틈도 없이 비난으로 뒤엉키게 하여 기업경영에 큰 타격과 상처를 받게 하였다.

　거짓과 가짜 말장난에 의해 상식을 뛰어 넘어 국민의 판단은 비상식 쪽으로 가는 것이 다반사였다. 기업을 잘 되게 하여 경제 성장과 고용 창출을 유도하는 것은 아예 관심 밖이었다. 우리 속담에 '사촌이 논을 사면 배가 아프다' 는 격이다. 사회 분위기도 언론의 선동에 삼성의 진심을 호도하는 쪽으로 흘러 나갔다.
　언론이 기업 내면에 있는 목적을 정확히 확인하지도 않고 일방적 보도는 추진하는 사람과 기업에 사형선고를 내리는 것과 같다. 잘 모르면서 선동성 보도로 고 이병철 회장은 생전에 홍역을 치러야만 했고 주변에서 아직도 안타까워한 그 시대 상황을 많은 사람들의 기억이 생생하다.
　언론은 기업이 잘되는 것을 보지 못한다. 칭찬보다 깎아내리는 것에 열을 올린다. 기업가의 진정성을 아예 수용하지 않는다. 국가 발전을 위해 무엇이 옳은 보도가 되고 어떤 것이 우선순위인지 공급과 수요 측면에서 경제 방향을 검토하지 않고 일방적 거짓 보도로 인해 기업은 흔들리고 죽기보다 힘든 사항이 발생 할 수도 있다. 기업조직 내의 분위기도 엉망진창이 되어 버릴 수 있다.
　오늘날 용인자연농원에서 온 가족과 함께 생활의 여가 활동으로 삶의 품위를 높일 수 있게 설계되어 외국인에게도 자랑거리로 운영되고 있다는 사실에 당시 언론은 무엇이라 답할 것인가?
　우리는 그의 창업정신과 기업을 성장시킨 지혜를 배우고 익혀 발전의 시대로 삼아야 한다.

그분 연세 73세 마지막 승부수

생애 마지막 사업에 던진 승부수가 반도체 사업이다.

60대 말까지 삼성그룹이 전개해 온 사업들은 그분의 머리에서 시작된 것이나 반도체 사업 시작은 이건희 당시 부회장의 작품이었다고 손병두 전 서강대 총장은 증언하였다.

이건희 회장은 그에게 한국반도체 인수 건을 검토하라는 지시를 했다고 한다.

지시를 받은 손병두의 기억에 의하면 그때 반도체가 무언인지 잘 몰라 외국서점에서 '반도체(Semiconductor)'라는 책을 몽땅 사서 공부하면서 국내에 있는 전문가에게 물으면서 터득한 지식으로 인수하면 좋겠다고 보고하였다.

인수계획서를 올리면서 반도체 사업 전도를 확신하고 '미래 산업의 쌀'이라고 보고했다.

이병철 회장도 이해하기 어려워 반대했는데, 이건희 부회장이 "그러면, 제 개인 돈으로 인수하겠습니다."라고 보고하고, 4억 원에 인수한 한국반도체가 오늘의 삼성 반도체의 효시가 된 것이라고 증언에서 밝혀졌다.

한국 반도체 삼성의 첫 생산품은 8비트 전자시계 생산이 첫 작품으로 삼성의 자존심을 걸고 모든 심혈을 기울여 오늘의 세계 최고 반도체 기업으로 성공시켰다.

이병철 회장의 사업관은 사업 착수 전 항상 본 사업이 국가와 국민에게 유익한지, 얼마만큼 인재를 양성하고 고용을 창출할 수 있는 기업인지 먼저 살펴본다고 한다.

그리고 충분한 연구와 면밀한 조사 검토를 거쳐, 돌다리도 두드리고 건너는 것이 아니라 돌다리를 건너는 사람보고 건너라고 할 정도로 승산이 확실할 때만 착수한다는 점, 사업에 대하여 누구보다 전문가가 되려고 노력했고, 그리고 사업을 추진하는 데 인재를 찾아 적재적소에 배치하여 일을 추진한다는 점, 공장 규모는 항상 미래를 보고 최고 최대를 지향했다는 점, 항상 사업에 실패했을 때 대비하는 출구 준비 후, 일단 결심하면 선심전력을 다 해 매진한다는 점, 열정을 쏟음으로써 생산성을 높이고 미친 듯이 일하도록 뒷바라지를 아끼지 않는 점 등 이런 용인술로 삼성이 착수하는 사업마다 성공을 거둘 수 있었다고 회고한다.

그의 확고한 인생철학은 육영, 문화, 복지에 힘썼고 인재 제일주의 기업의 자유시장 중심으로 실천해 나간 분이었다.

인재를 등용할 때는 능력 본위, 인품 본위에 관점을 두고 공정과 합리적 추구에 역점을 둔 철학은 이 시대 최고 기업경영의 선구자로 삼성의 기업 생명은 길 것이며, 한 시대 삶의 어려움을 풍요롭게 만든 경영인으로 기억될 것으로 믿어 의심치 않는다.

대한민국 경제의 한 시대의 줄기를 그은 대한민국의 최고 경제 지도자로 생전이나 지금도 미래에 영원히 인정되어 삼성의 가치와 그의 업적은 늘 따라 다닐 것이다.
　이병철 삼성그룹 회장의 생전 주요 어록에서 "나라가 없으면 삼성은 없어도 좋다"라고 하는 그는 기업인으로서 국가관이 남달리 투철했고 계열사를 확장할 때마다 '국가가 먼저'라는 생각으로 삼성을 발전시켰다.

　이병철 회장을 이은 그의 셋째 아들 이건희 부회장을 후계자로 이어가게 하고, 삼성그룹 후계자 이건희 회장은 그룹경영 과정의 주요 어록에서 1993년 신경영을 선언하면서 "마누라 자식만 빼고 다 바꿔라"하고 혁신을 강조했다.
　우리가 이해할 확실한 점은 삼성그룹이 그저 얻어진 것이 아니라 목적을 달성하고자 하는 강인한 의지와 미래를 설계하는 풍부한 상상력 그리고 불타는 열정이 있었기 때문이다.
　대한민국 기업 삼성그룹이 세계시장에서 일류기업으로 대접받게 된 것도 시대변화에 빠르게 혁신적으로 행동과 실천하는 기업으로 움직였기에 세계 일류기업으로 성장할 수 있었다.

　필자의 한 제자가 2017년 미 콜롬비아 대학원에 입학하였는데 클럽 소개 모임에서 각자 자기 나라 자랑하기를 발표하는 자리에서 삼성전자 스마트폰이 제일 먼저 자랑거리로 생각났다고 했다. 삼성그룹의 이미지는 대한민국의 자존심이고 코리아의 희망이다. 이병철 삼성그룹 창업 회장은 한국경제에 미친 영향이 크므로 늘 살아있는 존재로 한국경제 발전의 역사에 남아 그의 기업가 정신이 타 기업인의 귀감이 되어 한국경제의 성장과 지속성을 이어가는데 귀감이 될 것이다.

2. 현대그룹 창업자 정주영 회장

현대의 창업자 정주영 회장은 백사장에서 현대중공업이란 기적을 이루어냈다.

그는 갯벌을 막아 서산농장을 옥토로 만들었고 이 광활한 땅으로 인해 한반도 지도마저 바꾸었다. 이는 당시 83%를 수입에 의존하던 한국의 식량 문제를 걱정하여 미래를 예견한 선각자였다.

1961년 69달러로 시작한 가난한 나라 대한민국이 감히 꿈꿀 수 없던 88올림픽 유치 경쟁은 일본 나고야보다 늦게 추진하여 전 세계가 부정적인 여론을 불식시키는데 기업인으로서 전국경제인 주체자로서 정주영 회장은 정부와 힘을 합쳐 올림픽 유치를 성공시키는데 큰 역할을 하였다.

그는 불가능을 가능한 현실로 만들어 간 꿈의 사나이였으며, 나라를 사랑하는 국가관과 애국심에서 그의 철학이 발동하여 실천하는 분명한 분이었다. 그가 1960년대부터 기적을 이룬 요체는 창조경영이었고, 그의 실체는 실천하는 스타일로 불가능을 가능으로 성공시킨 강인한 사나이였다. 1차, 2차 경험을 토대로 실행에 옮기면서 고민하며 결과를 찾는 성격이다. 다시 말하면 강한 신념에서 자신의 능력을 믿는 낙관적인 성격이라 할 수 있다.

가능성이 보이면 과감한 도전정신이 그를 강한 경영인으로 또한 개척자로 만들었다. 믿음과 소신과 자신감이 강했던 그는 특별히 예지력이 뛰어났기 때문이었다.

정주영 회장은 "세상 사람들이 해보지 않고 부정적으로 생각하는 사람들이 너무 많다"고했다. 주변 기업인들까지도 되지 않을 일에 덤벼들까 하는 의심의 눈초리로 보았다.

정회장은 "한국 경제는 전부 안 될 일뿐이지 될 일은 하나도 없었다. 자본, 자원도, 경제 전쟁에서 이길 만한 기술 축적도 없었다."라고 회고했다.

모래사막의 뜨거운 항만공사에 당시 박정희 대통령도 걱정스럽게 바라보고 과연 할 수 있을까 걱정하였다고 전해졌다.

한 사람의 현대판 신화 창출을 창출한 정주영의 힘은 어디에서 나왔단 말인가?

그것은 직관력이 특수한 기업가며 직관력으로 복잡한 것을 구도를 단순한 방향으로 생각하고 어려운 것을 쉽게 풀어가는 생각과 사고방식에서 비롯되었을 것이라고 이용선(작가이자 언론인, 《현대 저널》지 2002년 4월 자 104면)에서 밝히기도 했다.

그는 1965년에 1%의 실현 가능성이 없는 태국 고속도로공사에 참여에 도전했다.

신제품·생산방식·시장 확대 등에 눈을 돌리고 현대중공업을 탄생시킨 것은 발상의 전환이 성장의 길을 가는 신개념의 기축이 되었다. 1965년 월남전쟁 상태의 와중에 공사 수주를 위해 비즈니스 모험을 실행했으며, 파타니나라티왓(Pattani-Narathiwat) 태국 고속도로공사에서 기술, 열악한 자금에서 완벽한 완공을 위해서 시련이 너무 컸다.

그러나 그 시련을 겪으며 태국이 만족할 만큼 완벽한 준공을 성공시켰다. 준공 후 강철보다 더 강한 정주영 회장은 이렇게 말했다. 외국에 나가서 이렇게 힘든 시련을 겪으니 몇 천만 달러 몇 억짜리 배를 수주해서 국내 조선소에서 우리기술로 건조하면 해외건설보다 훨씬 안전한 돈벌이가 될 것이라고 했다.

조선사업을 해서 국내 수입보다 규모가 큰 달러를 벌어 드리면 나라 살림과 달러 보유고에 힘이 되고, 현대의 신기술 향상과 고급 인재를 키우는 데도 큰 도움이 될 것이라고 했다.

현대중공업의 창립은 여기서부터 시작이었다고 할 수 있다.

긍정적 사고와 혁신의 모험가

항상 그는 부정적 측면을 긍정적 발상으로 바꾸어 가능성으로 만들어나가는 능력이 탁월했다.
울산조선소도 '가능하다'는 긍정적인 사고에서 출발해 시련을 겪으면서 실현된 것이다.

기술 면에서도 선진국 기술에 비해 엄두를 내기 힘든 무지의 현실에서 선진국도 꺼리는 주베일 항만공사를 치밀한 사전 분석과 최선을 다하는 기적적인 노력의 결과로 마무리했다.

그는 패배에서 배우는 자세로 현대의 기술력을 다른 회사보다 한발 빠르게 우위에 세웠고, 뛰어난 직관력으로 분석하여 판단하는 성품으로 고정관념에 얽매이지 않았다.

또한 사물의 본질을 단순화하면서도 본질을 뚫어보는 능력과 예지력이 뛰어났다. 언제나 무슨 일이나 최선의 노력을 쏟아 부으면서 성공으로 완성시킨다.

치밀하고 숙고한 끝에 내린 계획은 어떤 일이든 반드시 될 수 있다는 확신을 가지며 안 될 수도 있다는 생각을 1%도 머리에 끼워 넣지 않는 통 큰 경영자이며 모험주의자였다.

1947년 5월 25일 현대건설이 출발하여 6·25를 겪으면서 불초와 같이 살아남아 당대에 한국 최고 종합건설로 키웠고 1순위 그룹으로 자리를 지켜나갔다.

처음에는 자동차 수리업에서 토건업에 진출하여 한국 제1의 현대그룹으로 성장시킨 과정에서 인간의 한계를 넘긴 불초의 경영자라고 후대들은 기억할 것이다.

특히 후대로 이어지는 기업인에게도 그의 기업가 정신은 기억에 오래 남게 될 것이다.

그는 디자인 감각과 상상력이 뛰어나 자체 브랜드로 국산 자동차 고유모델 포니 자동차 생산에 성공했다.

정치권이나 경제계에서조차 무모한 도전이라고 우려하며 비판을 받아야만 했고, 선진국들로부터 코웃음으로 조롱을 받기도 했지만 그는 포기하거나 좌절하지 않았다.

그러나 중화학공업이 한국 경제의 주축이 되지 않으면 한국은 세계 경제 대국의 대열에 설 수 없다는 박정희 대통령의 의지에 따라 현대자동차 산업의 독자 모델을 추진하도록 허가하였고, 한국 고유의 자동차 모델이 바로 '포니 승용차'다.

포니가 국내 출시와 해외에 수출할 때, 1978년 필자는 의류 목재 2차 가공 상품을 수출하면서 리비아 진출을 위해 이태리 밀라노와 영국 런던에 사무실을 두고 유럽과 아프리카를 위시하여 수주 활동을 이루었으며, 리비아 농업 개량사업에 참여하기 위해 리비아에 자주 왕래하던 때였다. 당시 영국에 체류하고 있을 때 BBC뉴스에서 한국 자동차 기술과 포니에 대하여 비아냥거리는 보도가 TV에 방영되기도 했다.

필자는 영국 BBC 방송을 보면서 화가 솟구쳤지만 나도 사실상 고백이지만 기술적 면에서 선진국에 따라갈 수는 없다고 생각했다. 초인적인 추진력과 독자 디자인 감각으로 최초 포니를 리비아에 수출은 했지만 BBC 방송은 톱뉴스로 조롱하는데 할애했다.

필자가 기억하기로는 1977년 포니 해외 출시 초기에 리비아에 3,000대를 수출한 것으로 알고 있는데 초기라 선진국 자동차에 비해 기술과 성능이 많이 부족했다.

그해 봄에 필자가 카다피 궁전 앞을 지나가는데 길이 막혀 알아보니 수출한 현대 포니가 시동이 꺼져 교통 혼란과 교통체증이 심하게 생겼고 포니로부터 일어난 교통체증에 한국 국민으로서 여간 난감하지 않았다. 거기에다 포니가 고장 난 지점이 카다피 원수의 궁전 바로 앞 로터리였기에 더욱 난감했다.

정주영 회장의 첫 자동차 수출 단계부터 기술적 보완을 거듭해나가면서 이룩해 낸 현대자동차는 오늘날 세계 5위의 위치로 올라서게 되었다. '시작이 반이다'라는 우리 속담도 자주 거론하면서 시작된 일은 초인적인 인내와 노력으로 성과를 만들어 내는 실천가이다. 직장이 어려운 시기에 많은 고용 창출과 기술자 양성에 큰 기여를 했다.

어려운 한국경제에 직업을 가지게 한 정주영의 도전정신은 우리 사회를 가능한 쪽으로 힘을 생산해 내는 공장이었다. 그의 선구자적이고 사업 판단의 통찰력은 시장경제 확장에 뿌리를 단단히 내리게 한 선구자임이 분명하다.

주요 자동차 부품을 생산하는 경험은 전무한 상태에서 첨단기계 엔진 기술을 추진하여 자동차 독자 모델을 개발하겠다는 구상은 터무니없는 좌충우돌의 돈키호테형이라고 볼 수밖에 없었다. 그러나 그런 생각을 그는 완전히 불식시켰다. 결과를 따진다면 뱁새가 황새의 마음을 어떻게 알고 쫓아가겠느냐 하는 것을 뒤집은 판명이었다.

정주영 회장의 남다른 재주와 깊은 철학은 돈 버는 데 귀재이지만 정주영 기본 철학을 그렇게만 보는 것은 한참 잘못된 판단이다.
그를 신뢰할 수 있는 것은 진정한 애국심이 가득한 기업가였다. 국가관이 분명하지 않으면 관리형으로 쉬운 길을 갈 수 있었을 텐데 어려운 시기에 온갖 모험을 자처하면서까지 결과를 만들어 냈다.
가난을 이겨내기 힘든 그 시대에 선구자적 역할로 일을 하고 싶어도 일거리가 없던 시대에 먹거리를 해결한 분이며, 고용뿐 아니라 고급 인재들의 기술력 향상에 큰 역할을 하신 분이다.
또한 도전과 혁신적 사업추진과정에서 고용 창출을 대폭 늘어나게 하여 국가 경제뿐만 아니라 사회 전반에 삶의 질을 한 단계 발전시키는 데 기여한 분이다. 오늘의 현대자동차·현대 중공업·현대건설·현대농장은 한국경제 지도를 완전히 바꿔 놓았다.
아산농장·아산병원·울산대학 및 각종 장학사업 등 모든 그의 사업과 행적이 우리의 생존과 직결되는 것이며, 기술을 향상시키고 고용을 확대시키는 사업에 열중하여 청년들의 꿈을 제시한 분이다.
현대의 성장과 발전에 따라 서비스사업 확장이 동시 동행되어 폭넓은 인재 활용을 넓혀 나간 한국 최고의 경영자임을 누구도 부인할 수 없다.

그가 이룩한 노력이 그저 이뤄진 것처럼 보이지만 그의 진정한 모습을 관심 있게 바라볼 필요가 있다. 그는 진정한 애국자이며 사회적 시명을 원칙으로 한 기업가 정신에서 발동되었다.
확고한 국가관을 바탕으로 창조 정신과 책임을 다하는 기업가의 모범이 후배 기업인을 감동시키기에 충분하다 하겠다. 기업가로서 사회 기여를 실천해 나가기 위하여 원칙 하에서 성공의 비결을 찾아내고 '하면 된다'는 자신감에 충만한 경영인이었다.
그는 항상 국가가 먼저라는 생각으로 노력한 기업인이었다.
특히 그는 사회와 가정에서 스스로 권위를 유지할 수 있는 윤리성을 강조하는 기업가로서 선두 위치를 놓치지 않았다.
강원도 통천(지금의 북한 땅) 가난한 시골에서 태어나 고향의 그리움도 진정한 남북한 화해의 바탕에서 북한에 투자와 그리고 고향 통천에 501마리 소 떼를 몰고 간 것도 순수한 민간외교로서 진행된 민족애와 민족화합의 의식이었다.
그러나 북한은 정주영 회장의 순수한 뜻을 새기지 않았다.

김대중 대통령 정권 때 남북한 화해의 햇볕정책을 밀어붙여 우리 정부가 일방적으로 국민의 동의 없이 국민 세금인 4억 6,000만 달러의 거액을 북한에 현금으로 송금함으로써 사실상 핵무기를 개발하게 도움을 주는 한 원인 제공이라 의심하지 않을 수 없다.

송금의 성격을 분석한다면 국가 대 국가로서 상호주의적 원칙이 아니라 일방적 동족애의 짝사랑에 불가한 남북정상회담의 성격이었다.
고 김대중 전 대통령의 불법 송금으로 남북 화해가 아니라 오히려 거꾸로 간 남북 간 관계로 도발되어 남북 안보 균형이 깨지는 북한의 핵 개발로 우리 국민과 경제에 불안을 가중시키는 결과를 초래했다. 즉 안보의 균형을 잃게 되었다.
현대그룹 정주영 회장은 남북관계에서 순수 민간 차원의 호혜 정신이었고 내면에 항상 따라 다니는 강한 애국심이 있었다.
그의 생각과 행동은 애국심에서 기업을 불가능에서 가능으로 키워나간 그의 힘이다. 국민의 가난을 극복하기 위한 사업 구상이었으며, 함께 다 같이 가난을 극복하는 시급한 길은 고용 창출이며 산업에 필요할 인재 양성에 바탕을 두고 울산 과학기술 대학교를 설립했다.
현대 경영에 힘든 과정도 많았겠지만 사학의 정신으로 한국 기술의 위상을 높이는 계기를 마련한 선구자임은 틀림없다.
외국의 높은 기술력과 자본을 유치할 수 있는 여건은 충분했음에도, 또한 사업을 편하게 할 수 있었는데도, 국산 자동차 미래비전을 위해 독자 모델을 고집한 것도, 고생을 감내하면서 기업 위에 국가가 있고 국민이 있어 미래 역사를 위한 창조적 발상이었다.

위와 같은 기업가 정신이 포드 등 외국 승용차 회사와의 합작과 좋은 조건을 포기한 것은 또한 외롭고 고달픈 길을 선택한 것도 애국심이었고, 그 애국심이 어려움을 극복할 수 있는 힘이 된 것이 내가 생각하는 일이었다고 생전에 회고했다. 그러면서 외국 자동차 회사의 생산 기지화 판매 시장화를 거부했다.
글로벌시장 확대의 관점에서 본다면 60년대, 70년대는 한국의 생산제품을 외국으로부터 호응을 받지 못한 수준이지만 한국의 제품과 위상을 높이는데 구심점을 명확한 관점을 두고 어려움을 극복한 것이다.

 손해를 감수하더라도 애국의 차원에서 보이지 않는 모험에서부터 불투명한 마케팅 전략은 정주영 회장만이 할 수 있는 모험이었고, 통 큰 기업가 정신은 오늘의 현대 브랜드의 발전 모델이라 할 수 있다.
 정주영 현대 경영능력과 통찰력은 국가관이며 애국심이고 그래서 박정희 대통령의 신뢰와 믿음을 주는 관계로 이어졌을 것이다. 그에 대한 믿음은 박 대통령의 성격상 평소 신상필벌을 강조하는 점과 부족한 국가 예산에 지원 방법은 가능성이 없는 기업가에게 달러를 지원해 줄 수 없는 국가 재정이라 능력 있는 기업가 정주영 현대그룹에 믿음이 갔을 것으로 이해된다.
 즉 해외 시장을 개척하기 위해서 상당한 액수의 지불 보증서를 발행하는 문제가 발생하고 프로젝트 손실이나 무역적자는 힘든 나라 살림을 더욱 궁핍하게 만들 수 있기 때문에 박정희 대통령은 능력을 먼저 강조하는 편이다.

 그러므로 정부는 보유한 달러를 유용하게 써야 하고, 즉 성공 가능한 프로젝트부터 지원해야 하는 당시의 어려운 나라 살림살이를 꾸려 나아가야 하기 때문이다.
 이와 같은 국가경영을 행주 짜듯이 아끼고 국가 재무 건전성 유지를 위하여 내핍을 강조해야 했고 달러를 아껴 써야 했기 때문이다.

 박정희 대통령의 국정운영을 반대하던 반 체제 인사들은 정경유착이라는 비난을 서슴없이 했으며, 일반 국민들도 오해할 수 있었으나 정주영 회장 같은 경영의 능력과 통찰력을 가진 분은 100년에 한 분 있을까 말까 하는 인물이며 한국경제를 크게 향상 시킨 선구자다. 그리고 국제 신용도를 철저히 지킨 기업가였다. 그분이 비친 영향이 한국경제를 '한강의 기적'으로 만들어 가는 데 크게 기여했다는 점을 역사는 기억하고 증명될 것이다.

 대기업을 위한 경제 정책이라고 비판하는 것은 국가 정책을 잘 모르는 것이며 가난으로 한 푼의 달러도 낭비할 수 없었기 때문이다. 많은 개발비가 들어가는 추진사업에 기업이 실패하면 국가가 책임져야 하는 국제간 보증 문제에 어려운 상태가 발생할 수 있어 국가 재정 건전성 면에 타격을 받을 수 있다고 말할 수 있다.
 박정희 대통령은 정주영 회장의 "시련은 있어도 실패는 없다"라는 그의 기업가 정신과 시도했던 도전의 프로젝트를 전부 성공시킴으로써 그를 신뢰하고 세월이 흐름에 따라 그 시대의 최고 기업가로 칭하는 것이다.

　1974년 7월부터 연산 5만 6,000대 종합자동차공장 건설로 주요 자동차 부품의 국산화에 착수, 대량 생산 공장을 완공하여 엄청난 외환 대체 효과와 고용 창출 및 국가 외환보유 재정에 힘이 되었고, 독자 영업마케팅을 구성, 수출에 박차를 가하여 국가 위상을 높여 국제간 재정 신용도에 큰 힘이 되었다.
　그 시대를 되돌아본다면 기적과 같은 성공을 이루었으며 오늘날 세계 제5위의 자동차 수출 대기업으로서 인정받게 한 현대 경영의 요체는 '우리도 할 수 있다'는 의지에서 에너지가 발산된 것이라고 하겠다.
　이어서 조선업에 진출하게 된 동기는 조선업도 외화 획득이 좋은 업종이기 때문에 선택한 것으로서 배를 만든다는 것은 건설업에서 건축공사 전기 내부 인테리어 등 유사한 업종으로서 세팅, 비즈니스 융합과 효율성을 따진 선택이었다.
　반면 여론과 기업 평가에서 불가능한 일에 억지를 부린다며 기업가 사이에도 의심의 눈초리로 보는 경제계의 분위기였다. 그러나 주거래 은행도 무에서 이룩해 내는 모습을 보고 그 신뢰의 바탕에서 자금지원을 했을 것으로 간주 된다.
　그는 정경유착이 아니라 그의 아이디어와 사업 마인드에 탄복하여 돈을 빌려주는 은행은 그만큼 불가능을 가능으로 만들어 내는 믿음이 인정되었기 때문이다. 그래서 현대와 은행은 동반성장의 관계였다. 그는 항상 역발상에 강했고 배타적 불가능의 분위기에서도 역발상을 발휘해 성공시켰다.

　그러한 힘은 어디에서 나왔을까? 그릇이 큰 경영 지도자는 머리가 좋고 가능성에 치중한 판단력이 빠르다. 두뇌 회전이 빨라 그는 항상 어려운 것을 쉽게 풀어나가는 지혜가 있기 때문이다. 그의 머리에는 혁신적 사고가 가득하기 때문에 결과를 성공시키는 높은 지혜로 성공시켜 나갔다.

　1975년 현대중공업의 탄생은 역발상의 전환이었으며, 외국이 아니라 국내 고용을 창출할 목적에 가치를 두고 몇 억 달러짜리 수주를 해서 우리 기술로 건조하면 국제간 경쟁력을 확보할 수 있는 기회를 잡을 수 있고 기술 전문가 양성과 기능공을 양성해 일자리 창출에 기여하겠다는 애국심이 내면에 쌓여 있었다.
　사업은 돈과 연관되는 것은 사실이지만 그의 경영과정 과정마다 관심 있게 관찰해보면 언제나 먼저 기업의 성공 여부와 함께 국제 경쟁력에 1순위를 지켜나갔다.

애국하는 길은 미래 세대들에게 일자리를 많이 만들어 내는 기업인의 본분을 지키는데 최선을 다한 기업가로 평가할 수 있다.

기술 발전과 고급인력 양성, 고용 창출, 국가 외환 보유를 생각해서 국가 신인도와 현대의 대외 신용도를 함께 지키는 경영자였다. 선진국과 기술협력으로 고급 기술 인력을 양성하는 데 돈을 아끼지 않았다.

이러한 자신의 내면이 강한 기업의 사회적 본분을 지킴으로서 현대와 기업의 책임을 다한 현대를 오래 기억할 것이다.

평소 그는 부드러운 유머가 따르면서 실수나 실패의 원인을 찾아 다시 보완하여 시도한 후 성공으로 결과를 만들어 내는 기업가였다. 그의 뒤에 따라다니는 문구는 항상 "시련은 있어도 실패는 없다"였다.

1973년 박정희 대통령은 석유파동과 인플레이션에 시달렸다. 긴축과 인플레이션 수습에 실패했고 그 대응으로 1971년, 1972년에 속도 빠르게 진행되는 인플레이션 사태를 수습하기 위한 조치로 1972년 8·3 경제 긴급조치를 단행하였는데 사채 동결 방안을 위한 수단으로 대통령 긴급 경제 조치가 발동되었다.

정부도 국제석유 값 폭등으로 보유 달러는 감소되고 중화학공업에 필요한 재원, 자재 공급이 부족하여 힘들 수밖에 없었다.

정주영 회장은 석유파동 타개를 걱정하는 기업인이었고 국가 미래를 걱정하는 기업인으로서 국가가 어려움에 처할 때마다 기업인의 역할 우위에 서서 전반적 국가산업에 힘을 쏟았다.

사업의 궁극적 목적은 돈 벌기 위한 것이지만 국가가 안정되지 않으면 기업도 존재 할 수 없다는 강한 인식 아래 경제인으로서 역할을 다한 것은 외환위기 때도 울산조선소 해외 수주로 고급 인력양성과 고용 흡수 그리고 외환 보유에 크게 기여했다.

울산조선소 준공 전 영국에 가서 코리아 울산에 50만 톤급 도크를 파서 30만 톤급, 50만 톤급 배를 만들어 팔아서 상환할 테니 돈을 좀 빌려 달라고 요청했으나 그들의 대답은 "당신들은 배를 만들어 본 경험이 없고 기술자가 없지 않으냐" 하고 거절을 당했다.

그는 실망하지 않았다. 불가능을 가능 쪽으로 그의 두뇌가 발동하여 불가능에 직원들이 치우치지 않도록 안정시키는 근엄함을 보였다.

그는 이렇게 말했다. "만약 우리나라의 조선 공사나 다른 선박업자가 가능하다고 생각했다면, 그들은 나보다 먼저 돈 빌리러 영국으로 갔을 것이다." 그러나 절대 가능하다는 것을 증명하기 위해 500원 동전 뒷면에 거북선을 보이면서 16세기에 이미 우리의 기술로 건조한 거북선 배 12척으로 조선을 침략한 일본 배 130척을 물리친 양호한 한국 기술의 잠재력을 보유하고 있다고 자신만만하게 설득시켰다.

영국 애플도어(A&P, Appledoor)사와 스코트 리스고우(Scott Lithgow)사와의 접촉, 하원 의원 롱바텀(Long Battom)과 사업가였던 P. Nash를 설득하여 기술제휴 계약 체결을 성공시키고, 버클리은행에서 차관 공여 신청에 이어 차관 제공 결정으로 영국 정부의 수출신용 보증국 승인을 받아 그리스 리바노스사로부터 25만 9,000톤급 유조선 2척을 납기 2년 6개월로 수주를 받게 되었다.

필자도 해외개발사업을 한 경험이 있지만 현대조선 정주영 회장의 유조선 25만 9,000톤, 납기 2년 6개월 두 척 수주는 귀신이 아니면 납기 불가능한 수주였으며 인간으로서 할 수 없는 일을 성공한 초인간 정주영이었다.

우리나라 국가 신용도에 따르면 성공시킬 수 없는 일을 성공으로 기적을 만들어 낸 울산조선소는 기저익 결과물이다.

한국 GNP가 450달러에 불가한 시절이었다. 조건은 계약 불이행 시, 원리금 상환을 조건으로 했으며, 한 척에 3,600만 달러인데, 2척을 수주해 국가 외환 보유고에 큰 힘이 되었다.

1973년 2월 15일 1호선 진수 작업에 들어가 1974년 1호선을 진수하여 그리스, 영국 유럽 국가들이 한국의 정주영에게 우려한 점이 불식되고 1994년 후로 한국의 고급 기술자를 인정하게 되면서 해외 용역도 늘어나고 고급 기술자 보유가 늘어나면서 기술용역 수주가 획기적으로 늘어났다.

우리의 기술력과 능력으로 수주 활동이 활발하게 진행되어 세계시장으로 확대시켜 울산 조선뿐 아니라 국가 신용도 국제평가가 높아지는 계기가 되었다.

이와 같이 기술력을 인정받음으로써 주베일 항만공사 20세기 최대의 공사인 해상터미널 공사 수주 기간 1976년 6월부터 1980년 12월까지 공사대금 4,600억(9억 3,000만 달러)을 수주함으로써 당시 공사비는 우리나라 총예산의 25%에 해당하는 금액이었다.

주베일 항만공사 수주가 한국 경제발전의 획기적 힘이 되고 발전 모델이 아세아에서 앞장선 용이 되는 계기였다.

주베일 항만공사를 36개월 만에 완수함으로써 한국의 해양산업기술과 국가 위상은 한층 높일 수 있었던 시대였다.

이때부터 인간 정주영 회장은 불가능을 가능으로 만들어 낸 한국의 개척의 신화적 존재였음을 우리나라뿐 아니라 세계 평가도에서 그를 평가했다.

그 외 자켓 운송선, 소양강 다목적댐 서산간척사업 88 서울 올림픽 유치 등 20세기 한국 경영인으로서 국가 발전에 신화를 남긴 분이며, 우리의 기억에 영원히 남을 경제 최고 지도자였다.

대한민국은 1975년부터 경제 호황으로 경제 고도성장 발판이 마련되고 1976년 14.3%, 1977년 10.7%, 1978년 11%의 경제성장을 이룩하면서 1977년부터 중화학공업제품 수출이 증가하여 17년 만에 국제수지 1,200만 달러 흑자를 발표하여 국민에게 자신감과 우리도 할 수 있다는 실체를 온 국민에게 불어넣었다.

필자는 1977년 영국 런던 피카델리 번화가에 사무실을 두고 리비아 농무성에 접촉하여 미국 토지개량기술회사와 리비아 농지개량 공사 수주를 위하여 영국에서 왕래하던 때였다.

그때만 해도 국가 재정이 어려워 해외 시장 진출이 한정되어 1군 기업 다섯 개 업체만 리비아에 진출할 수 있었다.

현대건설·대우건설·유원건설·삼성종합건설·한양주택 외 기업진출은 불가능했다.

리비아농업 농로 공사와 곡물 창고 공사 및 카다피 궁전 정원공사를 수주했다. 당시 카다피는 녹색혁명을 캐치 플레이로 모래사막 위의 식량 자급자족을 국정 목표로 삼아 식량을 해결하겠다는 정책이었다. 그런 국가 목표를 삼게 된 이유는 충분히 그 실현이 가능했기 때문이었다.

당시 미국 오리건주에 있는 농업 전문회시기 리비아로부터 지하수 매장량 용역을 맡았는데 리비아 제2 도시인 벵가지에서 남쪽으로 400km 지점에 사리어(Sarir) 라는 사막지역에 리비아 전 국민이 500년간 식수와 농업용수로 자급자족할 수 있는 물이 지하에 저장되어 흐르는 것을 발견한 것이다.

그 지하수로 공사가 동아건설이 수주한 리비아 대수로 공사다. 1983년 11월에 21개국 72개 업체를 제치고, 1·2차 공사대금 53억 1,000만 달러 당시로는 인류 역사상 최대의 토목공사였다.

그때 필자는 미국 오리건주에 농업개발회사와 1977년부터 인연을 맺어 왔으며 국제

입찰 전에 이미 대수로 공사를 대비한 사리어공사 진입 도로와 앞으로 생산될 식량 곡물 창고 공사를 수주했으며, 카다피 궁전(무아마르 알 카다피, Muammar al Qaddafi 집권 시절) 조경공사를 수주했을 때의 일이다.

우리 회사가 중소기업이라 WS개발㈜는 리비아 진출이 불가능했었고, 선 공사 착수대금을 수령하기 위한 지불보증이 불가능한 관계로 계약서를 가지고 미국 씨티뱅크에서 지불보증을 받았고, 지불보증 받기 위해서 일본 중앙흥업과 아카사카 건설이 지급보증을 저의 개인 신용을 믿고 해주었으며, 미국 뉴욕 포트리에 있는 미국 씨티뱅크와 거래를 많이 하고 있는 USDD에서도 곡물 수출 전문회사로서 씨티뱅크에 대신 우리 회사에 보증해줌으로써 공사를 착수하기 전 먼저 공사 착수금 7,000만 달러를 받을 수 있었다.

3년 6개월 동안 크고 작은 공사를 연속적인 수주를 하면서 우리 인력뿐 아니라 필리핀과 태국, 인도 인력을 고용하여 곡물 창고 공사를 차질 없이 진행할 수 있었다.
당시 달러가 귀하던 때라 달러를 벌어들인다는 것은 중소기업가로서 자부심이 높았고 필자도 국가 재정에 필요한 달러를 벌어들이는 기업가라는 자부심과 자존심으로 사기가 충천했었다.

이렇게 까다롭게 리비아 농무성 수주에 어려움을 당한 중소기업이기 때문에 국내 은행의 외환 보증의 길이 막혀 있었고, 해외 공사를 해 본 적도 없을 뿐 아니라 회사 외환 보유도 부족하고 실적도 부족하였다. 지불보증이 불가능하였으나 외국회사와 기술지원 합의와 외국 보증회사를 3곳을 내세워 조금은 신뢰를 얻게 되었고, 또한 큰 힘이 된 것은 리비아에 진출한 삼성종합건설이 만일 WS개발에서 하자와 공사를 마무리하지 못하면 우리 삼성건설이 대신하여 귀 나라가 목적하는 공사에 공사 차질과 손해가 되는 일이 없도록 해주겠다는 대신 책임 준공 레터를 제출하여 마지막 단계까지 믿음을 얻게 되었다.

지금 생각해 보면 국제간 도저히 할 수 없는 공사 수주와 어려운 처리 과정을 거치면서 어려움을 해결했다는 것이 지금으로서는 신기하기만 하다.
영국에서 리비아까지 비행거리는 런던 히드로 공항(Heathrow Airport)에서 4시간 거리이며 당시 자가 비즈니스 관계로 영국에 머물 때 정주영 회장님을 윔블던에서 한 번 접할 수 있었다.
현대 정주영 회장은 영국 버클리 은행으로부터 선박 수주차관을 승인받고 첫 선박 수주 납기를 맞춰 진수 후 1977년 2월에 영국 피카델리 호텔에서 세계에서 굵직한 선박 사장, 회장, 영국 기업인 등 200여 명을 초청, 감사의 파티를 열었다.

필자의 나이 34살이었지만 현지에서 초청받아 참석했다.
파티에 참석하여 파티 광경을 보고 정주영 회장의 자신감과 선박에 초대된 사장들이 한국을 가난한 나라로 저평가하지 않도록 하는 처세는 한국의 위상을 높이는 데 충분했다.

그의 행동과 인품 그의 모습을 보고 존경하지 않을 수 없었다. 바쁜 와중에도 때때로 영국 중심지에서 두 시간 거리인 웸블리 스타디움(Wembley Stadium)에 가서 바이어와 해외 상주하는 임원들과 소통하며 테니스를 치며 직원들의 사기를 높여 나가는 모습을 보았다.

현대건설 외 다른 업체들은 주택건설 위주였으나 현대건설은 리비아 중동 곳곳에서도 억센 공사만 찾아서 하는 것으로 보였고 트리폴리 항과 벵가지 항에는 항상 현대건설 항만 크레인이 눈에 보였다. 현대 창업자 정주영은 한국 경제를 완전히 바꾸어 간 선구자였다.

가난한 한국을 부자 나라로 바꾼 기업가의 신화적인 존재 정주영 회장 외 산업화 1세대가 이룩한 업적은 도움을 받는 나라에서 도움을 주는 나라로 세계 유일하게 바꾸게 한 것은 그저 만들어진 것이 아니라 산업 1세대들의 강한 기업가 정신이 만들어 낸 공적이다.

우리 후대 세대들은 기업가 정신과 비즈니스 경쟁력을 산업 1세대의 불굴의 정신을 이어받아 지속적인 발전을 이룩해 내야 하는 사명을 가져야 한다.

정주영 현대 창업 회장의 주요 어록 중 "이봐, 해보기나 했어? 는 불가능하다고 생각하지 말고 최선을 다해 해법을 찾으면 목표를 이룰 수 있다는 뜻이며 머리만 굴리지 말고 먼저 도전해 보고 그 체험과 경험을 통해 판단해야 한다는 뜻에서였다.

그는 실천을 강조한 경영인으로서 설사 실수를 했다 하더라도 "해보기나 했어?"라고 하며 실천에 있어 경험을 우선시하였고, 해본 다음 체험한 사실 그대로 보고하면 책임도 묻지 않는 경영자였다. "그리고 얼마 투자하면 되겠어?" 하며 부하의 프로젝트 추진 계획을 그대로 신뢰해 주는 성격이며 경험과 실천을 통해 결과를 제일 중시하는 경영자였다.

국가관이 투철한 경영인으로서 항상 나라 미래를 걱정하면서 추진하는 성격이기 때문에 사회적 책임감이 그 누구보다 강했다. 따라서 순발력과 풍부한 상상력과 도전정신, 그리고 과감한 열정이 보통 사람과 다른 점이다.

정주영 현대 창업자 장남 정몽구 회장은 현대자동차를 승계받아 현대 자동차그룹으로 발전시켰고 그의 경영 철학은 "품질은 현대의 자존심이자 기업의 존재 이유다"라고 했다. 품질 제일주의 하에 안일함을 멀리하고 항상 긴장하여 짧은 역사에도 불구 세계시장에서 자동차 일류기업으로서 정주영 경영 철학을 이어받아 성장한 한국 자동차산업의 자존심을 지키고 있다.

현대자동차는 과감히 강성노조만 개혁한다면 세계자동차 산업의 리더가 되는 충분한 경쟁력을 갖췄다고 할 수 있다.
빌 게이츠는 "위기는 안일함이며 위기의 원인은 위기를 모르는 데 있다"라고 말했다. 현대자동차는 국민의 우려를 생각하여 반드시 귀족노조의 행태를 개혁해야 한다. 그것이 현대자동차의 세계 1위로 가는 길이고 답이다.
강원도 통천에서 소 한 마리를 부모 몰래 훔쳐 시작한 사업이 오늘의 세계적 기업으로 성장시켜 물려준 현대를 아무리 염치없고 배은망덕한 인간이라 할지라도 그 은혜를 알고 인생을 살아야 한다. '근로자가 있었기에 지금의 현대다' 말하는 잘못된 시각의 근로자도 있을 수 있지만 우리가 다 함께 살기 위한 밥상을 차리고 불효를 감수하고 소 한 마리를 훔쳐 현대를 창립하고 세계를 누빈 도전은 근로자가 할 수 없다.
현대는 경영과 근로자 간 상생의 관계가 아니라 연례에 습관처럼 요구해온 근로자들의 요구에 끌려 다닌 경영이었다.
필자는 해외 법인들의 정보나 보편적 가치에서 논하는 것을 들으면 연례적인 노사의 갈등, 과도한 복지 임금체계 등 현대자동차의 미래를 우려하는 말을 듣는다. 모두가 한국 최고의 기적의 자동차산업 브랜드를 사랑하기 때문이라고 해석된다.
현대자동차그룹은 대외적 한국의 위상 한국경제의 특성상 세계 최고의 자동차산업 브랜드로 성장하기를 기도한다.

3. 포스코 그룹 창업자 박태준 회장

포스코는 1968년 4월 1일 포항제철주식회사로 창립했다. 경상북도 포항시에 장흥동과 송내동, 괴동동, 두호동 임해 공업단지까지 합쳐 공업화단지가 조성되고 포항제철을 설립함으로써 지역 발전뿐만 아니라 국가 위상을 높이는 데 일조하였다.

포항은 신라 육촌의 발달로 신라 창건과 연관된 지역이며 신라 경덕왕 때는 '임정현'이라 불렀다가 고려시대에 '영일현'이라 개칭한 후 조선시대에는 영일군과 흥해군으로 분리되었다.
1914년에는 영일군 포항면에서 포항읍으로 승격되었고, 1966년 지역 조정으로 포항시로 편입되었다.

포항시는 포항제철이 들어서기 전까지만 해도 1차 산업인 농 수산 산업생산이 지역경제의 주축을 이루었으나, 포항제철로 인해 철강 관련 2차 산업시장 비중이 커짐에 따라 기존보다 나은 산업 전반에 확장세가 커져 포항경제에 활기를 되찾게 되었다. 포항제철 1·2단지가 들어선 이래 현재 16.7㎞ 규모에 많은 기업체가 주변에 입주해 지역경제 발전에 이바지하고 있다.
 포항제철은 우리나라 최대 종합 일관 제철업체 단일 제철소로서 세계 최대 규모로 인정받고 있다.
 최초 가동 시에는 연산 164만 5,000톤이 생산되었는데 연산 330톤 4기가 추가 가동되어 1993년부터 1973년 첫 생산 45톤 이후 스테인리스 조강 생산량은 누적 5,000만톤(2023년 9월 기준)으로 철강을 생산할 수 있게 되었다. 이에 따라 가장 필요로 하는 내수 경제 철판 부자재 공급에서 경쟁력을 갖추게 되었고, 우리나라 경제 전반의 주도 성장에 영향을 끼치게 되었다.
 한국 조선 사업과 자동차 생산 산업에 필요로 하는 필요 부자재를 포스코가 수입 의존을 대체해 줌으로써 국가 달러 보유에 이바지하고 공급에 힘입어 현대자동차·거제 대우조선·울산 현대조선에 경쟁력을 키우는 데 일조하였다.

이어 전라남도 광양만에 제철공장을 확장하며 국민 공개기업으로 증권시장 공개에 이르렀다. 당시 자본이나 기술과 관련해 전혀 경험이 없는 상황에서 제2차 5개년 경제개발 핵심사업에 종합제철소 사업이 포함되며, 정부와 여당 당정회의에서 추진하기로 결정했다. 그러나 난제와 허점들이 발생하고 정책에 우여곡절을 겪으면서 대한민국 국제제철차관단(KISA)을 발족함으로써 제철소 건설이 구체화되기 시작했다.

1961년 5월 16일 군사정권이 들어선 후 7년간 국제수지와 수출입 및 국제간 거래가 개선되었다고 하지만 국제사회에서 한국을 바라보는 시선은 긍정적이지 않았고, 신용도 역시 국제신용 라인 검증에 미치지 못했던 것이 사실이다. 해방 후 국가안보와 경제 면에서는 세계 최하위 수준이었지만, 1961년 5월 16일 박정희 군사정권 시절에 처음으로 국제수지가 개선되었고 책임감 있는 강력한 지도력에 의해 허술한 사회 안전망이 자리를 잡아가며 국제신용도는 전보다 빠르게 개선되어 나갔다. 한나라의 지도자가 나라 미래를 생각하는 국정 능력과 통찰력은 그만큼 중요하다 하겠다.

군사정권에서 민의 정치로 변화되면서 1968년 1/4분기 재무부 장관에 남덕우가 발탁되고 경제 분석 회의에는 반드시 박정희 대통령이 참석하여 국정을 챙겨나갔다. 당시 정부는 1967년부터 1971년까지 '제2차 경제개발 5개년계획'을 세우고 각종 개발 정책을 밀고 나갈 때였다. 즉 거시적 경제 총량 계획에 한국 내 투자 총액과 비 계획 부분을 세심히 분류하고 개발계획을 양분하여 가능한 방법을 모두 동원한 정책을 세워나가 지속 가능한 경제발전의 축을 형성해 나갔다.

1961년 국민총생산(GNP)이 79불이었던 한국 경제가 1968년 236불로 성장하자 국제사회에서는 국가 지도자의 강력한 책임정치가 향해져 가는 글로벌 기업들이 한국을 매력적으로 관심을 가지기 시작했다.

가난한 우리나라의 처지를 역동적으로 극복해 나가며 경제성장과 국가 재무구조를 혁신하고 변화시켜가는 모습을 선진국들은 관심 있는 눈초리로 보며 자연적으로 해외투자 유치가 이루어져 나갔다.

국가 경제발전은 국가 안정이 최우선이다. 안보 및 사회 안전망 하에서 국가 개발계획이 체계적으로 추진됨에 따라 외국기업들은 가난한 나라에 대한 인식이 개선되었고, 외국 차관도 허용될 수 있었으며 한국을 외면하던 외국 자본가들이 한국 시장을 매력적인 미래의 투자 안정국으로 보게 된 계기가 되었다.

이와 같은 분위기 속에 다국적 기업들이 한국을 내왕하기 시작하면서 우리 기업인들과 외국기업과의 파트너십이 급속도로 진전되기 시작했다. 또한 다국적 기업들이 매력적으로 생각한 이유는 지금까지 한국 안보의 취약성을 불식시키는데 박정희 정부에 신뢰를 주었기 때문이다. 경제가 북한보다 미치지 못한 상태에서 공산주의 침략에 대응하기 위한 조치로 방위산업을 육성과 기술 우위의 정책을 관찰하면서 투자해도 안정하다는 믿음을 주었기 때문이다.

울진·삼척 무장공비 사건, 박정희 대통령을 암살하기 위한 1968년 1월 21일 김신조 사건 등 북한의 적화통일을 위한 수많은 도발 행위에도 불구하고 한국의 국가 정책인 자주국방, 자립경제 박정희식 국가 통치력이 다수 국민이 믿고 따르는 단합과 일치된 모습을 보았기 때문이다.

그때부터 많은 다국적 기업이 한국을 왕래하면서 국제 정보 유입과 지구촌의 혁신(innovation)에 한국은 끼어들어 가는 때였다. 지구촌의 선진 무한경쟁 시대를 예측하고 접수하면서 구시대 개념을 넘어 변혁(Transformation)에 접근시키고자 하는 통치자의 몸부림이었다.

통치 능력이라 함은 그 시대에 빠르게 달리는 국제간 네트워크를 중요시 생각하여 관 주도가 아니라 기업이 나서야 한다는 인식이 풍부했으며, 고도성장 중심에서 물적 자본 중심 개방정책을 동시에 이루어 나가야 할 국가경영의 월드 이코노믹(Wolrd Economic) 크라우드소싱을 반영하여, 고급인재 발굴과 훈련 그리고 글로벌 외부 인적 역량과 아이디어를 개방 흡수하는 정책을 추진해 나갔다.

해방 후 세계 최하위 수준의 한국 사회는 어려운 경제 사정과 함께 민주주의와 공산주의 간의 이념 갈등이 심했고, 이념전쟁은 일시 휴전일 뿐이지 해방 후 74년 현재까지 안고 살아가고 있다. 그러한 현상은 해방 전후에 해외에서 독립운동을 한 독립투사들이 조국 독립을 위해 노력을 아끼지 않은 것은 사실이지만 그 가운데 일부는 1917년 레닌의 세계 공산주의 선포 후 몇 십 년간 공산주의 사상을 배우고 고국에 귀향하여 국내 지하에 숨어들거나 기생하다 공산주의 세력 즉 남로당에 합류하였고, 국정에 사사건건 반대하면서 극심한 갈등은 현재까지 계속되고 있다. 즉 국정 수행에 커다란 걸림돌이 되었다. 그러한 여건 속에서 자유민주주의와 시장경제를 지키기 위한 지도자의 단호한 결단력과 국가 정체성 유지가 없었다면 오늘날 가난의 역발상을 기대하기 어려웠을 것이다.

박정희 대통령은 당정회의 때 자조가 있어야 도움도 있다는 말을 참모들에게 자주 했다. 국정운영에서 선택한 4대 국정과제 중 가장 우선순위는 자주국방 체제 강화와 자립경제 완수였다. 일면 국방, 일면 건설이라는 표어와 박정희 대통령의 근대화 개념은 북으로부터 침략을 막기 위한 자주국방과 경제개발이라는 양축이 포함된 국정철학이었다.

포항제철은 자주국방 방위산업에 공급되어야 할 원자재 공급이므로 '제2차 경제개발 5개년 계획'에 포함되면서 미국 코퍼스사가 주축이 되어 미국·영국·서독·이탈리아 4개국의 7개 사가 대한 국제제철차관단(KISA)을 발족시키며 제철소 건설이 구체화 되었고, 이밖에 모든 외교적 노력을 다해 추진한 국책 프로젝트였다. 그 노력의 성과로 제철소 건설을 위한 외자 1억 2,370만 달러 중 대일청구권 자금 6,370만 달러와 일본 수출입은행 차관 5,000만 달러를 유치하여 포항제철공장을 착수하게 되었다.

1945년 8월 15일 대한민국 건국 후 1950년부터 한국의 쌀 생산은 태부족이었고, 일본이 두고 간 가내공업, 광업 등을 발전시키기 위해 당시 이승만 정부가 철강의 중요성을 인식하고 종합 제철 건설을 시도했지만 외자 조달을 못 해 뜻을 이루지 못했다.

이승만 건국 대통령은 해방 후 국가 정책 가운데 공업 발전에 최우선 순위로 하는 한편 체신업무 확대와 인재 양성, 철도 발전과 물류 이동 및 지역균형발전에 우선순위를 두었다. 전화·전기 등 체신업무와 철도 발전을 앞당기기 위해 국가 재정이 어려움에도 불구하고 체신고등학교와 철도고등학교를 국립으로 설립해 국비 장학생으로 인재를 육성해 나갔다.

필자도 어려운 시대라 중학교를 졸업할 당시 국비 장학생으로 공부할 수 있는 대안을 찾기 위해 체신고등학교와 철도고등학교뿐이라고 생각했다. 두 고등학교 중 체신고등학교 시험에 도전하였으나 낙방하여 부모님께 면목이 없어 상처가 깊었으며, 지금도 그때를 생각하면 비록 중학생 나이였지만 이상과 목표가 확고했으며 미래를 상상하는 꿈이 컸음이었다. 집안 형편이 일반 고등학교를 다니지 못할 정도로 가난한 가정은 아니었다. 하지만 비록 어린 나이였지만 부모님께 부담을 덜 드리고 싶은 마음이 확고했고 체신고등학교 졸업하면 100% 취직은 걱정할 필요가 없었기 때문이다.

지금도 그때의 기억이 생생하고 중학 시절부터 자신의 미래에 대해 신중하고 깊이 고민하던 확고한 주관이 있었다. 철도고등학교나 체신고등학교, 육·해·공사는 최고의 수재들이 응시하던 시대였다.

대한민국 건국 시대 국민의 85%가 문맹이었던 실정에서 이승만 대통령은 국가 재정이 세계 최하위였음에도 국민의 문맹을 해결하기 위해서 "문맹 퇴치가 국가발전의 뿌리"라고 외치면서 초등학교의 무상교육을 국가 목표로 실천했으며 그 이후 지역 간 소통과 물류를 원만히 해결하기 위한 방안으로 체신고등학교의 무상교육을 시행하여 국비로 청년 엘리트들을 양성했다.
또한 물자 이동을 지게와 어깨에 의존하던 시대라 지역 간 물류 이동을 신속하게 처리하기 위하여 철도고등학교를 신설하여 국비로 청년 철도기술자와 철도 운전기사를 양성하는 국가 정책을 추진하여 국가 경제발전에 첨병이 될 수 있는 청년 엘리트 기술자를 대거 양성할 수 있었다.

1968년에 포항제철이 설립되었으나 종합 제철을 건설하기 위해서는 막대한 자금이 필요할 뿐 아니라 상당한 기초기술이 함께 수반되지 않으면 실패로 돌아갈 수 있었고, 국가 재정도 파탄 날 수 있었다.

제철 사업은 중공업 성공을 위해서 필수적이나 예산으로 정책 결정이 어렵던 때였다.

포항제철주식회사 설립 과정

1. 포항제철 창립은 1968년 4월 1일 포항제철주식회사라는 이름으로 설립되었다. 당시 자본이나 기술 관련 경험이 없는 상황에서 제2차 경제개발 5개년계획 핵심 사업에 종합제철소 건설이 포함되었다.

미국 코퍼스 사가 주축이 되어 미국·영국·서독·이탈리아 등 4개국의 7개 사가 대한 국제제철차관단(KISA)을 발족하여 제철소 건설 구체화하여 추진되었다. 당시 우리나라의 실정과 국제신용도를 감안할 때 꿈도 꾸기 어려울 정도의 무모한 도전이었다.

박정희 대통령의 통찰력과 책임을 다하는 정부 그리고 박태준 사장의 국가관과 책임감에 의해 포항제철 건설의 불가능이 실현되었다고 할 수 있다. 자본과 기술력 면에서도 또한 그러한 프로젝트를 감당해 본 경험이 전무한 상태에서 그야말로 모험이였지만 오로지 우리는 할 수 있다는 의지와 자신감, 도전정신으로 과감하게 추진해 나갔다.

대한 국제제철차관단과 이에 참여하는 4개국들이 부유한 선진국들로 구성되어 협의체를 이룰 수 있었던 것은 박정희 대통령의 청렴성과 행동하는 지도자로서 체계적인 국정 운영 능력, 절약과 검소함, 국가 재정 건전성을 유지하는 솔선수범의 모습을 국제사회가 그를 신뢰했기 때문에 가능한 일이었다.

앞에서 말한 바와 같이 KISA의 노력으로 제철소 건설을 위한 외자 1억 2,370만 달러 중 대일 청구권자금 6,370만 달러, 일본수출입은행 차관 5,000달러 자금 도입에 성공하여 착수하게 되었다.

2. 1970년 4월 1일 포항 아연공장 건설을 시발점으로 첫 단계 공사가 시작되었다. 1973년 6월 9일 우리나라 최초의 용광로에서 최초의 쇳물 생산에 성공하였고, 당시 저자의 친구 몇 명도 포항제철에 취업해 건설에 참여하였다.

포항제철주식회사라는 제철소가 완공되기까지 박태준 회장은 동분서주하면서 36년간의 식민지 치하에서 선조들의 고통에 대한 대가인 대일 청구권자금 6,370만 달러로 건설되는 만큼 이를 헛되게 한다면 우리는 모두 죽어 마땅하다 외치면서 철두철미하게 공사 시공에 만전을 기했다.

박태준 회장의 구둣발길에 걷어차여 보지 않은 직원은 없을 것이라고 당시 건설에 참여했던 사람들은 전한다. 그러면서도 박태준 회장에 대한 불만이 있거나 부정적으로 바라보는 직원은 아무도 없었다고 당시 직원들은 술회한다. 그 이유는 선조들의 목숨과 피와 땀의 대가인 대일 청구권자금이 국가 공적 목표에 고귀하게 쓰였던 만큼 전 직원은 최선을 다해야 한다는 것에 공감대가 형성되었기 때문이다.

이와 같은 엄정한 현실을 박태준 회장은 자신이 솔선하는 국가관과 사회성을 발동하여 직원들의 복지를 남달리 챙긴 분으로 기억하고 있다. 국가 번영을 위해 남이 간 길을 따라가지 않고 직접 새로운 길을 만들어 성공을 거둔 것이다. 박태준 회장과 그의 일원들은 우리 모두가 대한민국 주인으로 생각하고 주인의식으로 합심해 일하자고 외쳤다.
1986년 12월 1일엔 최고 시설과 최고의 교수진을 갖춘 포항공과대학교(POSTECH)을 설립해 청년들이 과학기술 발전을 통해 국가 번영에 기여할 수 있는 기회를 가지도록 했다.
1992년 10월 2일 광양제철소가 완공되고 한국 경제를 발전시켜 나가기 위해 젊은 세대가 과학기술을 통해 국제화에 적응하게 하고, 우리의 기술력과 우리의 자본이 세계시장에서 선도적인 역할을 해나가기 위해 차세대 인재를 키우는데 투자를 아끼지 않았으며 이들이 국가 번영에 기여할 수 있게 했다.
언젠가 노벨 수상자를 배출하는 세계적인 공과대학으로 발전시키겠다는 포부를 지닌 박태준 회장은 대한민국 첫 과학기술연구 중심의 대학교를 설립 했다.
1992년 10월 2일 광양제철소를 완공하면서 1980년대 생산성 측면에서 세계 최고의 종합철강 제조업체로 성장했으며, 기능과 숙련 면에서 세계인들에게 최고라는 인정을 받게 되었다.
이로 인해 1970년대 경제발전과 폭발적 수요 증가에 내수 철강 수요를 담당했고 바다를 메워 조성 건설한 세계 최대의 포항제철소는 여의도 면적의 6배 면적 규모이다.

1992년 10월 4기 설비를 종합 준공함으로써 포항제철은 1968년 창업 후 24년 만에 제철 역사의 한 획을 그었다.

포항제철의 국가 경제 기여도

- 1988년 기업을 공개함으로써 국민 참여 실시
- 1986년 포항공대 설립
- 1994년 세계철강기업 중 영국 브리티시 스틸에 이어
         포항제철, 뉴욕 증시 두 번째로 상장
- 1995년 10월 27일 런던 증권거래소에 상장
- 2005년 11월 22일 도쿄 증권거래소에 상장

한국 철강업계 선구자로서 글로벌 경제 최강대국 3국 3대 주식 시장에 모두 상장된 유일한 한국 기업을 일궈낸 박태준 회장을 세계의 철강인들은 카네기와 동격인 철의 경영자로 인정했다.

1967년부터 1986년까지 정부 출자는 2,205억 원이었는데 그는 국가에 3조 9천억 원을 상환하고, 19년 만에 원금의 18배의 이익을 합하여 국가에 상환해 낸 기업가였다.

2000년 상환 후 포항제철 순 자산 40조 6천억 원의 평가를 받았으며, 고용은 쇳물 생산에서부터 시작해 26배를 창출했다.

2002년 3월 15일 포스코(POSCO)로 상호를 변경하며 국제적 사명의식을 갖고 브랜드 파워를 강화했다. 같은 해 11월 17일 포스코 차이나를 출범시키고 광동성 불산시에 연산 45톤급 용융 아연도금강판 생산 공장을 준공했고, 장쑤성 장자강에 스테인리스 합작회사인 장자강 포항 불수강 설립에 이어 산동성 칭다오시 경제개발기구에 칭다오 포항 불수강(QPSS) 설립을 추진하여 한중간 고용 창출에 이바지했다.

<표 1> 포스코 매출 추이

(단위: 억 원)

연도	매출액
1973년	416
1978년	3,597
1988년	3조 7,011
1998년	11조 3,377
2008년	34조 3,000
2017년	60조 6,550

박태준 포스코 설립자가 지난 50년간 한국 경제와 산업에 직간접적으로 미친 영향은 실로 대단한 성과로 평가되고 있다.

오늘날 공기업의 CEO와 직원들은 국가 세금으로 설립되었으므로 포항제철 임직원과 같은 자세로 국민의 혈세를 자세라는 것을 알아야 한다.

무책임한 경영으로 국민 혈세만 낭비하는 공기업은 마땅히 민영화로 정부는 방향을 잡아 국민의 혈세를 줄이고 사기업이 국제 경쟁력을 높여 고정관념의 철 밥통을 깨야 한다. 박태준과 같이 우리가 국민의 혈세로 시작한 일이 실패한다면 '영일만에서 모두 죽어야 한다'는 생각으로 일하는 공기업 CEO가 얼마나 있겠느냐는 것이다.

이와 같은 국가관 책임의식에서 그는 포항제철에 정부가 투자한 1967년부터 1986년까지 출자한 2,205억 원의 원금 18배를 채무상환하고 순자산 40조 6천억원을 남겨 사명 인식을 높이고 국민 모두가 참여할 수 있는 국민의 기업으로 개방했다.

공기업 임직원들이나 공기업 노조들이 민영화에 반대하고 국민 혈세를 갉아먹는 화마가 지속되면 국가 재무건전성이나 공정성 차원에서 사회적으로 또 다른 갈등을 야기할 수 있으며 국민의 혈세를 정치 권력이 이용하는 데 있다 하겠다.

선진국 대열에 진입하려면 경제 분야에 정치 권력의 영향력을 가능한 줄이고 기업의 자율성을 높이는 방향으로 나아가야 한다.

포스코가 성장하며 양질의 철강 원자재 공급과 철강 제품을 안정적으로 국내 산업 전반에 공급하면서 자동차, 조선 등 국내 굴지의 산업이 함께 성장할 수 있었다.

한국 자동차산업과 조선산업 및 전자산업, 국토 교각, 설비시설 확대 등이 포스코로부터 원자재가 저렴하게 공급되지 않았다면 한국경제는 중화학공업시대로 빠르게 발전하지 못했을 것이다.

저자가 접한 박태준 회장은 인간을 존중하는 인성이 높으며 사람을 아끼고 고급인재를 아끼는 현실주의자였다.

겉으로는 엄격하게 보이지만 매사에 사려 깊고 미래 세대들의 가치를 높이 평가하면서 미래의 훌륭한 인재를 키워내기 위해 무엇을 돕게 할 것인가에 많은 고민을 했던 분이다.

앞에서 말한 바와 같이 국가 예산을 최대한 줄여 투명 경영으로 자생능력을 중시한 경영자로서 18배의 원금을 상환하고 50조억 원의 자산을 보유한 국민 기업으로 성장시킬 수 있었던 것은 대한민국 정통성을 존중했기 때문에 인재를 키우고 일선에 대응할 수 있는 능력과 임원과 전 직원들에게 국가에 대한 충성심을 키웠던 결과가 정부 부채 18배를 상환하고 국민의 기업으로 성장시킬 수 있었다.

그러나 그의 타계 시까지 그 업적에도 불구하고 포철의 주식을 1주도 보유하지 않았다. 우리나라 산업 1세대들의 경영자는 공적인 사명에 철저했고 무한 책임감으로 국가 발전에 이바지했다. 그는 첫째도 둘째도 미래 세대를 위한 교육 투자를 제1순위로 삼았다. 근검절약 정신으로 자금을 마련해 다시 투자하고 고여 있는 물에 머물러 있는 것이 아니라 창조적 아이디어와 새로운 착상으로 끊임없이 정진해 나간 분이다.

개인적으로는 권위를 내세우지 않고, 상대를 배려하고 존중하며 식사나 차, 술 대접도 정성을 다해 손님을 맞이하는 모습을 볼 수 있었다. 일본 긴자에서 일본 중앙흥업 아사노 회장과 두 번 식사를 한 적이 있었는데 요리 방법을 주방장에게 설명해 주면서까지 손님의 입맛에 맞출 수 있게 세심하게 신경 쓰는 모습을 직접 보았다.

투스타 군 출신으로서 민·군의 사명과 현장 관리는 물론 포항제철 창립과 과정들, 그리고 국제간 비즈니스에 매너도 탁월한 역량을 발휘했다. 중국 지도자 등소평이 복권되고 권력을 잡고 개방정책을 밝힐 때 자본주의를 수용하면서 한국의 박태준을 기업경영에 최고 인물로 평가했다. 등소평은 한국의 박태준 회장을 수입할 수 없냐며 그를 수입하면 중국 경제를 10년 이상 앞당겨 발전시킬 수 있을 것 같다고 하며 박태준 회장을 귀하게 여겨 한중경제협력을 기대했다.

경영인으로서 국제적으로 최고의 인정을 받아 왔음에도 불구하고 당시 한국의 정치 권력에 의해 1993년부터 곤욕을 당하고 정치 권력에 의해 희생양이 된 것은 매우 안타까운 일이다.

그때부터 박태준 없는 포항제철은 쇠퇴해 가고 있었으며 그의 꿈이던 노벨상 수상자도 포항공과대학에서 배출하지 못한 채 한국 철강의 자부심도 서서히 사라져 세계 철강 대열에서 밀리기 시작했다. 아마 당시 정치가 그의 경영가치를 잘 활용했으면 IMF와 같은 경제식민지는 면할 수 있었을 것이다. 아무리 대통령 중심제라 하지만 3만 달러 시대 대한민국은 정치 권력이 함부로 기업인을 죽이고 살리는 권력 남용은 철폐되어야 한다.

박태준 회장은 세계가 인정하는 한국 철강의 영웅이며 대한민국 국격을 높인 최고의 경영인으로 우리 모두의 기억에 영원히 남을 것이다. 또 한 그의 개척정신을 영원히 기억하여 우리 후세들이 그의 정신을 이어 나가야 한다.

박태준 회장의 어록에 남겨진 "지나온 인생을 돌아보면 절대적 절망은 없었다"라는 문구를 보면 자신감으로 깜깜한 영일만의 어둠을 헤쳐 나간 분이라는 생각이 든다. 또한 "포스코를 영원히 귀하게 관리하고 발전시켜야 한다."라는 말도 생전에 남겼다.

"맨주먹으로 오늘을 건설한 우리가 아닌가!" 역사는 굴러가는 것이 아니라 만들어 나가는 자의 몫이란 사실을 기억해야 한나. 나만 거싯 역사를 넢고 꾸미고 만들어 자기 몫으로 만들려는 불순한 정치 권력은 국민이 비탄에서 벗어날 수 없다. 정치가 나라를 망치는 조선시대를 거쳐 왔고 구한말 일제 식민지 36년이 무능하고 권력 남용으로 국민들은 아무 잘못도 없이 우리 조상들이 비참하게 살아야 했다. 국민을 함부로 하고 경제주체를 함부로 취급하는 저급한 정치가 종결되어야 한다.

박태준 회장은 포항제철을 건설하기 위해 세계은행에 차관을 신청했을 때 경제적 타산이 없다는 보고서를 썼던 국제제철차관 단의 J. 지퍼 박사는 1986년 박태준을 다시 만난 자리에서 이렇게 말했다고 한다. "당시 내가 쓴 보고서는 정확했다. 다만 나는 한 가지

실수를 했을 뿐이다. 그때는 한국에 박태준이가 있다는 사실을 몰랐다. 당신이 상식을 초월한 일을 행하는 바람에 내 보고서가 엉망이 된 것이다."라고 말했다.

덩샤오핑이 말했다는 에피소드도 유명하다. 1978년 8월 일본의 신일본제철을 방문한 덩샤오핑이 이나야마 요시히로 당시 일본 제철 회장에게 "중국에도 포항제철 같은 제철소를 지어 달라"라고 요청하자 이나야마 회장은 "한국의 박태준 같은 사람이 없으면 포항제철과 같은 제철소는 지을 수 없습니다."라며 정중하게 거절했다. 그러자 덩샤오핑이 "박태준을 중국으로 수입하면 되겠군요." 하며 아쉬워했다는 일화가 있다.

지금 한국 사회는 자유대한민국 건국 72년이 지나가는 오늘날 자유와 시장경제 토대 위에서 한강의 기적을 이룬 대한민국 정통성과 발전의 업적을 종북 세력이 요직을 차지해 역사를 덮으려 하고 있다. 안타까운 것은 좌우 이념이 무엇인지 사실이 뻔한데도 해석은 정반대로 역사를 우롱한다. 더욱 나쁜 것은 남의 업적을 덮어 자기 것으로 둔갑시키려 하는 데 있다.

자유 베트남 국민들은 자유의 소중함을 인식하지 못한 결과 1965년에 월맹 공산주의 침략에 굴복함으로써 영원히 자유를 잃게 된 것을 상기해야 한다.

국가 경제는 국민 스스로 지키는 것이다. 박태준 회장은 "자유 뒤에 경제의 풍요로움이 따르는 것이다"라는 말을 남겼다.

박태준과 포스코

- 2015년 3월 가장 존경받는 대한민국 기업과 경영자
- 2004년부터 12년 연속 한국능률협회가 가장 존경하는 대한민국 기업과 올스타 기업에 선정
- 이병철 삼성그룹 창업자, 정주영 현대 창업자 개척자 김우중 대우 창업자와 함께한 대열에서 같이 "박태준은 후세에 살아있는 교본으로 활용될 것이다."
- 이재용 삼성전자 부회장(청암 타계 시) "스티브 잡스가 정보 기술업계에 미친 영향보다 박태준이 우리나라 산업과 사회에 남기신 공적이 몇 배 더 크다."라고 말했다.

산업화에 가장 크게 기여하는 등 국가 재건의 계기로 일어난 국책 추진과 자발적 민간 협동실적에서 한국 국민들은 새마을운동(35.5%), 경제개발 5개년계획(24.5%), 경부고속도로 및 포항제철 건설(20.8%) 등을 들고 있다(《조선일보》, 2010년 5월 28자).

포스코의 국외 위상

- 2005~17년 : 샘 다우존스 선정 13년 연속 지속 가능
  경영 우수기업
- 2010~17년 : WSD(World Steel Dynamics) 선정 8년 연속
  세계에서 가장 경쟁력 있는 철강사 1위
- 2011~16년 포춘지 선정 6년 연속 글로벌 200대 기업
- 2015년 2월 포춘지, 세계에서 가장 존경받는 기업 선정
- 2015~18년 : 다보스포럼 선정 3년 연속 글로벌 지속 가능
  경영 100대 기업에 선정되었다.

4. 대우그룹 창업자 김우중 회장

세계화만이 살길이라며 세계화의 중심에 서서 대한민국의 미래를 설계해야 한다고 주창 한 대우그룹 김우중 회장은 1936년 경기 중, 고와 연세대 경영학과를 졸업하고 7년간의 직장생활을 통해 사회성을 익히고 1967년에 대우를 창업했다. 창업 후 수출을 통해 회사를 초고속 성장시킴으로써 "대우 신화"라는 신조어를 낳으며 샐러리맨의 우상으로 떠올랐다.

1989년 그가 펴낸 '세계는 넓고 할 일은 많다'란 에세이집은 우리 사회와 기업인들에게 용기와 개척정신을 일깨워 주었다. 1990년대 들어 세계경영을 기치로 신흥시장 진출에 나서면서 대우그룹을 개발도상국 기업 중 최대 다국적 기업으로 발돋움시킨 분이 대우그룹 창업자 김우중 회장이다. 그는 외환위기 중에 전국경제인연합회장을 맡아 경제회생을 위해 노력했으나 단기 유동성 위기로 그룹이 해체되는 비운을 맞게 되어 국민들에게 아쉬움을 남겼다.

김우중 회장은 그 어려운 시대에 1년에 2/3분의 이상을 해외에 나가 수출시장 개척과 해외 시장 파악에 진력했다.

세계를 상대로 새로운 시장개척에 앞장서 내수와 수출에 활력을 불어 넣었으며 아직 해외에 눈뜨지 못한 한국 기업인들에게 모험과 도전 및 실전 의지를 실천해 보여 준 경영인으로 그를 높이 평가하고 있다. 어려웠던 시대에 몸소 그가 보여 준 개척정신은 선구자적 도전이었으며 한국경제의 미래에 커다란 방향을 제시하고 그림을 그린 경영인이라고 평가할 수 있다.

그의 경영 철학은 행동과 실천을 중시한 분이다. 강한 의지와 철학을 가진 기업인 김우중은 세세화를 중심으로 기업선략을 펼쳐 나갔으며 대기업과 중소기업 간 상생과 상부상조의 협력을 중시하였다. 세계화 정신과 넓은 시각의 관찰력과 세계를 중심으로 성장동력을 펼쳐 나갔으며 국제사회에 네트워크 하는 시장을 넓혀 뿌리를 잡아 나가야 한다는 것이 그의 소신이었다.

그의 통찰력과 높은 지혜의 발걸음은 과거의 연장 선상에서 미래를 향했으며 개척할 세계시장에 진출할 판단이 서게 되면 과감히 도전함으로써 대우의 성장뿐 아니라 국가경제에 이바지했다. 그의 평소 소신은 대한민국은 반드시 세계 대열에 합류해야 하고 도전정신으로 미래를 설계하고 전략 과정마다 중소기업 기술을 동반한 진출이 바람직하다고 소신을 밝혔다.
　그는 평소 세대 간 연대와 소통을 소중히 여기는 경영인이었다. 다음 세대들이 자신감을 가지고 세계인과 호흡을 할 수 있도록 관심을 가져 주어야 한다는 의미는 당시 한국은 개발도상국가로서 탄탄한 제조업이 토대가 되어야 수출시장 자리를 확장할 수 있다고 말했다.
　그는 현재 세계무역 대국 중 흑자를 내는 나라는 한국과 중국, 독일에 불과한데 그것은 한국이 강한 제조업 기반을 갖고 있기 때문에 가능한 일이었다고 힘주어 말했다.
　또한 한국 제조업 생산은 우리나라 GDP의 30% 이상을 차지하며 그 기반이 탄탄하여 중소기업과 동반성장이 가능하다고 말했다. 그러나 일부 신세대들이 제조업을 기피하고 경시하는 경향과 정부의 산업정책과 규제 강성노조에 의해 성장을 가로막는 현실에 기업인들의 활동에 어두운 부분이라고 지적했다.
　김우중 회장의 경영 지침을 살펴보면, 무엇보다 먼저 생각할 것은 "탄탄한 네트워크 구축"이다. 대우뿐 아니라 다른 기업에도 필요한 인재를 보급하는데 남다른 애정을 갖고 인재 육성도 기업경영전략에 관심을 동반하였다. 세계화 경쟁력을 뒷받침하는 데는 우수한 인재가 무엇보다 중요하다고 여겼기 때문이다.

　1990년대 대우는 28만 명의 임직원 가운데 18만 명을 외국인으로 활용했으며, 국가 간 강한 네트워크로 해외시장 개척에 주력했다. 당시만 해도 별 호응을 얻지 못하던 국산품을 당당하게 세계시장에 수출함으로써 국가의 위상을 높였고 국가 재무 건전성을 우위로 하는 외환 보유에 크게 기여했다. 당시 미국 뉴욕이나 시카고, LA 등 우리가 디자인하고 바느질한 옷을 미국 백화점에서 대우 브랜드 외는 보기 힘들었다.

　김우중 회장은 1964년 베트남을 처음 방문하여 베트남 시장 곳곳을 기초 조사하면서 자유 베트남 시장이야말로 무한한 잠재력을 가진 국가이며 우리 기업인들이 진출하기에 매우 매력적인 국가라 여기게 되었다. 지금부터 54년 전이다.
　지금의 베트남 통일과정에서 미국과 북베트남(월맹)이 벌인 전쟁(1960-1975)에서 남베트남 민족해방 전선 북베트남 지원 아래 남베트남 정부를 지원한 미국과 벌인 전쟁이다. 김우중 회장은 미국과 북베트남 전쟁 와중에 베트남 시장에 관심을 가졌다.

　김우중 회장은 11년 전 공산당이 통일한 베트남을 방문한 기업인이다. 그는 지구 어느 곳이든 남들이 가보지 않은 국가를 먼저 찾아 해외 시장 개척에 앞장섰다. 개척정신이 남달랐던 김우중 회장은 미지의 땅을 찾아 진출을 모색해 한국을 알리고 달러를 벌어들였다.

　김우중 회장이 생각하는 안목은 베트남의 미래 잠재력이 충분하다고 판단하고 한국 기업이 진출할 수 있는 조건을 갖추는 데 있어 선도적 투자로 시장을 베트남 시장에 첫 뿌리를 내렸다. 이어 중국의 변화를 주시한 결과 한국경제에 좋은 영향을 미칠 수 있다고 확신하였으며 정상 비즈보다 우회해서 관심을 가졌다. 구소련이 무너지고 노태우 전 대통령의 북방정책으로 중국과 정상외교가 이루어지면서 김 회장은 예측한 대로 중국진출 기회를 앞장서 나갔다. 베트남 시장이나 중국 시장을 큰 시장으로 여기며 대우그룹 진출에 공격적으로 적극 나섰다.

　당시 등소평의 중국 개방정책으로 아세아 경제영역이 다변화되면서 빠른 속도로 대우뿐 아니라 순위 10대 그룹사는 13억 인구를 상대할 시장을 매력적으로 생각했기 때문이다.

　그는 러시아를 위시한 공산 위성국가 시장에 주목하며 어두운 부분을 보는 인식보다 밝게 생각하는 안목으로 러시아 위성국가의 잠재력을 주시하며 진출에 눈을 뜨게 한 개척의 선구자였다. 당시만 하더라도 패권주의가 국제정치를 벗어나지 못하여 진출을 주저했던 때였다. 그러나 김우중 회장은 국제경제 변화를 항상 타에 앞선 예측이었으며 이에 적중했다.

　그의 밝은 예지력은 공산 위성국가라도 경제만은 차후 인민의 삶과 복지를 위해 시장개방은 필수적일 것이며 소련과 위성국가들도 예외는 없으리라 예견했다. 그리고 이미 패권주의가 실패한 사례를 들며 인민 복지와 삶의 향상을 위해 경제 제일주의로 가야 한다고 믿었기 때문이다.

　그러한 현상의 국제 분위기는 소련 공산당이 해체되고 이어 모택동 사후 숭국이 경제면에서 자본주의가 허용하는 경제개방정책을 등소평에 의해 중국 인민에 설득되었으므로 한국 기업의 변화도 국제간 변화에 따라 소련 중국 유라시아 시장 점유 광폭에 적극 나서게 되었다.

　중앙아시아와 동남아시아, 아프리카 지역으로 비즈니스를 확장해 한국경제를 이끄는 선두 주자로 나서면서 그 시대의 선구자적인 그의 역할이 타 기업 특히 중소기업에 용기를 주는 계기를 만들었다.

　정치적 이념이 다른 나라의 시장을 개척한다는 것은 쉽지 않은 일이며 제약이 많은 시대였음에도 불구하고 과감히 문을 두드렸던 그의 선지자적인 역할은 전체 한국경제 도약에 커다란 영향을 미치게 되었다.

대우그룹이 초고속 성장 가도를 달리던 1990년대 우방국가들은 물론 공산 위성국가들조차 세계화 바람이 거세게 불던 때라 이러한 시대적 상황과 때를 같이해 선도적 기회를 잡아 시장을 개척하는 추진력을 발휘했기 때문이다.

세계무역기구(WTO)가 1995년 출범하면서 모든 나라들은 "국경 없는 경제체제로 전환되면서 국경 없는 무한경쟁"임을 표방 새로운 시대를 맞게 되었다. 새 시대가 도래하면서 "개방화 자유화"는 시대적 소명이자 요구였다. 당시 김영삼 정부도 세계화를 국정 과제로 내세웠다.

세계화 바람은 국민에게 신선한 설렘을 갖게 해주었으며, 세계시장 진출을 꿈꾸는 기업인에게 더 큰 포부를 갖게 했다. 산업화 1세대들 가운데 김우중 회장은 물론 다른 1세대 기업인들의 탁월한 경영능력과 모험심, 그리고 해외 개척정신은 국제신용뿐 아니라 경제성장의 지속적인 발판이 되었다.

그 결과 금융 자본시장을 확대 개방하여 선진국 클럽인 경제 협력개발기구(OECD)에 1996년 12월 정식으로 가입하게 되었고, 우리도 선진국 대열에서 선진국과의 경쟁력을 갖추었다는 것은 우리나라의 자부심이고 국민 기업에 자부심을 갖게 된 것이다.

필자가 1977년부터 조나단 스포츠웨어 수출과 WS개발(주)의 수주를 위해 해외를 다닐 때, 후진국의 딱지가 얼마나 서러움을 겪었는지 아무도 모를 것이다. 국가 보증이 가능한 1군 기업 외 중소기업은 해외 진출과 개척에도 어려움이 많았던 것은 가난한 나라 기업이라고 상대국에서 비자를 주지 않았다. 말하자면 비자를 승인하면 가난한 나라 국민이 체류하고 도피할 수 있다는 의심과 사회 안전 문제가 될 수 있다고 의심을 받았기 때문이다. 해외 나가기 위해서 목적국의 비자를 받기 위하여 일본기업 아니면 미국기업이 보증을 서주지 않으면 불가능했다. 개인보다 가난한 국가의 국민은 자존심에 상처를 입는다. 386세대들은 가난의 서러움을 아는가?

우리나라 가난을 해결한 근대화 산업화를 이룩한 박정희 대통령의 부국주의로 앞장선 산업 1세대들의 책임을 다한 경제주체 인식을 그대들은 완전히 바꿔야 한다. 부국으로 가게 이끈 자유와 시장경제를 표방한 자유대한민국 건국이 오늘의 발판으로 흥하는 나라로 만들었다.

가난한 나라인 탓에 외환관리법도 엄격했다. 당시 중소기업은 대기업과 달리 해외 출장을 가려면 3,000달러밖에 허락하지 않았다.
국제신용도 상 수출 제일 원칙으로 달러 유치를 국가경영에 우선순위로 둘 때였다. 당시 대우를 이해한다면 당시 상황에서 개척비 소모는 관리형 기업보다 개척비가 엄청났을 것이다. 해외개척은 먼저 쓰고 열매를 얻는 것이 국제 비즈니스의 정석이다.
정부가 바뀌더라도 기업의 성과를 고려해야 하며 정확히 조사할 필요가 있다.

대우그룹 김우중 회장이 만든 시장을 국제 비즈니스를 이해하는데 김대중 정부에서 인색했으며, 대우그룹의 정부 주도의 해체는 크게 잘못된 결과를 초래했다. 세계 곳곳에 대우의 흔적은 우리의 마음을 설레게 하는 동시에 안타까운 마음이 앞선다.

대우그룹의 해체로 국가 위신을 손상시켰으며 대우그룹이 이룩해 놓은 세계 곳곳의 피와 땀과 열매를 따기도 전에 대우지사 자산을 싼 값의 외국인들의 먹이감으로 전락되어 코리아의 자존심에 상처를 입었다. 대우 창업자 김우중 회장을 마음 깊이 추모하게 된다.

김우중 회장의 저서 "세계는 넓고 할 일은 많다"에는 전 세계 곳곳을 누비며 경제인 중에 가장 먼저 세계화를 실천한 그의 모습이 그대로 담겨 있다.
이탈리아·아프리카·동북아시아·중앙아시아·러시아 등지에 여행을 가보면 지금도 대우의 영향력과 김우중 회장의 흔적이 곳곳에 묻어있는 것을 피부로 느낄 수 있다. 그 누구도 김우중 대우그룹 회장의 선도적 개척이 오늘날 무역 대국으로서의 가는 길을 제시한 선구자였다. 김우중 회장의 영향력은 지금도 세계 곳곳에 살아 숨 쉬는 것은 분명한 사실이다.
세계를 누비면서 다국적 기업, 다국적 금융기관들과 그리고 선진국 정치인들에 이르기까지 두루 인맥을 맺으면서 기업가의 능력을 폭넓게 발휘하였다.
우리가 공산주의 국가를 견제하던 시대에 공산 위성국가에까지 파고들어 수출시장의 물꼬를 트게 한 선구자 김우중! 중소기업인들에게 용기를 주었고, 기업가정신의 본질을 보여 주었으며 해외시장개척에 자신감을 갖게 해 준 길잡이였다.

1970년대 중화학 공업화의 국가 목표와 한국경제의 규모 확장에 따라 그에 수반되는 국제관계에서 국가 간 '신용'을 최고 우위에 두어야 할 개발국 기업의 힘든 부분이었다.

당시 미국의 시어스로 박사는 김우중 회장과 십 수년간 거래하며 이윤을 함께 나누고 상업 도의를 지킴으로써 "신용이 두터웠다"라고 회고했다. 꾸준히 노력하니 믿어 준다는 평소 그분의 말씀대로 옛날은 견본을 가지고 물건을 팔 수 있었지만 지금 시대엔 신용만으로도 제품을 살 수 있게 해야 한다고 세일즈의 인간관계론을 편다.

그리고 선구자는 앞을 향해 나가다 보면, "고통도 당하는 법이지만 인내하는 과정에서 열매도 맺어지고 꽃도 핀다"고 그는 말했다. 즉 비즈니스란 인내하는 과정에서 좋은 결과가 온다는 것을 뜻하며 비즈니스 맨의 전문성과 태도를 강조하였다.

그러나 오일쇼크 외환위기와 우리나라 경제 현실의 상황 등에 맞물려 기업의 어려움을 겪는 입장에서 끝까지 최선을 다하는 모습을 보였다.

앞서 소개한 산업 1세대 그룹인 삼성 이병철 회장, 현대 정주영 회장, 포항제철 박태준 회장, SK 최종건·최종현 회장, LG 구자열 회장, 대한항공 조중훈 회장에 이어 김우중 회장은 1세대 가운데 후발 그룹에 속하지만 그의 해외 시장 개척 능력은 1세대 중 세계 경제인 클럽에서도 인정을 받았다.

대우그룹은 국내 대우 거제 옥포 조선, 건설, 제조 등 해외 매출이 상승하면서 현지 법인 244개사, 지사 97개사, 연구소 10개, 해외건설 현장 45개 등 400개의 해외 거점을 두고 활발하게 움직여 나갔다. 대우그룹의 현지 고용 인원은 10만 명이 넘어섰고 국내 기업 중 해외 고용 창출 규모 면에서 국내는 물론 해외 글로벌 기업에서도 선진국 대열에 들어선 서열이었다. 특히 아시아 시장에서는 중국·베트남·인도 등 세 나라에 중점적으로 비즈니스를 전개해 진출에 모두 성공시켰다.

아프리카에서는 수단, 미주와 유럽에서는 미국, 영국, 프랑스, 동유럽의 공산 위성국은 폴란드·루마니아·체코, 중앙아시아에서 우즈베키스탄, 카자흐스탄 및 독립국가연합(CIS, Commonwealth of Independent States) 등으로 펼쳐 나갔다.

어려운 시대에 어려운 여건 속에서도 전 세계 구석구석에 한국을 알리고 민간외교 차원의 역할을 통해 국가의 위상을 높이는 데도 크게 기여했다.

김우중 회장은 항상 비전과 용기, 희생정신으로 무장되어 있는 기업인이었다. 또 한 혁신적 사고와 창의 정신 그리고 새로운 아이디어와 도전에 정열을 쏟아부었다.

특히 기술 영역에서 세계시장을 두드리는 선도적 역할에 앞장서며 함께 고민해야 한다고 강조했다. 그의 기업관은 대기업과 중소기업의 동행을 강조하며 중소기업에 용기를 심어 준 경제지도자였다. 그는 1980년 대우 창업 초기부터 국제화를 강조하며 민주화와 국제화를 동시에 이룩한 한국은 세계시장에 적극적으로 나서야 한국경제의 미래가 있다고 강조했다.

그의 열정은 항상 싱싱하고 깊은 샘물에서 솟아나는 물과 같이 신선한 정신을 가진 분이었다.

당시 국내에 민주화 바람이 거셀 당시 민주화도 추구할 가치지만 국제화 인식이 있어야 세계시장에 지역별 블록(BLOC)으로 차단되어 있다 하여도 국제화 감각으로 대응할 수 있다는 논리를 전개해 나갔다. 이와 같이 김우중 회장의 사고는 중소기업도 지역별로 블록화된 시장 안에 들어가야 한다고 하였다.

그러기 위해서는 대기업이 만들어 내는 큰 시장 즉 큰 프로젝트를 중소기업과 함께 결과를 만들어 낼 수 있는 상생의 관계로 가야 한다는 경영 철학을 가지고 있었다. 따라서 중소기업의 일거리를 만들어 주는 데 있어 다른 대기업에 비해 유달리 애정을 쏟았던 오너였다.

기업을 운영하는 동안 자금·기술·인재를 중시하면서 실패와 성공을 거치면서 경험도 많이 쌓고 능력을 키워나가야 한다고 했다. 중소기업들은 경험도 없고 자금·기술·인력의 힘이 부족하기 때문에 더욱 상생의 노력을 기울여야 한다는 것이었다.

해외에 나가 현지화를 하는 것은 쉽지 않은 일이나. 능력 있고 힘 있는 대기업이 중소기업을 이끌고 가야 하는 한편 큰 것을 완성하려면 중소기업이 필요하다고 하며 상생 관계를 역설했다. 그에 따른 부품도 공급해야 하고 기술도 공유하는 상생의 관계로 경쟁력을 키워나가야 기업뿐만 아니라 국가적 경쟁력을 높일 수 있다는 것이 김우중 회장의 기업관이다.

해가 갈수록 내수시장은 치열해지고 인터넷 발달로 세계시장이 더욱 빠르게 초연결 사회로 가는 현실에서 비좁은 내수에 안달할 필요는 없다는 그의 생각이었다. 결국 대기업과 중소기업이 상생의 모델로 가야 하며 함께 협력하는 시장원리로 가야 살길을 찾을 수 있다는 것이다.

김우중 회장은 한 강연에서 세계경영에 대해 설명했다.
"본질적으로 세계는 철저한 자국 주의와 지역 이기주의가 지배하는 체제입니다."
겉으로는 공정한 경쟁과 개방을 통한 세계무역 질서 확립을 표방하지만 실상은 배타적인 관계를 통해 자국과 지역의 이익을 추구하며 여러 지역 경제권을 중심으로 경제활동이 움직이는 것이 오늘의 현실입니다(《김우중과의 대화》, 124쪽에서)."

대우는 1980년에 들어서면서 국적을 초월한 무한경쟁의 논리가 세계 경제를 지배할 것을 예견하고 이에 대한 기업의 생존에 대비하여 압축한 것이 대우의 세계 경영지침이었다.
김 회장이 추진하는 세계경영의 요체는 대기업과 중소기업들이 해외에 퍼져있는 곳에 세계기업들과 공존하고 파트너십의 역량을 발휘하여 저력을 대외적으로 발휘하는 것이었다.
그가 생각하는 미래 비즈니스 협력 블록화는 공산국가의 사회통제 경제체제를 허물어 자유경제 원리와 상호 보완적인 협력관계에서 자본주의 시장경제 원리를 가르치며 상생의 모델로 가는 상호주의적 발전을 익미한다.
다시 말하면 정치 논리가 아닌 시장경제를 공산권에 이해시킴으로써 인민이 잘 살아갈 수 있는 패러다임으로 전환시킴으로써 동구권도 공감하는 상생의 관계를 이룰 수 있다고 예측했다. 이처럼 해외 시장을 개척하는 데 있어 대우뿐 아니라 다른 기업들도 도전에 리스크를 줄이고 다양한 채널을 통해 기회를 잡아야 한다는 것이 그의 소신이었다.

1985년 중국지사를 설치, 1987년 한국 기업 최초로 중국 냉장고 합작회사를 설립하고 냉장고를 제작, 공급함으로써 중국 소비자들에게 많은 사랑을 받았는데 한국 사람이 그 지역을 가면 "대우, 대우"하면서 최고라고 엄지손가락 사인을 하기도 한다.

이어서 대우그룹의 동유럽 헝가리·체코·폴란드·루마니아·러시아 등으로의 진출은 냉전시대 이후 한국이 무역 대국으로 가는 커다란 이정표가 되었다. 많은 한국 기업들이 동구권 시장을 개척할 수 있게 김우중 회장이 길을 열고 닦아준 선도자이다. 그것은 한국 역사에서 글로벌 경제 발전을 위한 선구자 역할을 한 김우중 회장은 '시작이 반이다'라는 것을 가르쳤다.

대우그룹의 사훈은 창조·도전·희생이다. 김우중 회장이 굳이 희생이라는 사훈을 쓰게 된 이유가 있었다.

해방 후 낙후된 한국 사회 이모저모를 근대적 모델로 바꿔야 하는데 그러기 위해서 자신과 대우 가족 모두가 국가의식과 희생정신을 갖고 창조적 모델로 바꾸는데 앞장서야 한다는 소명의식을 강조하여 '희생정신'이라고 했다. 물론 기업인은 이윤 창출이란 목적이 있지만 동시에 사회적 사명을 다하는 국가관을 사원들에게 인지시킨 것이다.

우리나라는 36년간 일본 강점기를 거쳐 해방이 되었지만 우리 힘으로 해방이 된 것이 아니란 사실에 위축되었다. 세계 어느 나라도 과거의 아픈 기억들을 극복하고 일어서 새로운 나라를 발전시키기 위해서는 산업 1세대가 희생하지 않으면 좋은 나라를 만들 수 없고 한 세대의 희생은 다음 세대에 발전의 원동력이 된다고 말씀하셨다. 예를 들어, 사원이 2,000명이 입사해도 사장은 1명 뿐이기에 사장은 조직을 위해 희생하고 솔선수범해야 리더로서 그 자리를 지킬 수 있다는 것이다.

대우그룹이 '성장하고 국제화하는 가운데 희생'이라는 사훈을 내걸며 희생을 너무 강조하는 것 같은 우려로 1989년 직원들에게 설문 조사를 했는데, 젊은 직원들이 오히려 좋은 반응이 나왔다고 한다. 이처럼 대우 내부 분위기는 "조금 더 희생하자. 그러면 미래를 위해 더 좋은 회사로 성장 한다"라는 방향으로 공감대를 이루어 나갔다. 당시만 해도 한국은 발전도상국에 불과했고 미래 대우를 위해 험준한 산맥을 넘고 넘어 공산 위성국가와 교역을 성사시키기 위한 고충을 자처했지만 힘든 고통은 이루 말할 수 없었을 것이다.

물론 대외 전략상 직접비로서 인건비가 다른 관리형 그룹보다 개척비용에 많은 지출을 감수해야만 했던 어려움도 컸을 것이다.

대우의 해외 시상개척에 힘입어 2000년대를 지나면서 우리 기업들의 해외 시장 진출과 무역 증대에 큰 힘과 길이 되어 주었다. 1999년 10월 세계 곳곳에 시장을 확장시켜 놓고 이제 열매를 추수할 단계에서 유동성의 벽에 막혀 41개 계열사를 둔 거대한 대우그룹이 1999년 8월 워크아웃 신청을 하게 되었다.

필자는 3년에 걸쳐 리비아와 런던에서 농업개발 수주 활동을 하면서 김우중 회장의 기업가 정신을 직간접으로 배우고 터득할 수 있는 기회가 있었다. 김우중 대우그룹 회장이 리비아에 진출했을 때, 한국의 1인당 국민소득은 252불에 불과했다. 가난한 국가가 인정한 해외 비즈니스 비용은 3,000달러만 인정할 때였다.

해외에서 3,000달러 이상 지출하면 외환관리법에 위배되어 형사 처벌 대상이 되었다.

　해외 출장에서 숙식하는 등 모든 면에서 절약을 기본으로 비즈니스를 해야 했고 때로는 경비가 모자라 낭패를 보기도 했다.
　필자가 바라본 김우중 회장의 머리 속에는 가난하고 자원도 없는 나라, 대한민국이 살 길은 오로지 "개척과 맨 파워"뿐이라 생각하는 것 같았다. "미래 세대를 위해 해외 시장 개척에 나서는 길밖에 없고 이것이 한국 발전의 길"이라고 중점을 두어 세계화로 개척정신을 펼쳐 나간 것이 바로 대우의 경영모델이었다.
　필자는 1978년 4월 리비아 벵가지에서 트리폴리로 오는 비행기를 타기 위해 벵가지 공항에서 김 회장을 만나게 되었는데 비행기가 지연되어 무려 4시간 동안 기다렸다 탑승했다.
　벵가지 공항에서 기다리는 동안 서로 주고받는 대화에서 우리나라는 세계화에서 뒤지면 한국경제 성장동력이 허물어질 수도 있으며 우리의 중화학공업 발전을 기반으로 미개척 국가인 헝가리·체코·베트남·중앙아시아 시장에 선제적으로 거점을 잡지 못하면 시장을 일본·독일·중국에 다 빼앗긴다는 말을 했다. 즉 미개척 시장을 우리가 먼저 장악해야 한다는 것이었다.

　그 말을 이해하고 동의하면서도 소련 위성국가들에 시장개척을 하려면 보안법에 저촉될 수도 있고 넓은 의미에서 그의 말씀 모두를 이해하기는 벅찬 것이 사실이었다.
　공항은 에어컨 시설도 없었다. 비행기를 기다리는 동안 덥고 힘들었는데 공항에서 일반 탑승객들과 같이 앉아 불편한 내색 한번 하지 않고 인내하던 모습이 지금도 기억에 생생하다.
　우리나라 산업 1세대로 60년대를 거쳐 1970년대에 이르기까지 땀 흘려 이 시대를 발전시킨 김우중 회장과 필자는 벵가지 공항에서 일하는 노무자들이 청소를 도맡아 하는 일하는 새까만 흑인들을 보고 필자는 회장님께 질문을 던졌다.

　"회장님, 저기 보이는 흑인들은 리비아인들보다 더 검은 흑인 노무자들인데 리비아인은 아닌 것 같습니다."
"이봐요, 김 사장! 그래서 나는 세계화를 주장하는 겁니다.
우리나라 입장과 리비아 입장은 다르지요. 우리나라는 자원이 없어요. 국토의 70~80%가 산이고 전 국토의 활용 가치는 실제 13% 미만에 불과해요. 고조선부터 역사를 공부해

보면 알 수 있어요. 해방 후까지 보릿고개라는 말을 들었죠? 음력 설이 지나면 곡식이 떨어져 3월부터는 보리를 수확할 때까지 먹을 것이 없어 보릿고개라고 합니다.
　우리 조상들은 이렇게 살면서 1948년 8월 15일 일제를 벗어나 이승만 대통령은 자유 대한민국을 건국하며 자유민주주의 헌법으로 어떤 국가와도 경쟁할 수 있는 시장경제체제를 구축한 훌륭한 지도자입니다."

"네 저도 동감합니다."
"박정희 대통령은 근대화와 산업화만이 살 길이라고 주장하고, 수출입국 주도 성장의 국가 목표에 우리는 공감하고 있어요. 그런데 리비아를 보세요.
일부 국토가 사막인 나라이지만 카다피는 국민의 식생활 자급자족을 위해 녹색혁명을 국가 아젠다로 설정하고 김 사장이 갔다 온 리비아 사리어 지역에 지하 용수를 발견하여 대수로 공사를 단행하고 농장을 만들어 식량 자급자족을 하겠다는 거죠.
당시 카다피 리비아 국가 원수는 지하수 자원을 활용하여 식량 자급자족을 위해 녹색혁명이란 국가운영체제를 리비아 국민들에게 알려 모래사막의 나라가 유일하게 식량 자급자족 시대를 열어가는 국정 목표를 세웠습니다.
또한 우리나라와 달리 석유자원이 풍부하여 세계 최고의 수로 공사를 기획하여 곧 실시 단계에 있습니다.
이것이 우리와 입장이 다르고 우리가 자랑할 수 있는 것은 인적 자원과 기술과 맨파워뿐이라는 겁니다.
그래서 나는 지금부터 세계화에 앞장서는 것입니다. 이 기회에 기술과 맨파워로 세계시장을 확대해 나가지 못하고 시간을 낭비하면 이것마저 신흥국 경쟁 국가에 시장을 **빼앗**기게 되는 겁니다."

　필자는 대우그룹 김우중 회장이 지향하는 대우의 미래 경영목표를 알 수 있었다.
　세계화 말씀을 듣다 보면 필자도 마음이 들뜨고 재촉하게 된다. 우리 회사도 카다피의 리비아 국정 목표인 녹색혁명 사업에 동참하고 있다는 현실을 실감하게 되었다. 우리 회사가 리비아에 진출할 때 당시 리비아와 북한 간의 외교가
이미 수교되어 있었고 한참 뒤 우리 기업이 리비아에 진출함으로써 한·리비아 간 국교가 성립되어 최상섭 초대 대사가 부임했다.
　1978년 당시 북한은 농업 인력과 북한 간호사들이 약 500명 정도 상주하고 있었다. 최상섭 대사도 필자의 회사가 리비아 농업개발에 미국 국제 농업개발회사의 농업기술을

지원받으며 현지에서 비즈니스 활동을 하고 있는 나에게 칭찬을 아끼지 않았다. 그는 자원이 풍부하고 광대한 영토의 리비아에서 고용을 창출하는 저의 모습을 긍정적인 시선으로 바라보며 때때로 저녁에 관사로 초청, 미래 한국에 대하여 좋은 말씀을 나누면서 보람 있는 시간을 보냈다.

　당시 북한에서 온 농촌 근로자와 간호사가 리비아에 500명이 이미 상주하고 있는 것을 보고 최 대사님은 공산주의 침략만 없다면 경제발전 속도가 2배로 빠를 텐데 국가의 운명이 국방과 경제개발을 동시에 이뤄야 하는 우리나라의 처지를 안타까워하셨다. 그는 나라의 앞날을 걱정하면서 항상 국가가 먼저라고 하시면서 리비아 프로젝트를 성공하길 바란다고 격려하셨다.

　하루는 트리폴리 대우건설 현장에서 오찬을 할 기회가 있었는데 식사를 하면서 깜짝 놀랐다. 대우가 근로자들에게 이렇게 좋은 식사를 제공하는지 몰랐다.
그 당시 배고픈 시절이라 대우건설 현장 점심에 소고기 갈비와 쌀밥에 김치를 올린 근로자들의 식사는 마치 한국에서 귀족들 밥상과 같았다.
　외국에서 출장비 부족으로 해외 출장 중에 소고기국과 감자, 닭고기 등을 마음껏 먹을 수 있는 기회가 혼치 않아 처음으로 배불리 먹었던 기억이 아직도 생생하다.
　대우뿐만 아니라 리비아에 진출한 현대·삼성·유원·한양 등 우리 기업들은 근로자 식사에 남달리 신경을 써서 제공했다.
　발로 뛰어 이룩한 산업 1세대의 노력의 결과는 오늘날 한국경제 발전의 역사인 것이다.
　대우그룹 해체에 대하여 여러 말은 있지만 대우그룹과 김우중 회장 외 대우직원 모두는 한국의 미래를 위한 개척자로 생생히 기록될 것이다. 그리고 대우그룹 김우중 회장은 후대들에게 한국경제 개척자로 기억되고 평가받기에 충분하며 비록 대우는 무너졌지만 세계 경제인들 사이에서 아직도 최고 기업인으로 평가하고 있다. 그는 항상 국가를 먼저 걱정하는 경제인으로서 높게 평가받는 것은 지당하고 마땅하다.
　대우그룹 김우중 회장의 주요 어록인 "세계는 넓고 할 일은 많다"는 대우 창업 후 세계를 돌아다니며 글로벌경영을 강조하고 모험과 희생의 원칙을 실천한 삶을 시사했다.
　그는 세계시장을 지배하는 그룹으로 만들겠다는 포부를 갖고 이를 향해 꾸준히 노력한 기업가로 자신 고유의 독창적(Originality)인 세계화와 지식정보, 새로운 아이디어로 대우 제품을 세계시장에서 경쟁우위를 가질 수 있도록 이끈 탁월한 점이 있었다.
　불가능을 가능으로 바꾸어 나가며 세계시장을 개척한 경영인이었다. 대우그룹이 해체될 당시 대우그룹이 이뤄 놓은 세계화의 높은 경제적 가치를 제대로 파악하고 결단을 내린 것인지 묻고 싶다. 국제간 어렵게 이룩한 비즈니스 성과를 신중히 여기고 미래 한국 경제발전을 심도 있게 고려한 것인지 혹시 편협된 정치적 이유는 없었는지 참으로 아쉽다.

산업화 1세대 그룹에서 기억해야 할 분은 많이 남아 있다.
럭키금성 창업자, 대한항공, 선경, 기아자동차, 쌍용, 한국화약, 대농, 동아, 한양 등 기업가다운 기업가정신과 사회적 책임 가난을 해결한 산업 1세대들!

다음 세대들은 선배업적을 섬기는 인성을 위해 그분들을 앞으로 차례로 조명해 나갈 것이다.

이는 21세기를 살아가는 지금의 세대들에게 산업 1세대의 개척정신과 창조적 리더십, 폭넓은 창조적 사고(Creative Thinking), 그리고 세계화 도전을 위한 용기를 주기 위해 산업 1세대의 정신과 업적은 후배들이 계승해 나가야 한다.

필자는 학생들에게 도전과 세계화 중심의 한국미래 설계를 주창한 김우중 회장의 인생철학과 기업가정신을 강의에서 많이 활용하고 있다.

그분의 경영 역량을 차세대에 알리기 위하여 작년 5월 대우재단에 찾아가 대한민국 기업가 김우중의 인생 발자취와 스토리를 쓰겠다고 김금화 국장에게 말하고 8월 고인에 대한 원고를 마쳤으나 김우중 회장께서 입원하여 쾌유한 후 그분의 의견을 참조하고 싶어 출판을 미루어 왔는데, 2019년 12월 9일 비보를 접하고 10일 김우중 회장의 빈소를 찾았다.

김 회장의 영정 사진을 보며 살아 생전 원고를 직접 보여드리고 그분의 평가를 받고 출판하려 하였으나 수포로 돌아 간 것이 아쉽기만 했다. 빈소에서 대우를 키워 온 여러 대우맨들을 만날 수 있었고 고인의 과거 생을 기억하며 리비아의 추억을 그릴 수 있었다. 김우중 회장이 병원에 입원할 때 그분의 뜻에 따라 가족장으로 치르기로 했다고 발표했다. 고인이 생전에 받았던 훈장과 상장, 그 어떤 업적의 흔적도 영정 앞에 볼 수 없었고 대우의 로고도 보이지 않았다.

대우경영연구회는 건강이 악화되어 대우장으로 치르면 좋겠다고 유족에게 전했으나 가족의 반대로 인해 가족장으로 치르기로 했다고 했다.

고 이경훈 전 대우 회장은 고인을 오래 모신 부하로서 고인을 이렇게 평가한다. "그분은 한 세기에 나올까 말까 한 인물이라고." 그분의 말처럼 필자도 평소 존경하는 분이었고 전 세계를 누비며 당시 한국경제의 어려움을 해결할 방법을 제시한 대한민국 멘토라 평가하고 싶다.

 이처럼 귀감이 되는 고인의 업적을 후배 기업인들에게 알리기 위해 고인의 업적에는 크게 미치지 못하지만 업적을 쓰게 되었다.

 허창수 전경련 회장은 추도사를 통해 김우중 전 회장이 걸었던 길은 도전과 개척의 역사라며 "우리 경제가 어려움에 처한 지금 전 세계를 누비며 답을 찾았던 고인의 빈자리가 더 크게 느껴진다"라고 말했다. 현재 백발의 대우 맨들은 부하를 끔찍이 아낀 분으로 고인을 기억하며 마지막 가는 길에 같이 했다.
이어 손병두는 생전 고인의 관계를 추도사로 대신했다.

 사랑하고 존경하는 김우중 바오로 회장님 이제 우리 곁을 영영 떠나시렵니까? 사랑하는 가족들, 생사고락을 함께 했던 대우그룹 가족들, 그 밖의 가까이 지냈던 친지들을 뒤로 한 채 떠나시는 것입니까?
 지난 월요일 오후 찾아뵈었을 때, 사모님께서 '손병두 회장이 왔어요.' 하니까 '응' 하시며 잠시 눈을 뜨시고 저를 바라보셨습니다. 말씀은 못 하셨지만 눈 빛으로 저에게 보내는 메시지를 저는 이렇게 읽었습니다. "찾아와 주어 고맙네, 내가 이루려고 했던 세계경영의 꿈을 이루지 못하고 떠나가게 되어 미안하네. 후배들이 계속 그 꿈을 이루어 주었으면 좋겠네."

 김우중 회장님, 당신은 샐러리맨의 신화이자, 우리 젊은이들의 우상이고 영웅이셨습니다. 젊은이들에게 꿈과 희망을 심어주셨습니다. 그의 책 《세상은 넓고 할 일은 많다》는 국민적 교과서가 되었습니다.
 제가 전경련에서 회장님으로 가까이 모시기 전에는 회장님이 어떤 분이신지 잘 몰랐습니다. 막연히 언론에 비치는 신화적인 존재로만 알았습니다. 30세에 창업하며 30여 년 만에 재계 2위의 세계적 기업으로 키워낸 분이셨기 때문입니다.

 회장님은 단순히 기업인으로만 자리매김 할 분이 아니었습니다. 한 나라를 넘어 세계를 경영하고자 했던 경세가였습니다. 12세기 세계 최대의 제국을 건설한 징기스칸에 비유되어 '킴기스칸'이라는 별명까지 얻으실 정도로 한국이 낳은 세계적 인물이셨습니다. 회장님은 잠을 주무시지 않았습니다. 오직 일만 했습니다. 소위 IMF 경제위기를 맞아 이를 극복하기 위해 초인적인 노력을 경주 하셨습니다.

제가 결재를 받으려 사무실에 들어가 보면 걸상을 붙들고 쪽잠을 주무시는 경우를 자주 보았습니다. 결재 중에도 깜빡 깜빡 조시는 경우도 많았습니다. 담배는 줄담배를 피우셨지요. 제가 건강에 나쁘시니 끊으시라고 간청을 드렸더니 담뱃값을 비서한테 맡겨두고 한 대 두 대 얻어 피우시기도 했지요.

IMF 경제위기 해법으로 무역수지 500억 불 흑자론을 내세웠지요. 그렇게 해서 2년 연속 흑자를 내면 IMF 신세를 지지 않아도 된다고 했습니다. 혹독한 IMF의 해법은 우리 산업 기반을 악화시키고 대량실업을 유발할 것을 우려했습니다. 당시 정부 당국에서는 말도 안 되는 소리라며 크게 반발했고 이것이 대우해체에 단초를 제공했다고 생각합니다.

결과는 400억 불이 넘는 흑자를 기록했고, 대통령은 김 회장님의 말이 옳았다고 인정했지요. 만약 김 회장님의 해법대로 했다면 어떻게 되었을까요. 싱가포르대학교 신장섭 교수는 김우중 해법이 옳았다고 주장하고 있지요. 후일 역사가 새롭게 평가할 것입니다. 시간을 아끼려고 샌드위치를 먹으며 새벽 회의를 했지요. 키신저 박사를 전경련 세계 자문위원장으로 모시고 세계 각국의 쟁쟁한 인물들을 전경련에 모셨지요. 정말 회장님의 머릿속은 한국이라는 좁은 공간에 계시지 않고 세계라는 큰 공간을 헤매며 남들이 생각 못 하는 아이디어를 쏟아내셨지요.

그렇기 때문에 범인들에게는 이해가 안 갔고 회장님에 대한 각종의 부정적 평가는 부당했습니다. 세계가 얼마나 넓은 것인지, 인간이 꿈꿀 수 있는 공간이 얼마나 큰 것인지, 불가능이 없는 불굴의 의지로 일에 부딪혀 가는 용기와 창의력은 저에게 많은 가르침을 주셨습니다. 아무리 어려운 과제도 "잘 될 거야" 하시며 낙관적이고 긍정적으로 접근하시는 모습은 체구는 작지만 큰 거인을 앞에 둔 듯하였습니다. 편찮으실 때도 찾아뵈면 혼자 말처럼 '잘 될 거야'를 늘 되뇌었습니다. 지금 천국에서도 한국이 처한 어려움을 보시고 '잘 될 거야' 하시며 우리들에게 희망과 용기를 가지라고 격려하고 계시겠지요.

회장님은 공산국가, 체제 전환 국가에 아무도 눈을 돌리지 않을 때 과감하게 뚫고 들어가 시장을 개척했습니다. 하지만 IMF가 와서 대우 세계경영은 미완으로 끝났고 대우가 해체되었습니다. 대우는 IMF 경제위기의 희생 제물로 바쳐졌습니다.
한국은 헤아릴 수 없는 자산을 잃은 것이고 대우라는 브랜드 가치를 잃은 것입니다.

엄청난 국가적 손실을 입은 것입니다.

　회장님은 IMF가 2년만 더 늦게 왔더라면 하시면서 무척 안타까워하셨습니다. 당시 정부가 무역금융이라는 자금줄을 끊지 않았더라면 대우의 몰락까지는 가지 않았을 것입니다. 참으로 아쉽고 분한 일이었습니다. 그러나 회장님은 이에 대해 한마디 변명도 없었습니다. 온갖 수모를 이겨내며 묵묵히 견디셨습니다.

　회장님, 저는 1999년 10월 8일을 잊을 수 없습니다. 그날 신라호텔에서 한·일 재계 회의를 끝내고 회장님께서 저를 잠깐 보자고 하셨지요. 제 앞에 전경련 회장 사퇴 성명서를 내놓으시며 "정부가 전경련 회장직을 사퇴하고 잠시 해외에 나가 있으면 모든 걸 잘 해결한 후 들어오도록 하겠다고 했어" 그러시면서 저에게 기자들에게 대신 발표하라고 부탁하시고는 황망히 공항으로 가셨지요.

　그 후 5년 8개월이라는 세월을 해외에서 유랑생활을 하셨지요. 회장님은 그런 어려운 처지에서도 나라와 우리 청년들을 걱정하셨던 애국자이셨습니다. 베트남, 인도네시아, 미얀마, 태국에서 글로벌 청년사업가 양성(GYBM) 프로그램을 운영하시면서 세계에 한상의 뿌리가 내릴 나무들을 심으셨습니다. 제2, 제3의 '젊은 김우중'을 길러내는데 심혈을 기울이셨습니다.

　회장님께서 건강하셨더라면 지금 한국경제가 처한 상황을 보시며 또 다른 특별한 해법을 제시하셨을 것입니다. 우리는 그 해법을 듣지 못하고 회장님과 헤어져야만 합니까. 그것도 영영 헤어져야만 합니까. 그러나 저는 신앙인으로서 회장님이 우리 곁을 영원히 떠나신 것 이라고 생각하지 않습니다. 회장님은 이제 죽음이 죽음으로 끝나지 않고 새로운 시작, 영원한 생명의 길을 가시려는 시작을 하셨습니다.

　10년 전 김수환 추기경님이 돌아가셨을 때 베트남에서 저에게 전화를 주셨습니다. 김추기경님께 입은 고마움을 표하려 조문을 꼭 가야겠는데 추운 날 서너 시간을 기다리며 조문해야 한다니 어떻게 했으면 좋겠느냐고 물으셨습니다. 제가 VIP를 위한 문이 따로 있으니 오시면 안내해 드리겠다고 했지요.
　그때 오셔서 조문 후 기자들에게 둘러싸여 여러 가지 질문을 받으셨지요. 한 기자가 '세례를 받을 겁니까?' 묻자 '예'라고 대답을 하셨지요. 회장님은 작년에 그 약속을 지키셨습니다. 정희자 회장님과 함께 가톨릭에 귀의하여 '바오로'라는 세례명으로 세례를 받으셨지요.

　영광스럽게도 제가 대부가 되었지요. 제 일생에 있어서 가장 보람 있고 영광스러운 일이었습니다. 천하의 김우중의 대부라고 하면 남들은 나를 다시 쳐다봅니다. 예수님께서도 무척 기뻐하시고 좋아하실 것입니다.

　회장님, 1년 전에 천국에 가실 준비도 마치셨고, 이제 당신을 기다리시는 주님 품으로 가셔서 편히 쉬십시오. 그리고 김수환 추기경님과 만나 담소도 나누십시오. 그 동안 온갖 힘든 일 다 내려놓으시고 하느님의 자비로 천국에서 영원한 평화의 안식을 누리소서.

　언제나 저희를 불쌍히 여기시어 너그러이 용서하시는 하느님. 이 세상을 떠난 김우중 바오로의 영혼을 받아들이시어 지옥 벌을 면하고 영원한 기쁨을 얻게 하소서. 우리 주 예수그리스도를 통하여 비나이다. 아멘.　　　　　　　　　　　2019. 12. 12

　　　　　　　　　　손병두 - 삼가 회장님 영전에 이 추도사를 바칩니다.

　세계는 넓고 할 일은 많다. 그의 글로벌 개척정신은 대한민국 경제 리더로써 우리를 기억하게 한다.

II. 부르주아 혁명과 자본주의 생성

왕권 정치 권력을 분산하기 위해 절대주의와 봉건세력이 첫째 개혁 대상이 되었으며, 왕권을 적폐로 삼고 일반 시민을 해방시켜 근대 국가로 수립한 정치 변혁이 부르주아혁명이다.

1790년을 거쳐 1792년 제헌 선거제도로 독재에 의한 왕권의 폐기, 공화정의 확립 그리고 봉건주의제도 완전 폐기로 처음으로 1773년 절대 권력으로부터 국민의 주권으로 헌법을 체험하게 했다.

프랑스 혁명은 영국 혁명의 한계를 돌파하여 인류 역사상 처음으로 보편적인 의회를 도입한 것은 부르주아혁명으로 시장경제 가치를 획득하게 되었다.

부르주아혁명으로 사유재산 제도가 확립되고 자유와 입헌 민주주의가 태동되어 일방적 정치 권력이 아니라 삼권분립제도 아래 민주주의 성립이 주체가 되었다.

부르주아 경제(Bourgeois Economy) 학도에 의해 자본주의가 전개되어 사회변혁으로 일반 시민이 바라는 뜻에 큰 영향을 미치게 되었고, 시민과 함께 발전되어 민주제도 확립을 통한 제도 발전이 자본과 경제발전의 첫 단추라 할 수 있다.

위와 같이 당시 상공업자, 농민의 상층부들도 농촌의 생산성 단계를 인정시키게 되고 공업을 발전시켜 생산과 판매 단계의 길을 열어주게 되었다.

이로써 부르주아혁명의 본질인 근대 자본주의가 형성되고 그 자본가에 의해 생산과 자본이 사실상 분리 판매와 소득 분배의 설계도가 이루어지게 되었으며, 이 기준에 의해 부르주아혁명의 목적이 달성되어 자본주의와 시장경제 기반이 오늘에 이른다.

역사상 왕의 세계뿐인 삶이 절대 권력과 권위에 도전할 수 없고 부당하게 강요당하는 희생을 절대주의와 전체주의적 힘에 묶여 그것이 당연시해 온 왕의 정치가 얼마의 세월이었던가.

개인의 삶을 이야기나 입장을 청원할 수 없으므로 자기 인생이 있다고 말할 수 없다는 것이다. 인간의 존엄성이 먼저 유지되어야 함에도 시민을 위하여 부당한 권력에 도전하는 혁신이 없었고 시민의 행복은 아예 생각조차 하지 않은 역사를 바로잡는 정치·사회·경제적 혁신이 바로 부르주아 혁명이다.

부르주아혁명 당시 시민들의 참고 견뎠던 억울함과 분노가 한꺼번에 분출되어 혁명의 취지는 빠르게 확산되었고 협력과 성공이 이루어질 수 있었다.

부르주아혁명에 이어 부르주아 반대편에서 일어난 프롤레타리아 이론을 제시해 부르주아와의 대결을 주도한 카를 마르크스는 근대적 자본가의 형성을 부정하고 자본주의 사회 자체의 모순을 행사한다.

경영자들에게 고용되어 임금을 받는 노동자도 계급을 구성해야 한다는 전제 위에 균등치 못한 소득 기준의 불균형 등 사회상황을 해결하기 위해서 부르주아를 모순의 대상으로 삼아 프롤레타리아 간 대립을 카를 마르크스가 주장한 것이다.

카를 마르크스는 부르주아는 자본계급의 자본가로 가리키고 노동자계급 투쟁을 부르주아와 프롤레타리아 간 대항의 대립으로 이어갔다. 또한 그는 독일의 경제, 정치학자로서 독일의 철학계에서 크게 영향력을 가진 G.W.F 헤겔의 영향을 받아 무신론적 급진 자유주의자가 되었다.

그가 집필한 저서 《독일 이데올로기》에서 유물사관을 정립하였으며 공산당선언을 발표하여 각국의 대항적 혁명 정신에 불을 지폈다.

그의 아버지는 변호사, 어머니는 네덜란드 귀족 가정 출신이며 마르크스는 라인주 트리어에서 유대인 가정에서 태어나 자유롭고 교양 있는 비교적 부유한 가정에서 성장했다. 1836년 베를린 대학교에서 법률학, 역사, 철학을 공부하였다.

카를 마르크스는 헤겔의 철학을 알게 되어 헤겔학파의 좌파인 청년 헤겔파에 소속되어 무신론적 급진 좌파의 공산주의 사회 경제학을 연구하였다. 즉 생산을 위한 자본이 투입 활용되어 노동자를 고용하고 최대한 노동성을 높여 경영 이윤을 최대한 올리는 것이며 그 자본의 힘에 의해 노동 생산성으로 경영기반을 확대하는 것이다. 경영기반을 자리 잡기 위해 이 노동력을 확보하는 것이 우선순위다.

그러나 마르크스는 노동자계급과 노동우위를 경영과 같은 선상에서 보게 하는 투쟁적 이데올로기를 주장해 나가게 하는 노동계급 투쟁의 가치를 높이려 한 인물이다.

마르크스는 살아 생전에 엥겔스와 경제학 연구를 같이했으며 마르크스 사후 엥겔스가 1885~1894년에 마르크스의 경제학 이론인 경제학비판 유물사관이 실려있는 간행물을 정리하였다. 엥겔스는 자본가로 살면서 상류층의 스포츠였던 여우 사냥을 즐기며 고급 포도주를 즐겨 마시고 매력적인 여성들과 어울리며 인생을 온갖 즐거움을 탐하는 전형적인 부르주아의 삶을 살면서 이중적 삶의 논리로 위선의 자기 중심적 삶을 살면서 자본주의를 타도의 대상으로 여기면서 프롤레타리아 공산주의에 심취했던 인물이다.

엥겔스는 국제 공산주의의 얼굴이었고 카를 마르크스를 이어 자본주의 타도 운동과 공산주의 이론을 완비하고 공산주의 사상이념을 지도해 나갔던 자이다.

그러나 프롤레타리아 혁명이론에 비해 크게 앞서 나간 부르주아 혁명의 발전으로 1820~1930년대에 자본주의는 경제 기반이 확립되었다.

노동 쟁의와 계급 대립이 격화되자 부르주아는 부르주아지의 입장을 선명하게 하여 자유시장의 성격을 강화했으며, 노동가치설을 포기하는 대신 수급적 가격론에 시종하여 토지, 노동임금, 자본 이자의 삼위일체 법칙에 의거하는 속류 경제학으로 변화시켰다.

따라서 부르주아지는 자본주의 변론으로 크게 발전되면서 시장경제 변천에 앞장서 나갔다.

프랑스에서도 중세 이후 도시 상공업자를 부르주아로 분리하여 그들이 상공업을 발전시켜 자본주의적 생산의 길을 열게 되었으며, 시장이 활성화되어 자치의 능력을 키우는 데 기여해 나갔다. 따라서 소규모 자본으로 하는 상공업자는 '프티 부르주아'라고 부른다.

대자본가는 도시 상공업자 간 충돌 과정을 겪으면서 프랑스 혁명, 영국 혁명의 단계를 거쳐 자본주의와 시장경제의 발전이 거듭 발전 확대되어 가면서 치열한 경쟁에 의해 국가· 사회·개인의 발전이 빠르고 자연스럽게 이어지게 되었다.

이와 같은 과정을 거쳐 오면서 자본주의 발전과 비판은 빈부의 격차에서 오는 상대적 박탈감이 사회적 갈등과 충돌이 일어나게 되어 해결점은 계속 숙제로 남았다. 이 숙제는 지구촌이 풀어나가야 할 과제이며 자본주의 경제의 해결점이다. 인류의 양극화는 인간이 해결해야 할 가장 큰 숙제라 할 수 있다.

제1차 산업혁명 2차, 3차 시대를 거쳐 지식기반사회, IT 첨단산업사회를 뛰어넘어 인공지능으로 인간과 기계가 같이 살아가야 할 초고속 연결사회로 공유되는 과정이 빈부격차를 가속화시키고 있는 것이다. 빠른 속도의 변화를 일으키는 자본주의의 힘에 의해 생산과 분배가 자연스럽게 일어나는 시장 중심의 시장이 되어 왔다

세계가 생각하는 시장경제 변화에 정부의 통제는 가급적 줄여 작은 정부가 되어야 하고 기업가에 불필요한 간섭이 아니라 기업인의 시장 확대를 위해 일선에서 뛰고 있는 시장 전사들을 뒷받침하는데 정책을 펴야 한다.

기계의 역할이 높아짐에 따라 인간의 노동시장은 줄어가는 반면 그 대체와 해결 점에서 각 국가마다 쌓인 고민은 풀어야 할 과제이다. 그러므로 오늘날 예측하기 어려운 변화를 받아들여야 하는 시대에 살고 있다. 자본주의와 시장경제 외에는 아직까지 이를 대체할 이론적 대안이 없어 현재 인간이 활동하는 영역 내에서 나름대로 발전되고 있으므로 정치 권력으로 시장을 통제하려는 발상은 경제발전을 후퇴시킬 수 있다는 것에 유의해야 한다.

영국의 부르주아혁명과 시민의 정치 경제 참여의 보를 튼 과정을 경험한 영국 이민자들은 미국 대륙의 정치 경제 사회 제도와 개척에 선도적 역할을 했다.

19세기부터 일본, 이탈리아, 독일, 러시아가 자본주의에 합류하면서 자본주의의 거대 물

결은 세계시장을 거의 여지없이 장악하게 된다.
 변혁을 자처한 중국 공산당은 그 골격을 유지하면서 자본주의를 끌어들여 자유시장에 동참함으로써 변형된 공산주의로 20세기 자본 변화의 특징이라 할 수 있다.

Ⅲ. 인간경영론:
공자·맹자·순자의 사상과 한비자

일찍이 공자와 맹자는 스승과 제자 간 선의에 의한 학문적 경쟁을 유지하여 왔다.
공자는 인간의 본성이 선하다는 입장이었으며 맹자는 공자와 같은 인간 선을 기본으로 하는 성선설(性善說)을 주장했다.
　그러나 그의 제자인 순자는 성악설(性惡設)을 주장, 인간은 본래 악한 마음을 지니고 태어난다고 했다.
따라서 인간은 악한 마음을 가지고 태어났지만 성인의 말씀과 선생님, 부모가 착한 마음과 행동을 가르쳐 주기 때문에 악에서 선으로 변하는 것이라고 했다. 즉 인간은 계몽을 통한 꾸준한 배움으로 인간다운 품격과 인격을 갖춰 나간다는 뜻이다. 따라서 인자하고 바른 부모를 만나는 것도 자신의 운명이며 자신을 바꾸는 지혜도 자신의 것에서 지혜가 만들어진다.
유치원부터 좋은 선생님을 만나는 것도 중요하고 초등학교부터 선생님의 가르침과 가정교육에서부터 가름 되며 가정교육에서 아이의 상상을 펼치는 것을 넓혀주어야 한다.
　만일 전교조 선생을 만나 역사 사실을 이념에 치우쳐 왜곡되게 배우는 사실을 알고도 부모가 내버려 둔다면 내 자식이 성장해 국가에 악한 존재로 행동할 가능성이 높다.
그러므로 어릴 때 가정교육의 엄격함이 중요하다.
아이가 보는 곳에서 위인전에 등장하는 인물인 이순신 장군 그리고 아브라함, 링컨 미국 대통령 등에 관한 책을 읽으면서 니도 열심히 노력하면 그런 훌륭한 인물이 될 수 있다는 꿈과 상상을 하게 해야 한다.
　순자의 제자 한비자도 순자의 주장을 한층 발전시키면서 그의 스승 순자를 뒷받침했다.
한비자는《인간경영》에서 법의 국가통치가 중요하다고 가르쳤다.
　한비자는 법이란 신하의 복무규정이니 신하의 횡포를 누르라고 황제에 건의하였으며 법의 통치 권위가 없으면 왕의 눈을 가리고 너 좋고 나 좋고 누이 좋고 매부 좋다는 무법이 질주하고 사공이 많아 국가통치는 갈팡질팡할 것이라고 고언했다.
　법의 통치를 권위주의라고 몰아세우고 선명한 주장을 외치면서 낭만주의적 통치 사고의 권력을 잡으면 국가통치의 권위는 사라지고 그들만의 이익 챙기기에 바빠 부패하고 썩은 정치가 국가 전체를 덮게 될 것이다.
　이를 바로 잡기 위한 국가 통치를 어렵게 만들고 긴 세월에 걸쳐 기득권 비기득권 간 갈등으로 국가경영이 그만큼 어려움을 겪게 된다. 옛 말에 한 번 무너진 국가를 원위치로 놓기 위해서는 아무리 개혁 혁명 정신을 발휘한 지도자라 할지라도 100년의 세월이 소요된다고 했다. 한때의 무능함 때문에 후세들은 3대에 걸쳐 고생을 감수해야 한다는 뜻이다. 그러므로 이를 구하고 해를 피하는 것이 사람의 본성이기 때문에 군주는 상벌로서 정치를 장악하여 군신을 통어할 수 있어야 한다고 했다.

민주주의는 국민이 지지함으로 그 지지를 등에 업고 자기들만의 독주로 역사 진실을 덮으려 한다면 국민의 판단 부족으로 결국 감수해야 하는 그것은 국민에게 그 피해가 되돌아온다.

진시황제도 한비자의 인간 경의 안에 법치 통치, 준법정신 통치의 가르침을 통해 당시 춘추전국 시대를 거치는 동안 여러 나라로 분열되어 서로 죽고 죽이는 현실을 마감하는 통치를 하기 위하여 자기 나라는 법의 준엄함과 준법정신으로 최초 중국 대륙을 통일 왕조를 세웠다.

한비자의 스승 순자는 "사람은 굶주리면 배불리 먹고 싶고 추우면 몸을 따뜻하게 하고 싶고 피곤하면 쉬고 싶다"라는 유명한 말을 남긴 그 시대의 사상가, 정치학자라 할 수 있다.

인간 삶의 예절에서 미리 먹지 않는 것은 양보하려는 마음이 있기 때문이고 피곤한데도 쉬지 않고 일하는 것은 해야 할 일이 남아있기 때문이라고 했다.

순자의 설법은 상대의 잘못을 꼬집기보다는 배려하고 양보하는 미덕으로 자신이 해야 할 자간의 이해되는 뜻이 그 속에 담겨 있다. 순자 설법에 이어 한비자의 인간경영은 어느 국가든 통치와 바른 정치는 법의 통치에서 가능하다는 것을 전제하고 그 안에서 모든 백성에게 공정한 기회를 부여할 수 있어야 백성을 다스릴 수 있다는 뜻이다.

국민의 뜻에 반하는 군주에 아부하여 자신의 이익이나 챙기는 것을 눈감아주는 군주는 군주답지 못함으로 국민의 힘으로 탄핵할 수 있는 것이 주권을 가진 국민의 권리다.

1000년, 2000년 전의 절대 군주 시대에도 용감한 개혁자는 공공의 국가통치를 위해 국민의 힘을 등에 업고 주군을 가감하게 몰아냈다. 통치에서 법 앞에 국민은 평등할 수 있어야 하고 믿음에서 오는 신뢰를 통해 힘이 발휘되고 그 선상에서 마음가짐의 근본이 담아지며 그 위치 아래서 이뤄지는 것이며 자신의 도덕적 수양과 해야 할 깨달음을 가질 때 친구에게 이웃에게도 흉금을 터놓고 말할 수 있다.

진심이 부족한 인간관계는 상대를 농하는 것이며 국민을 상대하여 거짓의 군주는 국민을 위한 정치가 아니라 권력을 함부로 쓰는 군주라 할 수 있다.

가슴에 품은 생각을 그대로 전달될 수 있도록 소통이 되어야 한다. 군주는 국민의 보이는 모습이 하늘과 같아야 하고 국정 수행 성과를 거짓으로 포장하여 국민을 우롱하고 부패하여 수렁에 빠지면 그 결과는 피를 흘리게 된다고 한비자는 말했다.

순자 역시 조직에서 윗사람의 행동이 금도에 어긋나면 이에 바른 소리를 할 줄 알아야

하고 그것이 공동의 이익을 추구함이며 그러함은 윗사람이 가진 권리를 무시하는 것이 아니라 진정으로 조직의 미래를 위한 진실임이 담겨져 있다 했다.

그러므로 조직을 위해 솔선수범하는 희생이 필요하고 열 번, 백 번이라도 결정자를 설득하려는 의지가 있어야 한다. "아니요"라고 말할 수 있는 용기와 함께 그 이유에 대해 논리적인 설명이 필요하다. 그것이 상사에 대한 진정한 보좌이며 존경심이다. 예로부터 조직을 이끌어나갈 첫째 조건이 사람이고 인사가 만사라고 했다. 자기 이해타산에 치우친다면 남의 밥상에서 자기 이익에 치우치는 생각이 앞서게 되고 남의 곳간을 축내는 쪽으로 가게 된다. 인간의 믿음과 가치는 정신 부패에 의해 사라진다는 뜻이며 모든 세상의 가치는 맑은 정신에서 유지된다는 것이다.

국가 통치와 정통성

 지난 2008년 5월 이명박 정부 당시 미국산 쇠고기 수입에 따른 광우병에 관한 진실 왜곡 보도에 국민들은 언론에 속아 성스러움을 상징하는 촛불이 거짓으로 이용되었다.
 불순한 의도로 주최한 촛불시위와 거짓에 국가의 권위는 추락했다. 당시 대한민국은 공권력도 법치주의도 통하지 않았다.
 우리는 거짓에 속았고 그 폐해는 국민에게 되돌아왔다. 공권력이 무시된 한국의 사회상은 국제사회에 조롱거리로 비지기도 했다.

 필자는 이 글을 쓰면서 그 당시 미국과 소고기 수입 문제를 놓고 협상했던 협상단이 언론의 거짓 보도에 의해 매국노가 되었던 상황을 떠올렸다. 협상단장이었던 민동석 단장(전 외교부 제2차관)은 위생적이고 저렴한 소고기를 서민의 밥상에 올리기 위해 고뇌를 거듭했지만 결과적으로는 폭도들에 의해 매도당하고 말았다.
 공권력이 땅에 떨어지고 경찰이 폭도에 매 맞고 경찰 계급장이 폭도들 손에 찢겨도 당시 한나라당 집권 여당과 국회는 진상조사에 제대로 앞장서는 태도를 보이지 않았다.

 국회가 이러니 어떤 공무원이 국가 미래를 위해 소신을 가지고 일하겠는가?
 대통령의 국가 통치는 땅에 떨어지고 오늘에 이르기까지 한국의 정치, 경제, 사회 문화에 걸쳐 국가 위계질서는 한순간에 무너졌다.

 당시 보수 여당 한나라당 국회의원에게 시국을 걱정하면 면박을 받기도 했다. 그들이 오히려 국가 미래를 걱정하는 사람을 극우로 몰아세우는 기이한 시대였다.

5년의 집권 시대가 무능하여 결과는 국가 통치력, 교육, 안보 면에서 안일한 틈을 타 김일성 주체사상이 세균 퍼지듯 우리 사회 곳곳에 뒤덮어졌다.

 보수정당 내에 기득권 비기득권을 서로 인정하며 힘을 모으려는 것이 아니라는 보수정당이 서로 원수처럼 이명박, 박근혜 정권에서 망하는 쪽으로 벌어졌다.
 17대·18대·19대·20대 국회에서 잘못된 집권 여당이 한국사 교과서를 바로잡지 못했다. 역사교육 내용마저 바로 잡아야 한다는 사명을 찾아볼 수 없었다. 교육감 선거에서도 후보자들은 서로 양보하는 미덕은 없고 보수가 스스로 품위와 교육 황폐화에 앞장선 꼴이다.

　광우병 집회를 기획하고 선동에 앞장선 자가 수배당한 처지에 박근혜 전 대통령을 끌어 내리는 광화문 촛불시위에도 나타나 선동했다. 그들에 의해 두 번이나 미국산 쇠고기 수입 협상으로 국민에 걱정을 끼치게 했다고 사과하는 어처구니없는 대통령의 모습. 통치 능력이 부족하고 연약한 대통령의 모습은 지도자의 품위를 스스로 격하했다. 지도자가 무능하고 법의 준엄함을 인지하지 못하는 정치는 한비자의 법치 존엄의 통치력을 배워야 한다.
　앞 정부에서 그런 실수를 했다면 박근혜 정부는 국가 법치가 존중되어야 했으나 적군과 내통해 적군과 합세해 자기가 뽑은 박근혜 대통령을 몰아내는 꼴을 범했다. 당시 한나라당 국회의원들은 국가가 추구하는 자유민주주의와 시장경제의 뿌리를 존속하려는 의지를 가져야 책임을 역사 앞에 그 책임을 면하기는 어려울 것이다.
　집권당이 보수의 가치를 스스로 붕괴하고 자멸시키는 행위를 했다. 그러고도 선거 때만 되면 보수라고 외치면서 표에 구걸하고 애원한다.

　1980년대부터 시작된 민주와 운동 과정에서 좌로 기울어진 교육과 왜곡된 역사교육으로 대한민국 건국의 정통성을 부정하는 교육이 38년 동안이나 우리 아이들은 배웠다.
바른 역사관을 가진 교육자가 교육감 선거에서 당선되어야 한다. 그러나 보수 쪽의 양보 없는 후보 경쟁으로 진보 후보가 당선된다.
　 유권자의 역사의식에도 문제가 많으며 신세대들까지 잘못된 역사교육으로 문제는 해결되기 어렵게 보인다.

　선악설을 주장한 순자의 주장대로 인간은 본시 악한 마음을 지니고 태어나 성인의 말씀 선생님, 부모, 사회, 멘토를 통해 인간 계몽과정에서 꾸준한 배움으로 악한 인간이 선한 인간으로 변하게 되며 성인이 되어도 선한 인간으로 변하지 않는 것은 악이 그대로 남아있기 때문이라고 했다.

　국가가 멸망하는 데는 국민에게 책임을 물을 수 있다. 남베트남이 붕괴된 것은 전력이 월맹보다 94% 앞섰고 경제력과 인구가 절대적 우위이면서도 전쟁에서 패한 이유는, 국민이 자신의 조국과 민주주의를 지키겠다는 준법정신과 나라 사랑의 의지가 부족했기 때문이었다. 자유 월남 국민은 자유민주주의가 얼마나 소중한지 인지하지 못한데서 온 것이다.

자유 베트남의 멸망 원인은 국민들에게 그 책임이 크며 지식인들의 무책임한 행동에서 나라가 붕괴되었다. 그 피해는 공무원 종교인, 정치인, 언론인들이었다. 자기 조국을 배신한 남베트남 지식인, 종교인, 언론인들은 북월맹 공산주의 손에 의해 동시에 몰살당하고 그들의 자손 대대로 수모를 겪게 된 사실을 알아야 한다.

지도자는 법의 준엄함과 국민의 준법정신의 중요성을 깨우치지 못한 자유 베트남은 한 지도자로 인해 역사 속에서 사라졌다.

통치자가 자기는 국가를 위해 열심히 일했다고 주장할 수 있으나 헷갈리는 중도실용을 주장하면서 대한민국 건국의 인지나 정통성에 대한 인식이 부족한 사람은 대한민국 대통령이 될 자격이 없었다.

이런 지도자를 대통령으로 뽑으면 언제든지 대한민국이라는 국가는 붕괴될 수 있다. 따라서 앞으로 군 복무 의무를 미필한 사람은 대통령 후보도 될 수 없고 자유대한민국 대통령이 되어서는 더욱 안 된다.

역대 대통령을 겪으면서 느낀 점은 군 미필 대통령은 한결같이 대한민국 건국이념과 정체성 사상이 확고하지 못하고 의심의 여지가 있었다. 우리나라도 미국 소고기 사태를 겪고 연약한 지도자 밑에서 5년 동안 국가 기강이 무너진 시대를 체험했고, 오늘과 같은 대한민국 정통성을 부정하는 세력에 재차 늘었음을 지적할 수 있다.

자유민주주의를 부정하고 사회주의 체제를 허용한다면 국가체제를 부정하는 것이며 자유대한민국 건국이념과 법치는 무너질 수밖에 없다.

필자는 지난해 마음이 심란하고 무거워 광화문 집회에 나가봤다.

2019년 10월 3일 자유, 평등, 박애, 질서라는 비상 국민회의가 한기총을 중심으로 이와 같은 주제를 가지고 광화문에서 열렸다.

회의 주제는 다음과 같다.

1. 문재인 탄핵 의결
2. 문재인 여적 및 이적죄 결의
3. 주사파 찬양 고무 동조자 척결 결의
4. 동성애 이슬람 차별금지법 반대 결의
5. 군인, 경찰, 언론 행동원칙 결의
6. 전 공무원 행동원칙 결의
7. 모든 정당 행동원칙

8. 모든 사회단체 행동원칙 결의
9. 주사파 언론 척결법 결의

위와 같은 주제를 가지고 광화문 광장에서 100만의 국민이 운집한 것도 민초의 상징이었다. 필자는 천주교 교인이지만 국민이 마음 둘 곳이 없을 때 믿을 곳은 종교와 언론이라고 계속 주장 한 바 있다. 종교와 언론이 공정하지 못하여 사회 정의가 무너지면 국민은 의지할 곳이 없다. 한 나라가 멸망하고 붕괴되는 것은 종교와 언론인, 지식인의 정신이 바로 서지 않는 정신 부패에서 나라가 붕괴된다. 자유 베트남의 멸망에서 보게 되었다.

전광훈 목사가 주도한 광화문 집회에서 한국 기독교 정신과 정의가 살아있는 모습은 든든했다.

촛불 혁명이라 자화자찬하는 문재인 대통령은 평창 올림픽 개막식에서 자유 우방국 지도자들과 같이한 자리에서 이렇게 말했다.

우리의 주적인 북한 김영남 앞에서 대한민국의 정체성을 훼손한 사상가 신영복을 대통령이 "내가 존경하는 사상가"라고 작심한 듯 말한 연설은 국민의 다수에게 실망을 주고 우리를 분노하게 했다.

신영복은 통혁당 사건의 간첩으로 동료들은 전부 사형 집행되었으나 1심에서 사형선고를 받고 2심에서 무기징역으로 감형된 자다. 20년 장기수로 복역하다 가짜 전향서를 쓰고 석방된 대표적 주사파로 석방된 후 그는 양심을 속이고 반체제 행동을 한 간첩 수괴이다. 즉 자유 대한민국 대통령의 말과 행동 그가 가지고 있는 대통령의 사상이념이 우리를 분노케 하고 있다.

해방 후 70년간 자유대한민국 건국과 구축해 놓은 한미동맹을 악화시키는 정책이 우리를 헷갈리게 한다. 참으로 심란한 마음이다.

대통령은 국민의 앞에 말과 행동이 같아야 하고 자유 대한민국의 정체성을 부정하는 말과 행동은 삼가야 한다.
대한민국의 대통령이기 때문이다.

한국 근대사를 되돌아보면 학생들이 주도한 4·19 학생혁명이 나라를 구했고 무능한 윤보선, 장면 민주당 정권에 반발한 군인들이 5·16 군사 행동으로 나라를 위기에서 건졌다.

필자는 고등학교 1학년 때 4·19 학생 운동에 참여하여 치열하게 3·15 부정선거에 항의하는 학생 대열에 앞장섰던 기억이 아직도 생생하다.

해방과 자유 대한민국 건국 4·19, 5·16을 거쳐 자유를 지켜온 대한민국이다.

한기총이 왜 문재인 대통령은 하야해야 하는가에 대하여 다음과 같은 주장을 하였다.
1. 한미동맹 파기 쪽으로 가는 의심
2. 원전 폐기로 한국 원전 기술의 손실
3. 소득 주도 성장으로 경제 파탄
4. 안보 약화
5. 국제 외교 실패
6. 문재인 대통령이 주사파라고 자처한 행동

한 나라를 통치하는 지도자는 준법정신을 실현하는 강한 정치력을 발휘해야 한다.
아리스토텔레스는 인간의 선한 영혼은 어딘가에 존재하고 육체로는 도저히 볼 수 없는 진리와 마주하게 된다는 데 희망을 품고 있지만 그리스 국가를 염두에 두고 "그리스 사람들이여 무엇을 하지 않고 확신하는가?"를 외쳤다.
그는 국가를 위해서 또한 개개인을 위해서 선한 영혼 안에서 혁신을 요구하고 있다고 했다.

미래는 정신세계에서 온다고 했다.
아리스토텔레스의 외침은 법의 가치가 바로 서지 않으면 질서가 무너져 무의미한 삶이 된다는 경고였다.

플라톤은 스승의 업적을 계승하고 말은 서로 얽혀서 하나의 연관을 형성하며 또 이 연관은 다른 얽힘에서 생기는 다른 연관과 또 얽혀서 새로 다른 연관을 만든다고 했다. 단일한 연관 그것만으로 단독으로 추출될 때 전체의 진실은 상실된다고 하였다.
그는 지식이 고정되고 문자로서 기술을 풀 수 있는 것에 의존하지 않았다. 그 인간이 살아가야 할 사상은 그 자체를 말을 통해 밝혀 나감으로서 우리들 자신의 존재를 진실로 도정된다는 사상과 가르침이 플라톤의 인재 구원의 아카데미다.

특히 교육에서 훌륭한 인재를 선발하여 지도자의 역량으로 키우면 나라가 부강하고 강한 나라로 발전된다는 것이다. 그의 철학에서 국가관이 뚜렷하고 똑똑한 인재를 양성했다.
플라톤의 가르침도 법치주의 안에서 좋은 관습과 습관이 새로운 창의력이 창출되고 미래 인재는 국가 사회를 위해서 존재한다고 하였다.

또한 좋은 인재를 정성스럽게 기르고 여기는 것은 나라의 문화 예술을 통해 국가 정체성을 확고히 하기 위함이라고 했으며 국가 통치자의 책임과 의무를 강조했다.
미래 인재는 나라의 보배라는 뜻이 함축되어 있다.
순자, 한비자의 사상은 영원히 우리의 가르침이다.

Ⅳ. 해방 후 두 체제 간 싸움의 질곡

조선 주변국의 정세와 중국의 반란

　미국인 에드거 스노우(Edgar Snow)는 1929년 24세의 나이로 미국 언론사(Consolidated Press Association)의 특파원 자격으로 중국에 들어가 1937년에 《중국의 붉은 별, Red Star Over China》이라는 중국 공산당 본부 취재기를 발간하여 서방에 마오쩌둥을 알림으로써 세상을 놀라게 했다.

　중국의 홍군은 중국 공산당의 지휘 하에 훈련되어 통일된 강령을 준수하는 의식적인 마르크스주의적 혁명가 집단이었다. 공산주의자들은 농민을 위해 싸우고 제국주의에 반대하고 소비에트 사회주의와 민족해방을 위해 싸우고 있다고 외쳤다. 그러나 1927년 4월 정권을 장악한 장개석의 남경 정부(장개석, 국민당)는 홍군이 새로운 유형의 민족 파괴자이며 약탈자에 불과하다고 보았다.

　중국을 현 상태 그대로 지키려는 장개석과 공산주의 혁명을 주장하며 노동자와 농민의 힘으로 기존의 세력을 파괴하려는 마오쩌둥의 충돌이 일어나 전국적으로 확장되기 시작했다.

　장개석은 공산주의자가 되거나 공산주의 동조자를 수천 명 처형했다. 그러나 많은 농민과 노동자, 학생, 군인들은 홍군에 참가해 남경 정권(장개석, 국민당)의 군사 독재에 대항한다는 명분 아래 무력 항쟁을 계속해 나갔다.

　스노우 기자는 당시 중국에 파견되어 중국 남경 북경에서 살면서 아래 화두에 집중했다.

　당시 모든 면에서 장개석 군대와 대적할 수 없는 작은 조직에서 어떤 무엇이 그들로 하여금 자살행위와 다름없는 정치적 견해를 가지도록 하였는가? 같은 국가와 민속끼리 국민당과 공산당 사이 이념 차이의 근본 원인은 무엇인가? 중국의 공산주의자는 어떤 사람들인가?

　그들은 사회주의자들과 또 어떻게 다른가? 또 한 그들은 마르크스 자본론이나 레닌의 저서를 읽은 사람들일까? 어떤 유리한 점이 사회주의적 정책 강령에 존재하는가? 그들은 스탈린파인가, 아니면 트로츠키파인가, 아니면 무당파인가? 그들의 운동은 유기적인 사회 변혁을 일방적으로 요구하는 혁명 정신의 일부인가? 그들은 진정한 의미의 국제주의자들인가, 아니면 모스크바의 앞잡이에 불과한가? 또한 중국을 위해 싸우고 있는 참된 민족주의자들인가?

당시 중국 내에서도 한국이 어느 나라보다 아름다운 산천을 가진 4계절이 뚜렷한 나라이며 한국인들은 흰 옷을 입기를 좋아하고 또 예절이 바른 민족이라고 하였다.

중국에서 한국인 독립운동가들이 많이 활약하고 있었는데 한국인들은 일반적으로 중국인들보다 더 용감하고 강인하다고 알려져 있었다. 1932년 4월 한국인 윤봉길(尹奉吉)은 상해 홍구 공원에서 천장절(天長節) 일본 천왕의 생일행사 겸 상해사변 전승 축하 대회장에 참석한 일본군 수뇌들에게 폭탄을 던져 상해 파견군사령관 시라카와(白川儀則) 대장 등을 살해했을 때 중국인은 물론이고 다른 외국인들까지 한국인의 기개에 놀라움을 금치 못했다. 그리고 안중근이 하얼빈에서 일제의 총리대신 이등박문을 죽인 것에 중국은 "한국인의 기개에 힘입어 민족의식이 강하게 발동했다"고 증언했다. 만주를 빼앗기고 상해까지 유린당하고 어쩔 줄 모르는 중국인들에게 한국인의 거사는 그들의 대일 항쟁에 커다란 자극이 되었을 법도 했다.

그러면 어떻게 홍군을 그처럼 싸우게 하였는가, 무엇이 그들을 지탱하고 있는가? 그들 운동의 혁명적 기반은 과연 무엇인가, 과연 그들의 희망과 목표 꿈은 무엇인가? 홍군은 수백 번의 전투를 치르면서 국민당 군의 봉쇄를 뚫고 기근과 질병을 견디면서 중국의 12개 성을 횡단하는 6천 마일의 장정을 마친 후 드디어 서북의 새로운 거점에 의기양양하게 모습을 나타낸다.

누가 그들의 지휘자인가? 그들의 지도자는 어떤 이상과 이데올로기주의를 열렬히 신봉하는 선각자들인가? 아니면 단지 살기 위해 맹목적으로 싸우고 있는 무식한 농민들에 지나지 않는 것인가? 과연 모택동은 어떤 인물인가?

장개석의 남경 국민당 정부는 "모택동은 비적 제1호이며, 25만 원(당시 미화 8만 7500 달러)의 현상금을 내걸고 생사 불문하고 그를 체포하라"고 명하였다. 이처럼 엄청나게 비싼 몸값이 붙어있는 모택동의 머리에는 무엇이 들어 있단 말인가?

홍군의 총사령관 모택동과 같은 금액의 상금을 걸고 잡으려는 주덕(朱德)은 또 어떤 인물인가? 임표는 누구인가? 28세의 홍군의 전술가인 임표가 이끄는 유명한 홍군 제1군단은 한 번도 싸움에서 패한 일이 없다고 한다.

그 밖에 죽었다고 보도된 후 상처 하나 없이 새로운 홍군을 지휘한다는 그 많은 홍군의 지도자들은 다들 어떤 사람들인가?

장개석의 남경 군에게 공업기지, 대형 대포, 독가스, 비행기, 자금에 있어 현대적 군사력과 기술에 밀리는 홍군이 어떻게 장장 9년 동안 살아남았으며 그 추종 세력을 키우고 늘려갈 수 있었는가? 그들은 어떤 군사 전술을 사용하고 어떻게 훈련을 시키고 가르쳤는가, 농민들은 홍군과 공산주의를 지지하는 명분이 무엇인가?

당시 홍군은 대도시가 아닌 농촌 지역에서 사회주의를 실천하는 힘이 길러졌는가? 그것이 근본적으로 농민반란을 입증하는가? 중공 인민의 80% 이상이 농민이었고 서구 산업 사회의 공업 수준이 밑바닥에도 미치지 못하는 가난한 사회로 정치적 입지는 지극히 미약했다. 그들의 힘은 강렬한 반일 슬로건으로 대중의 충정을 얻기 위해 필사적으로 노력했다. 그들은 정치적, 군사적으로 공산주의 이념으로 단결했다.

즉 그들은 중국인에게 민족주의적 의지를 심어 주고 일제에 대항해 만주를 도로 찾아야 한다는 명분을 뚜렷이 제시했다. 그러나 장개석은 일제 침략에 대항하는 데는 등한시하고 모택동과 공산주의 홍군을 제거하는 데만 온정신을 쏟았다. 또한 부패가 국민당에는 만연했다.

모택동의 홍군이 수적으로나 군사 장비 면에서 비교가 안 될 정도로 우세한 국민당 군과 싸우면서도 승리하고 또 군사력까지 증대시킬 수 있었던 이유는 홍군과 소비에트 정부가 지배하는 지역에 있는 모든 국민을 한 덩어리로 단단하게 결속시켰기 때문이다. 사람들은 자신들이 옳다고 믿는 것을 위해 자발적인 행동을 하기 때문에 불리한 상황임에도 정치적·군사적으로 힘을 발휘할 수 있었다.

모택동은 "중국의 당면 과제는 일본 제국주의에 빼앗긴 모든 영토를 되찾는 것이다."라고 말하여 중국의 주권을 지키고 만주를 반드시 되찾아야 한다는 독립 정신을 국민들에게 불어 넣어 주었다.

모택동은 한 인터뷰에서 일본의 침략에 대항하기 위해서는 국내적으로 민족 통일전선을 형성하고 국제적으로는 일본 제국주의에 대항하기 위해 국가들간의 항일 연합전선을 결성해야 한다고 말하였다.

모덱동의 개인사는 다음과 같나. 모택동(毛澤東)은 14세 때 부모의 강요로 20세의 양개혜(楊開慧)와 혼인했으나 1930년 6월 국민당 군에 붙잡혀 모택동의 누이동생 모택건(毛澤健)과 함께 처형당했다. 모택동은 그를 한 번도 아내로 생각해 본 적이 없다고 한다. 35세 때는 모택동의 은사의 딸인 18세의 하자정을 부인으로 맞이했다.

둘째, 부인 하자정은 1927년 모택동의 지휘 하에 있던 정강산의 홍군기지에 들어와 대장정에 모택동과 같이 참여했다. 뛰어난 공산당 간부였으며 75세의 일기로 병사(病死)했는데 그녀의 빈소에 등소평과 호요방 등이 조화를 보내 인민 사회주의 건설의 주역임을 예우하였다.

그녀가 몸을 많이 다 모스크바에 가 있게 되자 모택동은 연안으로 들어온 미모의 여배우 강청과 동거를 시작했고 하자정은 이혼을 당하게 된다. 하자정은 1984년 4월 19일 상해에서 사망했는데 모택동은 정강산 시절 홍군의 병사들에게 3가지 규율을 다음과 같이 정한다.

① 명령에 즉각 복종한다.
② 가난한 농민들로부터 아무것도 빼앗지 않는다.
③ 지주들로부터 몰수한 모든 물건들은 소비에트 정부에 전달해 처분토록 한다.

그리고 총 인구의 80% 이상이 농민들이므로 농민의 지지를 얻기 위해 8가지 주의 사항을 추가했다.
① 민가를 떠날 때는 모든 것을 제자리에 갖다 놓을 것
② 잠자리를 사용한 짚단은 묶어서 되돌려 줄 것
③ 농민들에게 정중하고 예의 바르게 행동하고 도울 수 있는
  것은 도울 것
④ 빌려 쓴 물건은 모두 되돌려 줄 것
⑤ 파손한 물건은 전부 변상할 것
⑥ 농민들과 거래는 정직하게 할 것
⑦ 구입한 물건들은 모두 값을 지불 할 것
⑧ 위생을 중요시하고 변소는 인가에 멀리 떨어진 곳에 세울 것
  그리고 작전 원칙 네 가지를 사용했다.
① 적진아퇴(敵進我退) : 적이 진격하면 우리는 후퇴한다.
② 적퇴아진(敵退我進) : 적이 후퇴하면 우리는 진격한다.
③ 적주아은(敵駐我隱) : 적이 주둔하면 우리는 그들을 교란한다.
④ 적피아타(敵疲我打) : 적이 지쳤을 때 우리는 공격한다.

1935년 1월 홍군은 귀주성을 접수했다. 수많은 난관과 길고 깊은 강들을 건너고 높고 험한 산들을 수없이 넘고, 광활한 대초원 지대를 통과하여 광동, 광서, 귀주, 운남, 신강, 사천, 감숙, 섬서 등을 그해 10월 접수하여 중국 통일의 기반을 다져 나갔다.
모택동과 더불어 중공에서 중요한 인물은 그의 네 번째 부인인 강청(江青)이다. 강청은 1914년 산동성(山東省) 제성현(諸城縣)에서 이(李)씨 성을 가진 목수의 첩의 딸로 태어났다. 갓 태어날 때 강청의 이름은 '숙몽(淑蒙)'이라고 이름 지었다. 아버지 이씨는 그녀가

2살 때 세상을 떠났다.

과부가 된 어머니는 남의 집 품팔이를 하면서 외동딸인 숙몽을 키웠으나 생활고에 허덕여 견디다 못해 숙몽을 데리고 7세 때 제남(濟南)에 있는 친정으로 들어갔다.

외가에 들어간 강청의 외할아버지는 자기 성을 붙여 '이운학(李雲鶴)'이라는 이름을 지어 따뜻하게 보살펴 주었고 중학교 사무직이었던 외할아버지의 직업 연줄로 6년 과정의 소학교에 다녔다.

그러나 12살이 되던 해에 강청의 어머니마저 세상을 떠났다. 소학교 6년을 마치고 15세쯤이었다. 강청은 유랑극단에 팔렸다.

강청은 유랑극단에서 유예인(遊藝人)의 훈련을 받았으며 동시에 왕(王)이라는 성을 가진 대지주의 둘째 부인으로 들어가게 된다. 강청은 유랑극단에서 몇 번 탈출 시도를 했으나 실패했는데 1년 쯤 뒤에 할아버지가 외손녀를 유랑극단 무대에서 발견, 친구의 도움으로 몸값을 치르고 강청을 데려올 수 있었다.

외할아버지 댁으로 돌아온 강청(이운학)은 산동성의 연주학교인 성립실험극원(省立實驗劇院)에 입학해 정규 연극 교육을 받았다. 이 학교의 원장은 미국에서 귀국한 연출가이자 극작가인 '조태모(趙太侔)'란 남자였다. 강청은 실험 극원을 다 마치지 못한 채 5살 위인 남자와 연애에 빠져 결혼했는데 두 사람은 반년 만에 합의 이혼하였다.

첫 결혼에 실패하고 친구 집에 머물다가 청도대학(靑島大學) 학장으로 가 있던 옛 은사 조태모를 찾아가게 된다.

강청은 1931년부터 1933년까지 청도대학에서 대학 도서관의 사서직을 얻어 근무하게 되고 거기서 3년 연상인 물리학과 학생 유계위를 만나 연애에 빠졌다. 유계위는 지하 공산당원이었다.

유계위는 1932년 공산당에 입당하면서 자기의 과거나 정체를 숨기기 위해 '황경'이란 가명으로 행세했다. 황경은 청말(淸末, 청나라 말기)의 정치가로서 태평천국(太平天國)의 란 진압의 수훈자이며, 이홍장(李鴻章)과 더불어 양무운동의 중심 인물이었던 증국번(曾國藩) 집안의 자손인데 20대 초부터 청도의 공산당 지하 조직의 선전책임자로 활약했다. 황경은 강청을 공산당에 가입시켰다.

강청은 황경을 통해 공산주의 사상에 처음 접했으며 황경과의 사랑은 그녀가 공산당에 입당한 계기로 알려졌다. 그녀는 공산주의자 문화선전대에 가입했다. 그녀가 1932년에 입당신청서를 냈으나 1933년 2월에야 정식으로 입당이 이루어졌다고 한다. 강청은 자유 연애론자이기도 하며 비교적 큰 키에 미인으로 친근감이 있고 언변까지 좋은 여성으로 전해진다.

 1934년 강청은 상해에서 체포되어 감옥에서 3개월간 구금된 후에 풀려나 북경으로 가서 황경과 동거했고 유소기(劉少奇) 산하의 공산당 선전부의 지하 조직에서 활동했다.

 그녀는 1935년 배우가 되기 위해 중국의 헐리우드인 상해로 갔다. 그녀는 거기서 또 란핑(파란 사과란 뜻)으로 예명을 정하고 많은 영화와 연극에 출연했고 명성을 크게 얻었다. 또 마향량(馬香良)이라는 영화감독과 결혼했다. 그러나 유계위와 관계 지속으로 1937년에 이혼했다.

 1937년 7월 일본의 상해 침공으로 상해 영화계는 모두 파괴되어 배우로서 기반이 사라졌다. 강청(남빈)은 제남으로 떠났다가 연안에 있던 공산당 본부로 가서 혁명에 가담하고 일본 침공에 저항하는 전투에 가담했다.

 11월에는 항일 군사정치대학교(마르크스-레닌)에 등록했고 연안에 1938년에 창설된 노신(魯迅) LũXũ 예술학교에서 연극교사로 근무하면서 연극과 오페라에 출연했다.

 연안에 도착하자마자 강청은 당시 45세로 거의 20세 연상의 모택동과 염문을 뿌렸다. 당시 모택동은 대장정을 동행한 부인 하자정과 혼인 중이었다. 모택동은 다른 공산당 간부들과는 30년 동안 강청이 정치에 개입하지 않는다는 조건으로 부인과 이혼하고 강청과 혼인하기로 합의했다.

 그녀는 실제로는 대약진운동(1958-1961년) 이후 경세적 파탄에 대한 반대자들의 압력을 해소하는 등 남편을 도와 그의 정적을 물리치는데 큰 기여를 했다.

 그 후 30년이 지난 1969년에 정치국원으로 등장했다. 1969년에 시작한 '문화혁명' 초기부터 상해 4인방의 1명으로 세력을 크게 행사했다.

 모택동이 1976년에 사망하자 "임표 강청 반혁명집단"으로 체포되어 사형선고를 받았으나 1983년에 종신형으로 감형되었다. 신병 치료 차 외부 병원에 입원 중 1991년 5월에 자살했다. 문화혁명으로 중국 전역에서 50만 명에서 2백만 명이 살해되었다고 한다.

 청소년까지 조직한 홍위병들과 정부는 부르주아, 자본주의, 봉건주의에 관련된 사람으로 생각되는 모든 사람, 물건을 파괴했다. 내몽고에서는 분리 독립 움직임이 의심되는 국민들을 살해했다. 이들은 소련, 영국, 프랑스, 인도네시아, 몽고 대사관들을 제국주의자들로 몰아 공격했다. 그리고 많은 외국인들이 감옥에 수감 되었다.

 중국 정부는 "단호하게, 희생을 두려워 말고 승리에 장애물을 넘어 서자"고 선동하는 모주석 어록이란 빨간색 소책자를 전국에 10억 부 이상 배포했고, 어디서나 모여서 학습하도록 지시했다. 이 문화혁명은 모택동의 사망으로 종료되었다.

현대 사가들은 문화혁명의 동기는 대약진운동 등 실패로 중국의 경제가 피폐해지고 모택동의 정책에 반대하는 도전 세력이 커지자 전국을 혼란으로 몰아넣어 자신이 권력을 장악하기 위한 술수였다고 볼 수밖에 없었다. 그리고 강청도 자신이 모택동의 개였다고 재판에서 증언했다. 이 문화혁명으로 중국은 현대화가 크게 후퇴한 것으로 현재에는 평가되고 있다.

1972년 중공을 방문한 미국의 여류 사회학자인 록산 위트케 (Roxane Witke)는 강청이 청도대학 사서로 일하는 동안 만주를 점령하려는 일본의 음모로 발생(1931년 9월 18일의 만주사변)한 사건으로 인해 싹튼 그녀의 민족주의적, 정치적 관심이 그녀가 공산당에 가입한 원인이라고 증언했다.

1958년 모택동은 인민의 힘을 통한 즉각적인 대약진운동이라고 명명된 모택동 정책은 중국을 산업화한다는 새로운 산업화 약진운동으로 시작되었다. 기술 자본이 준비되지 않은 산업화 추진으로 가정의 숟가락이나 철물은 모두 산업화 추진에 바쳐야 했고 먹을 곡물까지 공출해야 했다. 농민의 노동력밖에 없는 상황에서 산업화 추진은 실패로 돌아갈 수밖에 없었다.

1949년 모택동(1893~1976년)이 이끄는 중국 공산당은 장개석(중국 국민당 및 대만 최고 지도자) 국민당을 대만으로 밀어내고 중국 본토를 완전히 통일한 다음 중화 인민공화국 수립을 선포해 토지개혁을 통해 사회주의 체제를 갖추고 1950년 6월 25일에 일어난 한국전에도 북한 편에서 참전했다.

그는 중국 통일을 성취하고 중국 지도자로서 자신감이 넘쳤고, 1956년 대화 제방, 백가쟁명(중국에서 활약한 학파)을 표방, 대중에게 자유롭게 말할 수 있는 권리를 준다고 발표했으며, 공산당에 비판까지도 허용하겠다고 선언했고 누구든 자기 생각을 말할 수 있도록 언로를 허락했다.

모택동이 자유로운 토론을 보장했지만 지식인들은 공산주의 속성을 심작하고 선뜻 나서지 않았다. 그럼으로써 모택동은 말하는 자는 죄가 없으며 듣는 자는 반성해야 하며 공산당을 마음대로 비판해 달라고 했다.

그러자 지식인들은 공산당을 비판하기 시작했고 당에 대한 비판이 쏟아져 나왔다. 공산당은 비판하는 인민들을 민주주의를 추구하는 세력들이라 하여 '민주당파'라고 했다. 민주당파로 분류된 저안평과 장보쥔이 공산당 비판에서 천하가 중국 공산당인 듯 말하고 공산당 일당 독재를 그만두고 양당제를 기본으로 하는 정당정치 체제로 바꾸어야 한다고 주장했다.

민주당파는 수십만 명의 새로운 정치 조직으로 부상하게 되었다. 학생들 일부도 민주당파에 합류 지방정부를 습격하는 일까지 벌어졌다. 1957년 6월 공산당의 반격이 시작되었다. 즉 우파 투쟁에 사회주의 문화정책인 쌍 백 운동에 참여했던 사람들이 부르주아(자본가)로 몰려 공산당으로부터 공격을 받게 되었다.

그 이후 우파 분자로 낙인찍힌 사람들은 외국인들과 접촉도 불가했으며, 1958년 7월 1년간 지속된 탄압을 받았으며 7천여 명이 우파로 몰려 당에서 쫓겨났다. 공산주의 당원들은 우파가 전 중국 인구의 5%로 보고 55만 명이 우파로 낙인찍혀 모진 고초를 당하다가 1970년 등소평이 최고 지도자로 부상되면서 상실권을 회복했다.

현재까지 유머 동영상까지 신경 써야 하는 중국은 모든 대중에게 언론, 출판 집회 결사의 자유를 언제 허용할지, 국민의 보편적 가치인 자유가 언제나 보장될 수 있을지 요원해 보인다.

지금 일어난 홍콩의 시위대를 보면서 국제도시로 번창한 금융의 허브가 중국 공산당에 의해 "범죄인 인도법안(송환법)"이 통과되면 홍콩의 반 중 인사들을 홍콩 정부가 중국 본토로 송환할 수 있는 법안을 반대하는 투쟁이다.

1928년부터 중국에서 근무한 에드가스노우 기자는 1971년 4월 30일 'Life' 기사를 통해 모택동(毛澤東) 주석이 미국과 중공과의 외교 문제를 해결하기 위해 미국 닉슨 대통령과 대화를 원하고 있으며 미국 대통령으로서 공식적인 중국 방문을 환영할 것이란 기사를 썼다.

스노우 기자는 1940년대 국민당 의뢰에 의해서 공산당의 점령지구인 홍구(紅區)에 들어가 중국 공산당의 실체를 외부 세계에 알림으로써 중국 문제에 대하여 세계적인 권위를 받은 대기자였다.

세계 2차 대전 당시 프랭클린 루즈벨트 대통령도 스노우 기자를 백악관으로 불러 중국 문제에 대하여 자문을 구했다고 한다. 1970년 11월 13일 유엔에서 미국 대표 필립스는 미국이 중화인민공화국의 국제사회에서의 역할과 공헌에 기대를 걸고 있으며 대만을 축출하지 않는다는 조건이라면 중화인민공화국의 유엔 가입에 반대하지 않을 것이라는 미국 정부의 공식 입장을 최초로 밝혔다.

1971년 2월 25일 닉슨 대통령은 처음으로 중공을 '중국 인민공화국'이라고 호칭해 우호적인 태도를 보였다. 중공이 미국 탁구 선수단을 초청한 후인 1971년 7월 15일 저녁 닉슨 미국 대통령은 전국 TV 및 라디오 연설을 통해 미국과 중공의 국교 정상화를 모색하기 위하여 자신이 중국 총리 주은래의 초청으로 1972년 5월 이전에 중국을 방문할 것이라고 발표했다.

닉슨 대통령은 연설에서 자신에 대한 중국의 초청은 1971년 7월 9일부터 7월 11일까지 비밀리에 중공을 방문한 헨리 키신저 대통령 국가안보 특별보좌관과 주은래와의 회담에서 이루어진 것이라고 밝혔다.

당시 닉슨 대통령의 발표와 동시에 북경에서도 미국 닉슨 대통령의 중국 방문 계획이 발표되었다. 키신저의 북경 밀행으로 길을 놓은 후 닉슨 대통령은 1972년 2월 21일 역사적인 중공 방문길에 올라 얼어붙은 동토에 개방의 문을 두드리게 되었다.

1972년 2월 23일 중국 북경 영빈관에서 주은래와의 대화에서 "코리아는 북이든 남이든 감정적으로 충동적인(Emotionally impulsive) 관계다. 미국과 중국은 코리아의 남북의 충동성과 호전성이 미국과 중국에게 당혹하지 않도록 조치하는 것이 중요하고 한반도가 우리 두 나라에 분쟁의 장이 되는 것은 어리석고 불합리한 일로 생각한다고 말했다. 한반도는 1950년 6월 25일 전쟁 하나로 족합니다."라고 닉슨은 주은래 중국 총리에게 말했다고 한다.

두 번 다시는 한반도에 전쟁이 일어나서는 안 된다는 닉슨의 말에 주은래는 이에 동조하면서 남과 북이 서로 당사자 간 접촉하도록 이끄는 것이 중요하며 평화적인 통일은 오랜 시간이 걸릴 것으로 생각한다고 주은래 중국 총리는 말했다.

닉슨과 주은래의 한반도 상호 견해의 이해와 합의는 현재까지 40여 년간 미·중간 한반도 관계 체제의 골간이며, 2002년 미 국무부에 의해 비밀이 해지돼 공개된 내용이다. 닉슨과 주은래 회담 후 38선 비무장지대와 해상에서 크고 작은 사건은 있었지만 전면적 충돌은 피해 왔다.

1972년에 미국과 중국이 합의한 한반도 관리체제는 2010년 이후부터는 사실상 유효하지 않아 보인다. 즉, 미국과 중국의 북한에 대한 통제는 사라진 것이다. 그것은 바로 그동안 한국은 경제교류를 확대하여 국제사회에서 위상과 영향력이 커졌으나 북한은 세습왕조 구축과 핵무기 개발에 주력했기 때문이다.

이 맥락에서 1972년 미국 닉슨 대통령과 중국의 주은래 총리 간 비밀대화를 상기하게 되고 케리 미 국무장관과 왕이 중국 외교부장의 차례로 긴급 접촉은 아직 72년 그때의 대화가 현재까지 미·중 대화의 연속으로 보이는 측면이 있다.

1977년 등소평은 재 복권되어 중국을 새로운 패러다임으로 세계무대에 당당히 올려놓기 시작했다. 그는 모택동과는 달리 근대화·현대화를 기치로 내세우고 중공의 대내외 변혁과 경제개혁을 추진해 나갔다. 1983년부터는 중국 공산당 당헌을 개정하고 헌법을 새로이 바꾸려는 노력이 시작되었다.

　1983년 7월 1일 공산당 창당 62주년 기념일에 등소평은 중국을 새로운 정치 방향과 시장경제 개방정책을 시행한다고 공표했다. 등소평은 개방정책의 확대와 더불어 사회주의 정치정책 유지와 인민들의 삶의 질 향상을 위한 선택은 필연적이라고 하며 개혁개방을 추진하여 사회주의를 견지하면서 자본주의 경제로의 전환을 시작했다.

　등소평은 인민의 삶의 질을 향상시키기 위한 선택으로 위기 속의 중국의 가난을 극복하고 세계와 함께 강대국의 길로 선택한 것이 중국을 구한 것이다. 등소평의 개혁 개방과 시장경제도 입으로 인해 수출 우선주의 대한민국이 주변 강대국 틈에서 노태우 전 대통령이 당시 국제 정세를 읽고 개혁 개방을 이해하면서 중국과의 관계를 회복하고 주변 군사 위협을 축소시키고 강력한 북방 외교로 한국 경제는 한층 도약시키는 계기가 되었다 할 수 있다. 개방정책으로 인해 우리나라는 공식 외교 관계 수립 전부터 중국과 교역을 확대하고 중앙아시아, 러시아에 많은 외교적 거점을 만들어 교역을 확대하는 계기를 만들어 나갔다.

　그 후 우리나라는 중국과 소련에 정식 대사급 외교관을 파견하고 경제 교류를 증대하여 한국 경제는 더 큰 도약의 길을 걷게 되었다.

Ⅴ. 김상덕 칼럼 중에서 :
역사, 경제를 위한 지식을 알아가는 힘

《제1차》 2019.6.9

자녀에 요구되는 가정교육 강화

한국사회의 변화 과정에서 지나치게 물질 중심적 가정교육이 학생 개인이 심리적 안정을 찾지 못하고 성공에만 가치를 두게 한 극성이 한국 사회갈등을 유발하게 한 원인이라 할 수 있다. 4차 산업혁명 시대를 주도하는 미래 인재를 키우기 위해서 상대의 이야기를 경청하는 자세로서 우리 자녀들의 수용성을 높이는 열린 변화가 가정에서부터 요구되고 관심을 가져야 한다. 김영삼 정부가 들어서면서 민주화가 국가 미래의 만병통치인 것처럼 그때부터 교육방침이 균형을 잃은 주입식(注入式) 교육 방식이 가정에까지 그 영향을 미치게 되었다. 자녀의 적성에 따라 모험심과 도전적 이상을 추구해야 함에도 대부분의 부모들은 자녀의 안정적 기반에 바탕을 두고 적성은 외면하면서 모험과 도전을 허용하지 않았다. 늦었지만 지금까지 그 결점을 보완하기 위해서는 자녀들에게 다각적으로 논리에 귀를 기울이는, 즉 경청하는 자세로 수용성 교육이 가정으로부터 전파되어야 한다.

수용성을 높이는 교육 패러다임 변화를 강조한 '5차원 전면교육'의 원동연 박사 강의에서 공감할 수 있다. 수용은 '어떠한 것에 신중히 받아들이는 성질'을 말한다. 즉, 수용성이 높으면 결과를 좋게 만들어 내는 힘이 발산되고 미래 사회발전에 미치는 영향에 큰 구도를 잡아 발휘할 수 있다. 따라서 수용하는 자세를 가져야 우리 사회가 요구하는 요건에 부응할 수 있다. 존중, 포용, 개방성을 바탕으로 수용하는 마음과 경청의 자세는 목적을 지향하고자 하는 판단에 연결되어 그것을 도와주는 성질이다.

한국 교육은 세계적인 수준이고 세계화 추세에 따라 이를 극복하기 위해 학교, 가정교육이 협조하는 일체가 되어야 하며 스승과 제자 간, 학우 간 가족적인 관계를 높이기 위해서는 가족 간 밥상머리 가정교육부터 소통을 넓히는데 노력해야 한다. 지금까지 교육부가 주입식 교육에 치우쳤다면 수용성을 결합한 균형의 교육시스템으로 가정교육과 일체가 되어 변화의 로드맵으로 바꾸어야 한다. 교육 균형에 따라 모두가 변화를 확산시켜 갈등을 해소시키는데 교육부와 학부모가 앞장서 협조되는 관계가 되어야 한다. 국가 미래를 위해 개방적인 대화 환경 조성, 자녀의 독립성과 자율성 존중, 다양한 문화 체험 기회 제공, 봉사활동 참여, 다양한 지역사회와 연계한 학부모 교육 프로그램의 개발 등을 통해 수용성을 높여 나가는데 다같이 노력하는 자세가 필요하다.

《6차》 2019.6.29

세살 손자 이도가 할아버지를 감동시켰다.

딸의 부부가 직장 생활을 하므로 외손자 이도를 우리에게 맡기고 1주일에 한 번 만나고 다음 날 가고는 한다. 2019년 6월 27일 할머니가 제주도로 여행을 가면서 '저녁에 엄마가 오니 할아버지와 잘 놀아야 한다'고 손주에게 지침을 단단히 내리고 떠났다. 나는 손자가 알아듣든 못 알아듣든 보훈의 달이라 자유대한민국을 지킨 백선엽 장군·정일권 장군·독립유공자·국군의 희생정신에 대하여 잠든 영령들에게 추모하며 그분들인들 누구 한 분이 죽고 싶어서 죽은 사람은 없다며 동족의 침략자 김일성에 대한 이야기와 손자 이도에게도 보훈의 정신에 대하여 이야기해 주었는데 알아듣는지 모르는지 고개를 끄덕 끄덕 잘 들어주는 것 같아 고맙게 생각했다.

저녁을 같이 먹고 7시 30분경 이도가 갑자기 내 손을 잡고 밖에 나가자는 것이었다. 딸이 올 때 손자와 기다리는 장소가 있는데 그 장소에서 손을 잡고 손자와 2시간 넘게 딸이 당도하기를 기다려야 했다. 2시간 이상 기다리는 동안 이도는 지루한 기색도 없이 나를 그 장소에 세워 두고 앉았다 섰다 주변을 감돌면서 기다리는데 저녁 10시 45분경에야 도착하였다. 나는 이도 아빠의 차인지 분간할 수 없었는데 이도는 차를 보고 재빨리 혼자서 달려갔다. 그날 저녁에 손자에게 배우게 된 것은 비록 미숙한 세 살 아이지만 손자의 머리에는 총명함이 있었고, 그 증거는 오늘 저녁에 엄마 아빠가 분명히 온다는 할머니의 말씀을 기억한다는 것이다. 그리고 할아버지 앞에서 아무 내색 없이 그렇게 간절한 마음으로 엄마를 기다리는 애질한 소망을 비처 몰랐다는 것이다. 손자 이도는 오늘 저녁에 엄마를 만난다는 기대와 강한 집중 그리고 틀림없이 엄마와 아빠가 올 거라는 강한 믿음으로 행동하는 점이 할아버지를 감동시켰다. 비록 표현은 부족하지만 3살 손자는 인간관계의 그리움도 지니고 있었고 무한한 자기 감정을 생각하고 행동한다는 것을 발견하게 되었다.

인간은 자기 인생이 성숙하는 과정에서 3살 때를 기억하지 못한다. 그러나 외손자 이도의 영특함을 오래 기억하게 해주고 싶었다. 이도가 성장하는 과정 과정마다 자기를 되돌아보고 자기 가치를 높이는데 좋은 습관을 가지도록 해야겠다고 다짐을 하게 되었다.

교육은 본래 끄집어낸다는 뜻으로 마음 속의 것을 밖으로 끄집어내게 하고 부모로부터 타고난 천성의 것을 밖으로 나타내어 자기 적성을 마음껏 발휘할 수 있도록 도와주어야 한다. 인간은 갓난아기부터 다른 동물과 같이 내 버려두면 도덕·지식·체격 등 사람으로서 필요로 하는 것을 가지기 어려우므로 교(教)는 가르치는 것이고, 육(育)은 몸을 보호하게 하여 튼튼하게 자라게 하는 것을 말한다.

그러므로 사람다운 사람을 만들게 하려면 도덕을 바탕으로 지혜를 바르게 담아 좋은 습관으로 상대에게 바르게 행동하도록 엄격한 가정교육이 동시에 강조됨을 젊은 어머님들에게 말하고 싶다. 이 글을 쓰면서 할아버지는 이도가 생각하는 마음을 알게 되어 이 기회로 이도와 더욱 친숙한 관계로 발전될 것으로 확신하게 되어 행복하기만 하다.
그리고 이도와 책가방을 들고 할아버지와 함께 학교 가는 꿈을 꾸게 해주는 이도가 있어 마냥 행복한 날을 보낼 수 있다. 무엇보다 이도는 수용성이 높은 미래 인재로 성장해 주기를 바라며 할아버지는 기도하겠다. 그리고 3살 때의 너의 총명함을 기억하게 해주고 미래 좋은 인재로 성장할 수 있도록 기초를 잘 잡아 주어야겠다는 할아버지 욕심이 가한 욕심인지 모르겠다.

《10차》 2019.7.23

4·19 학생혁명 정신과 러시아의 데카브리스트
혁명 정신

   1960년 3·15 학생들의 부정선거 항거는 최초 고등학생들이 시발점으로 일어난 항거로서, 필자도 고 1학년 때, 부산에서 참여하여 경찰에 쫓기는 몸이 되었으며 경찰에 수배되어 경남 고성 안전사 절에 피신하고 2개월 정도 숨어 은거했던 적이 있다. 3·15 부정선거에 항거한 것은 민주주의 발전을 위한 저항이었다.
   전국 학생들의 혁명적 저항에 이승만 대통령은 학생과 국민의 희생에 깊이 사과한 후 대통령직을 하야하고 지팡이 하나에 의지해 영부인 프란체스카 여사와 하와이로 망명했다. 필자에게 아버님께서 이승만 대통령님께 진심으로 감사드린다는 마음을 가지라고 말씀하셨다. 그 이유는 "이승만 대통령께서 너를 비롯해 학생들의 외침을 들어주셨으니 말이다"라는 말씀이셨다. 만일 대통령이 군 통수권자로서 하야를 거부하고 4·19 학생들의 요구를 받아들이지 않고 학생의 외침을 외면하고 오래 끌었더라면 보다 더 많은 학생들과 국민의 희생이 따랐을 것이다. 학생들은 우리의 순수한 피의 대가로 민주주의 발전을 희망했다. 새 정부의 민주당 윤보선 전 대통령과 장면 총리 체제가 출범하며 국민과 학생들이 기대하고 요구하는 부패한 정치를 혁신적으로 개선하려는 의지가 보이지 않았다. 즉 부패하고 허물어진 사회 기강을 바로잡는 데 민주주의를 앞세워 우유부단하고 미지근한 국가 지도력에 시간이 흐르는 틈을 타 사회 곳곳에 유착한 깡패들이 독버섯처럼 다시 살아나기 시작하는데도 민주당 장면 정부는 이에 만족하게 대응하지 못했다.

   국민 대다수는 기대에 미치지 못해 불안한 상태에서 부패하고 무질서한 사회상을 끝까지 볼 수 없어 1961년 5·16 박정희 소장을 중심으로 군이 나섰고, 당시 한국 경제 사회가 늪에 빠진 터라 국민의 구원 요구에 부흥하기 위해 빠른 속도로 개혁에 박차를 가했다. 사회 곳곳에 독버섯처럼 살아난 사회질서 파괴범을 신속하게 정리하여, 국민 생활 안정에 빨리 대처해 나갔다.

   그 당시 북한 김일성은 민주당 정권 때 남한 사회의 무질서한 틈을 보고 남침의 기회가 왔음에도 적화통일을 놓친 것을 한탄했다고 전해졌다. 당시 집권당은 민주주의를 표방하고 민생개혁을 국민에게 약속했으나 미적거리면서 개선되는 새 정치의 모습을 전혀 보여 주지 못했다. 독재자의 권력 남용으로 국민의 희생이 강요되고 신음하는 시리아, 이라크, 베네수엘라 등을 보면서 지도자의 권력에 의해 큰 희생과 죽음이 어떻게 강요되고 있는지 살펴보면서 이승만 전 대통령을 생각하고. 4 · 19를 생각해 보아야 한다.

이승만 대통령은 집권기간 동안 자신의 정치 모순을 스스로 깨닫고 학생과 국민의 피해를 줄이는데 몸소 행동에 임했다는데 의미를 두어야 한다. 이승만을 존경할 이유는 자유대한민국을 건국했다는 것이고 "대한민국 헌법 제1조 1항 대한민국은 민주공화국이다. 제2항 대한민국의 주권은 국민에게 있고 모든 권력은 국민으로부터 나온다. 대한민국은 한반도와 그 부속 도서로 정한다"의 건국이념으로 국가 건설이 되었기 때문이다.

대한민국은 최초 건국부터 민주주의가 보장되는 법의 제정으로 당시 고등학생들의 항거도 민주주의 헌법과 표현의 자유가 용인되어 있어 4 · 19학생 혁명이 성공하게 된 것이다.

1825년 12월 26일 상트페트르 부르크 귀족 장교들이 이끄는 3천 명의 군대가 러시아 원로광장에 나타나 개혁을 외치며 농노제 폐지와 압제정치 근절을 요구했다. 러시아 청년 장교들은 자유·평등·박애라는 혁명 구호를 내걸었으며 명예를 소중히 여기는 귀족들이 국가의 모든 혜택을 다 누리고 군림하면서 실제로 전쟁이 일어나면 국민을 버린 채 전쟁을 피해 도망가기 바쁘고 반면 일반 국민들은 목숨을 걸고 침략자와 싸우는 것을 행동과 체험을 하고도 국민들은 썩은 상류층의 노예근성을 버리지 못하고 맹종하는 문화를 개혁하고 반성하게 하였다. 그들은 전쟁에서 함께한 국민들에게 다가갔다.

청년 장교들은 전쟁이 끝난 후 각자 고향에 돌아가 고아원·학교·병원을 세워 사회건설에 이바지해 나가는 모범을 보였다. 이들 청년 장교들은 혁명을 성공하고도 정치나 권력을 탐하지 않고 국가 사회에 헌신했다. 러시아에 개혁 열기가 퍼지는 가운데 새로운 러시아를 지배하는 차르로 알렉산드르 1세가 등극한 후 후계자 니콜라이 1세가 전체주의 정치로 몰아가려 하자 군에 남은 개혁 성향 장교들이 총을 들고 정의에 나섰다. 이에 차르로는 수만 명의 친위대를 동원해 주모자를 잡아 처형하고 살아남은 장교들을 시베리아 유배지로 보냈다.

많은 러시아인들의 희생 뒤에 썩은 귀족과 부자들은 독재에 다시 아부하고 맹종하면서 이권을 챙기기에 바빴다. 이후에 혁명 장교 이들은 데카브리스트(Dekabrist : 혁명을 꾀했던 지사)라는 명칭을 얻게 되었으며 세계 문호 톨스토이의 대작 '전쟁과 평화'도 이들 청년 장교들의 혁명과 전쟁 중 활약상을 그린 영화다. 당시 혁명을 주도했던 장교 아내들이 보여 준 순수한 절개와 사랑도 현재까지 러시아 사회 여성들의 귀감이 되고 있다.

차르로가 군 혁명가 아내들에게 유혹하고 회유하며 이혼을 전제로 귀족 작위를 준다는 조건과 아니면 시베리아로 유배를 선택할 것인지 둘 중 선택하라는 협박에 굴하지 않고 사랑으로 고난을 함께 선택한 청년 장교 부인들의 러브스토리는 수많은 문학작품 속에서 사랑의 고귀함이 얼마나 값진가를 인간 정신세계에서 살아 숨 쉬게 하고 있다. 비록 실패한 거사라 해도 데카브리스트의 고귀한 희생정신에 대한 러시아인들의 존경과 사랑이 현재에 이르기까지 뿌리 깊이 깔려 있다.

그리고 데카브리스트 정신에 의해 1905년에 차르로는 처절히 멸망하고 말았다. 남·북한 이념 대결로 한국의 운명도 국민 스스로 나라를 지키겠다는 의지가 없으면 언제든지 '대한민국'이라는 국호가 소멸되고 흔적을 찾아볼 수 없게 된다. 특히 고위직, 지식인들 그리고 국가안보를 담당하는 군 고위직에게도 안보의식을 깨우쳐 주는 데는 데카브리스트 청년 장교들의 혁명 정신으로 충분하다 하겠다.

필자가 제일 존경하는 이승만 건국 대통령과 굶주림에 허덕인 우리 조상들의 후 세대에게 배고픔을 해결한 박정희 전 대통령의 희생정신이 없었다면 근대화와 산업화 성공은 불가능했을 것이며 그 자체가 존경의 대상이다. 두 대통령의 재직기간 동안 반공을 위시로 대통령의 직무 평가와 업적은 역대 대통령에 비교될 수 없을 만큼 높고 청렴한 대통령이었다. 그의 업적은 강한 자주국방 태세와 자립 경제력을 성공시킨 것에서 충분하며 일부에서는 부풀려 독재지리는 꼬리표를 달고 있으나 부국강병의 나라로 국제사회에 위상을 높인 지도자임은 틀림없다.

인간은 무엇보다 생존이 우선이며 굶어 죽기보다 국민의 생존을 우선시하는 지도자야말로 국민으로부터 존경을 받아 마땅하다. 가난을 해결하기 위해 행주 짜듯이 국가 예산을 아껴 국가 재무구조 건전성과 중화학공업을 성공시킴으로써 기업인에게 일거리와 노동력 확장으로 미래 세대들의 생존과 비전을 위해 노력을 아끼지 않았던 지도자로 평가받기에 충분하다. 요즘 북한은 변한 것이 없는데 국가안보가 허술하다고 국민들은 크게 우려하고 있다. 안보 최일선의 책임자인 국방부장관은 안보 허술로 인해 국민을 불안하게 해서는 안 된다. 따라서 군 통수권자인 대통령은 더욱 국가안보에 강력한 통치력을 발휘해야 한다.

　1825년 당시 러시아 귀족들과 지식인들이 전쟁이 일어나면 도망치기 바쁜 이적행위를 러시아 젊은 청년 장교들은 지적하고 귀족들의 이적행위를 용서하지 않았다. 러시아의 청년 장교의 데카브리스트 정의로운 개혁 정신을 참고하여 우리 군·경찰·검찰·판사에 이르기까지 자신들의 존재를 엄격한 잣대로 되새겨야 하며, 그 해답이 바로 정치 권력에 아부하지 말고 직분에서 애국심이 이탈되어서는 안 된다는 것이다.
　또한 데카브리스트 러시아 젊은 장교들의 정의로운 혁명처럼 1960년 4.19학생 혁명은 자유대한민국 역사에 길이길이 영광스럽게 후대에 기억되어야 한다. 그리고 이승만 건국 대통령의 건국이념을 존중하고 이념과 정체성을 지켜나가야 한다. 위대한 자유대한민국은 우리가 영원히 안고 발전시켜 가야 할 사명이기 때문이다.

《11차》 2019.7.26

6·25사변과 미국 게티스버그 남·북군

　1950년 6.25 북의 남침으로 동족의 전쟁이 발발했는데 제2차 세계 대전 후 제일 큰 불행의 민족전쟁이었다. 북의 남침은 민족전쟁으로서 미국이 주도한 연합군에 의해 공산주의에 **빼앗긴** 나라를 3개월 만에 다시 수복하게 되었다.

　1913년 펜실베니아주 게티스버그 북군(약 94,000명)과 남군(약 72,000명)의 병력이 충돌하여 7만여 명의 사상자를 낸 전쟁이 일어났지만 화해로 위대한 미국을 발전시키는 데 공헌하고 있다. 106년이 지난 오늘날까지도 펜실베니아주는 국가 발전에는 한 마음이다.
　1950년 6·25남침은 1차, 2차 세계전쟁 다음으로 큰 전쟁이었으며, 1,129일 동안 계속되었다. 경북 포항 낙동강 일부를 제외하고 김일성은 남한을 접수하고 3개월 동안 남한을 통치하면서 적화통일 완수를 목전에 둔 상태였다. 그러나 이승만 대통령의 외교적 노력과 미국의 참전과 연합군의 힘으로 **빼앗긴** 나라를 원상태로 수복한 것은 기적이고 하나님의 가호가 있었기 때문이다. 남북 긴장 완화를 위해 1972년 7·4 남북공동성명이 발표된 내용은 남북평화통일 3대 원칙인 양 진영 간 자주·평화·민족 대 단결의 3대 원칙이었다.

    당시 닉슨 독트린이 세계에 선포한 미국 외교정책의 핵심은 냉전 완화였으며, 닉슨 데탕트에 힘입어 박정희 전 대통령의 대북관계 개선의 의지로 표명된 정치적 결단이었다. 펜실베니아 게티스버그 북군과 남군이 취한 화해의 정신을 담은 조치의 모험이었다. 그렇지만 한반도의 남과 북은 이념적으로 양보 없는 대결이 지속되는 현실에서는 동족 화합이 불가능할 정도로 남한 침공을 북한이 포기하지 않아 이념 대결은 지속되고 있다.

    미국은 자유를 최고의 가치로 뭉쳐 살아가는 나라다. 펜실베니아 북군과 남군의 전쟁을 기념하기 위해 34만 평의 벌판에 평화기념 파티를 열고 5만 명이 참가하고 노병들의 손자뻘인 2,000여 명의 보이스카우트 대원들의 안내를 받으며 입장하고 2,000여 명의 요리사가 동원되어 극진히 대접한다. 북군과 남군이 각각 옛 부대기를 들고 행진하며 상대편에 경례를 올려 1913년의 전쟁과 화합(the Great Reunion of 1913)을 기억하게 하고, 식사와 맥주를 대접받으며 잔디밭 통나무에 걸터 앉아 즐거운 기념일을 보낸다. 미국 윌슨 대통령에 이어 역대 대통령은 연설에서 북군과 남군은 서로 적이 아니라 함께 손을 잡은 형제와 동지로서 위대한 미국을 발전시키고 있다고 노병들의 노고를 추켜세운다. 그러나 6·25 민족상잔의 비극이 70년이 지났음에도 남과 북의 긴장은 오히려 더 심한 불안이 지속되고 있다.

    미국의 게스트버그와 달리 민족끼리 화합의 정신이 아니라 북의 적화 야욕을 이어가기 위해 왕조 세습을 이어 통제정치를 포기하지 않을 것이며 핵무기도 포기하지 않을 것이다.

    미국 펜실베니아 게티스버그는 민주주의와 공산주의의 이념적 대결이 아니기 때문에 쉽게 화합할 수 있었다. 미국 국민 모두가 공산주의를 배격하고 자유의 가치를 최고로 존중하는 나라이기 때문에 가능했다.

    대한민국 이승만 건국 대통령의 자유주의와 시장경제 원칙의 건국 이념과 근대화·산업화를 동시에 이룩한 박정희 전 대통령을 독재자로 비판하는 세력들의 이념에 의해 후세들에게 왜곡하며 가르치는 교육의 인식은 국가발전에 아무 도움이 될 수 없다. 마땅히 화합을 위해서 사실에 근거할 필요가 있다.

    북베트남의 사회주의통일로 자유를 갈망한 남베트남 지식인·언론·종교인들이 모두 주검을 당하고 그 후대들은 얼마나 비참한 생활을 하는가를 알아야 하며, 자유의 소중함을 베트남을 통해 인식하고 배워야 한다. 자유대한민국 건국의 위대함을 산업화시대 발전의 당당함을 세대를 이어 학교에만 맡기지 말고 가정교육을 통해 자녀들에게 관심을 가져야 한다. 자유의 존엄을 스스로 지킬 의지가 없으면 지키기는 어렵다.

세계 어느 나라도 나라가 망하는 사례는 민족주의로 무장시킨 세력들이 변화에 따르지 못하고 배타적이고 권력의 쇄국으로 민족주의를 앞세워 1인 독재로 장기 집권하게 된다. WTO와 OECD 가입은 세계화에 한 일원으로 참여한다는 뜻이다. 그러나 대한민국 호는 어떤 방향으로 가는지 의심의 눈으로 볼 때, 불안한 현실에 직면해 있다.

《17차》 2019.8.25

국가 부채가 늘어나면 우리의 미래는 없다.
청년들에게 묻는다.

아무리 생각해도 한강의 기적은 신이 우리나라 한국을 보호했다고 여겨진다. 2차 대전이 끝난 세계의 혼란기에 공산주의가 휘몰아쳤을 때 이승만 박사가 자유대한민국 건국도 가난을 해결한 박정희 전 대통령의 한강의 기적도 그렇다. 1917년 러시아의 볼셰비키 혁명 이후 지구상의 최강대국 미국과 소련, 세계를 호령하던 소련이 1992년 1월 1일 서기장 자리에서 벗어난 고르바쵸프 대통령에 이어 옐친 대통령에 의해 소련은 공산주의가 해체되었다. 소련은 전쟁으로 무너진 것이 아니라 국가 채무가 높았기 때문에 국가경영이 어려웠다.

그래서 노태우 전 대통령의 북방정책에 의해 한·소간 국교정상화 조건으로 가난했던 한국이 오히려 강대국이던 소련에 30억 불의 차관을 제공했다. 조선을 이은 한국은 소련에 오랜 세월에 걸쳐 소 국가로 살아 왔지만 이승만의 자유대한민국 건국과 박정희 대통령의 산업화 성공으로 소련에 돈을 제공하는 나라로 국격(國格)이 높아졌다.

국가안보와 안전이 부실하고 나라 빚이 늘어나면 불안을 느낀 외국 자금은 떠나게 되고 환율은 급등하여 물가는 폭등하게 되며 금융기관이 어렵게 되어 자금경색으로 이어져 기업들은 망하고 실업자는 늘어나 결국 국민들은 길거리에 내몰리게 된다. 소련이 망하게 된 것은 국가부채가 늘어나 금융이 붕괴되고 일자리가 사라지면서 레닌의 공산주의 선포 후 75년 만에 소련이라는 공산주의는 막을 내렸다. 해체된 소련의 국민은 비참하게 살아가야만 했다. 국민의 40% 이상 거지로 전락했고, 1990년부터 거리에는 강도들의 세상이라 국가 치안도 유지되지 못했다. 마치 1960년 자유당이 무너지고 무능한 민주당 정권 때에 깡패들 세상이 되어버린 무능한 민주당 정치에 일어선 5·16 군사혁명으로 민생에 좀먹는 깡패를 소탕하고 치안을 바로 세웠던 우리의 과거와 같았다. 나라가 무너지면 국민만 비참하게 된다. 1990년 당시를 기억에서 떠올릴 수 있다.

러시아 젊은 여성들이 경제적으로 망한 조국을 떠나 살기 위해 한국에 등장해 술집에서 한국 남성들의 술 시중을 들 정도로 소련 국민들은 비참한 생활이 연속되었다. 얼마나 살기 힘들면 귀하게 키운 딸을 한국에 가서 한국 남성에 술 시중을 허락하였겠는가? 조선 인조 때 청나라에 굴복하고 예속되어 조선 여성들이 볼모로 53만 여성이 청나라 족의 중국 남성들에 어떤 수모를 겪었을 것인가에 역사적으로 가히 짐작할 수 있다.

역사 사실에 근거하여 필자는 어느 곳에서도 여성들의 국가관이 강해야 하고 어머니의 가정교육이 중요함을 강조한다. 나라 경제가 추락되고 안보가 불안정하면 그 피해는 고스란히 부녀자가 겪게 된다. 한반도 역사 5천 년 동안 여성의 자존심을 지켜준 지도자는 이승만 건국 대통령과 박정희 근대화 산업화 대통령이다. 이에 합당한 근거는 부강한 나라로 미래 희망의 나라로 통치였기에 따라서 여성의 자존심을 심어주는 계기를 만들었다. 국가 부강으로 가는 트렌드, 즉 자립경제·자주국방·부국강병의 나라로 만든 두 지도자의 역할이 오늘의 한국이다. 역사 진실과 사실을 덮으려는 정치 권력은 남의 업적을 도둑질하는 도둑 정치라 할 수 있다. 남의 것을 빼앗아 자기 것으로 채우는 선동정치가 1인 독재주의와 전체주의 권력으로 변질, 평등을 앞세운 사회주의 이념의 정치다.

이제 그런 위험 수위에 오를 수 있는 한국이 그런 병에 걸려 있고 국민의 정서는 마약에 취해 늪에 빠져들고 있다. 즉 우리도 위기가 올 수 있다는 위기감은 국민이 전혀 느끼지 못하는 감성의 늪에 빠져 있다. 그저 웃고 즐기는 포퓰리즘에 빠져 있다. 청년들의 국제 경쟁력은 해마다 떨어지고 있다. 청년들에게 힘들게 하는 소득주도 성장 경제정책에 대한 폐해에 대해 고민하지 않는 것이 문제라 할 수 있다. 요즘 일부 젊은 세대들은 국가안보 경제에 걱정하는 사람은 꼴통 극우, 친일로 조롱하고 모욕을 담는 언사를 예사로 하는 나쁜 병에 깊숙이 빠져있다. 자기 할아버지 세대의 피와 땀을 비판함도 모자라 '꼴통'이라는 거친 표현을 예사로 하는데도 가정마저 제동을 못하고 사회 기강마저 무너졌다. 두고두고 칭찬받아야 할 산업 1세대들은 중병이 걸렸는지 후대에 바르게 지도하는 자세가 부족하다. 자기들만 인생 성공으로 역사가 있는 것은 아니다. 자본가들은 후대들의 시대에 대해 특권 의식을 갖고 있다. 이기주의가 팽배해 가족밖에 모른다. 서민이 있어 성공할 수 있는 사회 존재에 존중심은 없다. 이기주의에 휘둘려 나의 가족보다 이웃을 위해 베푸는 사회봉사 정신이 부족하다. 매사에 자기주의에 빠져 흙구덩이에 빠져 살고 있다.

최근 몇 년 전부터 석유 부국 베네수엘라, 관광 강국 그리스, 세계 5대 경제 대국 아르헨티나의 국가경제 추락의 예는 우리와는 전혀 무관하다는 생각으로 무디고 무딘 국민이 되어버렸다. 한국 사회는 이승만 건국 대통령, 근대화 산업화를 주도한 박정희 대통령의 업적을 깎아내리는 데 치우쳐 있다. 한강의 기적으로 쌓아 놓은 곳간을 자기 소유처럼 쓰기에 바쁘다. 나라의 자존심도 추락되어 가고 있다. 여당이나 야당에게 한국 정치가 포퓰리즘에 빠지도록 국민은 이성을 잃은 상태다. 언제부터 자기 인생이 공짜 삶으로 수렁에 빠졌는지 냉정하게 생각을 못한다.

어느 나라든 망하는 것은 국민이 국가관이 부족한 데서 오는 것이다. 그리고 스스로 자초하는 것이고 망하게 한 지도자는 책임지지 않고 죽어 지구에서 사라져 나타나지 않는다. 조선 선조, 인조가 나라를 망쳤고 구한말 고종이 우리 조상들에게 힘들게 정치하고 청나라에 조공을 바치는 천대받는 나라로 그것도 모자라 일본 식민지 나라로 국민에게 고통을 남기고 그들은 아무 말이 없다. 그리고 김일성 남침으로 국가 경제는 완전 파탄되어도 정신 못 차린다면 우리 국민 가슴에 헛바람이 들어간 것은 아닌지 병원에 가서 정신 감정이라도 받아야 되지 않을까 의심하게 된다.

몇 배로 잘사는 원조 복지국가 스웨덴, 노르웨이도 재정적자를 다시 조정하고 국가 재정 건전성을 위해 위기를 미연에 방지하기 위해 복지예산을 대폭 줄이고 나아가 복지를 해체시킬 수 있는 정책으로 나가고 있다. 대신 국가부채를 줄이는데 국민이 협조하고 지혜를 모으는데 안간힘을 쏟고 있다. 1961년 우리나라 국민소득 76달러의 경제 사정에서 박정희 대통령이 자유대한민국 건국, 시장경제 원칙을 토대로 하여 근대화·산업화로 국가 예산을 행주 짜듯이 절약하여 국가 재무 건전성을 유지해 나갔다. 1993년 김영삼 문민정부가 들어서면서 국가 재무 건전성이 무너지고 국제 구제금융 즉 IMF를 맞는 수모를 겪었다. 아무리 무지한 정부라지만 그렇게까지 경제 실책을 할 줄이야 국민은 미처 몰랐다. 대통령을 하기 위해 투쟁만 한 사람이 민주화만이 국가경영의 만사형통인 것처럼 큰소리치더니 말이다.

다른 나라는 국가 부채를 줄이는데 문재인 정부는 정반대로 나가고 있다. 평화통일·평화경제에 앞서 통일비용이 최소 2천조가 필요할 것으로 예상되는데 그 대안을 국민이 이해하는 설명 없이 국민의 가슴에 바람만 잔뜩 불어넣는 꼴이다. 가난뱅이 국가를 모면하기 위해 지혜를 모으는 선진국들에 비해 한국병, 복지가 이미 시동이 걸려 국가부채는 걷잡을 수 없이 늘어 날것으로 예상된다. 돈 한번 벌어 보지 못한 정치인들이 국민 세금을 쓰는 데는 포퓰리즘으로 국민의 고통은 모르고 세금, 재산세, 법인세만 올리면 해결된다는 뜻인가? 채무가 높으면 국가가 진정한 국리민복과 필요한 복지에 등한시될 수밖에 없다. 임기가 끝나면 국정 실책에 책임지는 관료는 거의 없다. 국민을 위해 정부·여당과 야당은 국가 채무를 줄이는 데 적극 나서주기 바란다. 가난뱅이 국민으로 살아가는 것은 치욕적인 삶이다. 또한 그렇게 될까 두려워하고 있다는 것을 문재인 정부는 고민해야 할 것이다.

영국의 선구적 종교개혁가 존 위클리프(John Wycliffe)의 '인생과 우리 사회'

1384년 12월 31일 영국의 신학자 존 위클리프(John Wycliffe)가 64세의 일기로 세상을 떠났다. 그는 국가주의자이며 진정한 애국자로 영국인들은 오늘날까지 기억하고 있다. 1415년 헨리 5세에 의해 종교 탄압이 이어지면서 그에게도 탄압이 시작되어 공의회는 1428년 존 위클리프 시신을 파내 불태웠다. 왜 그가 부관참시를 당했는가? 존 위클리프는 교황이 세속 권력과 합당한 품성을 가지고 있지 않음을 비난했다. 부관참시의 이유는 불온한 사상을 퍼뜨린 죄목이다. 267개에 달하는 그의 제목에서 가장 큰 죄는 누구나 쉽게 성경을 읽을 수 있도록 영어 번역본을 출판했다는 것에 교황은 분노했다. 성서는 성직자의 고유 독점물에 대항했다는 것이다.

존 위클리프는 신학자이면서 성직자로서 교황과 교회에 대한 권리 회복과 종교개혁에 앞장선 인물로서 마르틴 루터(Martin Luther King Jr)보다 160년 먼저 태어나 종교개혁에 앞장선 인물이다.

존 위클리프는 모교인 옥스퍼드대학에서 최고의 교수로 명망을 받았으며 교황의 권위에 정면으로 도전했던 신학자이면서 성직자이다. 사치와 방탕에 빠져있는 교황과 추기경도 세속의 직업일 뿐이라는 것을 주장하고 복음의 정신에서 청빈해야 하며 교회의 재산은 국가에 귀속되어야 한다는 주장을 했다. 이에 성직자들의 증오를 받기에 충분했다. 최초 영어 성서를 펴내면서 많은 영어 단어를 만들어 내어 영어의 형성 발전에도 큰 기여를 했다.

위클리프의 종교개혁은 영국뿐 아니라 유럽 각국의 종교적 사대주의 탈출이라는 결과물과 종교의 속박에서 벗어나 자유롭고 폭넓은 사고가 자본주의 형성으로 이어져 영국이 1차 산업혁명을 주도할 수 있는 깨어난 원동력의 시발점이 되었다. 어쨌든 세계에서 영국은 자본주의와 시장경제의 시행, 창시 국가임은 틀림없다.

지금도 한국 내 교회의 기득권을 유지하기 위해 교회의 세습이 있다면 교단의 원리와 진리에 어긋나고 세속의 종교에 합당한 품성은 되지 못한다 할 수 있다. 아무리 합당한 것처럼 보이게 하기 위한 쇼로 국민의 눈을 속일지라도 또는 권력을 유지하기 위해 진실을 압박하고 언론을 장악하여 정보를 독점하려 해도 국민 자유의 권리 회복에 관한 정책이 되지 못한다면 권력 남용과 거짓 개혁이며 권력을 위한 권력 중심의 오류로 그 결과는 국민을 고달프게 할 뿐이다. 그것이 독재자 자신이 독재자로 인지하지 못하는 어두운 방향으로 눈 가리고 아웅하는 것이다. 국민은 독재 지도자의 불행한 말로를 보는 것도 불행한 역사이고 국민의 불행이다. 이렇게 몰고 가는 정치 권력은 바로 독재정치이며 공포정치라 할 수 있다. 이런 독재자로 인한 경직된 사회는 삶의 성장을 가로막게 하고 국민이 바라는 꿈은 거리가 멀다 할 수 있다.

독재를 위해 준비하는 과정에서 국민의 정신세계를 가상의 세계로 끌어들이면서 그렇게 할 것이라고 단정적으로 여론을 몰고 가며 부담되는 상대를 제거하기 위해 약점을 만들어 음모를 생산해 내는 공포 포퓰리즘 사회로 만들어 가게 하는 것이다. 그러한 음모의 권력 남용은 자유대한민국 건국 정신에도 위배되며 자유민주주의가 무너져가는 후진국으로 몰아가게 된다.

더욱이 이러한 사회는 우리가 바라는 사회가 아니며 미래 자유의 삶을 기대할 수 없게 만드는 것이다. 1384년 헨리 5세 때 교황의 권위에 저항한 존 위클리프에게 죄목을 267개나 만들어 뒤집어씌우고 죽인 교황의 권력 횡포를 생각하게 한다.

요즘 세상 민심에서 귀에 들리는 소리가 어느 특정 사람들이 오래도록 언론을 장악하고 특정 권력에 아부하고 편중되어 언론은 이에 바보 같은 행진을 한다는 것이다. 국민 다수는 매우 치사스럽게 볼 수밖에 없고 국가 미래는 어느 방향으로 가는지 혼돈에 빠져 있다. 참말이 거짓말 같고 거짓이 참말로 둔갑되는 세상이다. 국민이 괴롭고 힘들 때 믿을 데는 언론이고 종교뿐인데 언제까지 종교 언론의 정의가 바로 설지? 또한 언론의 정의를 언제까지 기다려야 할지 막막하다. 언론이 바로 서지 못하고 국민이 알아야 할 권리와 정보를 믿지 못하는 사회가 국민을 불안하게 하는 사회다.

　언론이 정의롭지 못하고 어느 한쪽으로 편중된다면 사회는 부정부패의 길을 걷게 될 것이다. 그만큼 언론의 사명이 국민에게 미치는 영향이 크다 할 수 있다. 이것이 언론뿐만 아니라 국민 불행을 자초하게 하는 세상의 이치라 할 수 있다. 그러므로 우리는 또 다른 불행이 우리에게 덮칠까 두렵고 불안이 연속해서 침심(沈心)으로 연결된다. 이와 같은 불행을 지도자의 정치 이념에 따라 국민이 고스란히 떠안고 살아야 하기 때문이다.

《18차》 2019.8.29

공정거래법과 공정의 원칙 그리고 청년들의 꿈

　위의 의미는 독과점의 피해를 방지하여 공정하고 자유로운 시장경제 질서를 확립하기 위한 목적으로 제정된 법률을 말한다. 따라서 각 국가마다 다르지만 미국은 '독점 금지법(Anti Trust Act)'이라 하고 독일은 '경쟁 제한법'으로 되어 있다.
　우리나라는 1961년 제정된 물가 조절에 관한 임시조치법 입법례로 시작하여 현행 법률로 독점규제 및 공정거래에 대한 법률·부정경쟁 방지법이 공정거래위원회에서 그 기능을 발휘한다. 즉 이 목적은 사업자의 시장 지배적 지위의 남용과 경제력의 집중을 방지하고 부당한 단합 행위를 규제하여 공정하고 자유로운 경쟁질서 확립에 그 의미를 둔다고 하겠다.
　그래서 기업의 체질 개선과 국제 경쟁력을 높이고 따라서 국가경쟁력과 국민경제의 안정, 균형 있는 경제발전을 위해 정부는 공정거래위원회를 두고 관리한다. 각 산업 분야나 사회 구석구석에 공정한 사회풍토를 조성하며 엄정하게 공정관리를 위해 생산통제(production control)로서 지도, 규제하고, 사후관리(Gan-tt charts)의 종합적 체계 및 제도개선 방향을 발전적으로 지도해 나간다.

　공정과 원칙(fairness and doctrine)의 가장 먼저가 언론자유 보장이다. 이 모두가 언론과 방송의 공정한 역할이 중요하다고 생각하기 때문이다. 즉 반론권이 인정되어 매스미디어의 사실 보도로 권력 남용이 억제되고 공정한 사실 비판과 사회 이모저모를 사실대로 전달되어 공정하게 다뤄져야 한다. 과연 오늘날 의견과 사실에 전달자인 매스 미디어를 소유한 소수가 무한대의 대중에게 자의적 시각에 의한 보도 등에서 공정한가? 그리고 잘못된 보도라면 그만큼 사회적 파장이 크다. 그래서 언론 종사자는 국가관이 확고해야 하며 역사 인식이 바로 서야 한다. 근간에 우리 사회 권력 남용의 불공정 항의 표현으로 8월 15일 광화문에서 시민 행동이 시위로 시작되었다. 그러나 공정해야 할 소수의 매스 미디어가 사실 보도의 소명이 오히려 편협되는 감을 느끼면서 사실에 회의적이고 매스 미디어의 불신이 넓게 퍼지고 있다. KBS는 별 매력을 느끼지 못하는 특정인 위주의 강의 등은 공영방송 명분으로 세금을 꼬박꼬박 내는 국민들에게 공감을 얻을 수 없을 것이다. 공영방송이 원칙에 벗어난 경영도 권력 남용에 해당될 수 있을 것으로 본다.

필자가 알기로 이명박 대통령 때부터 공기업 강의료는 1시간당 25만 원이 통상적 강의료로 정해져 지불해졌다. 임기가 보장되는 자리를 임기 동안 네 것이냐, 내 것이냐, 공정하지 못한 내편끼리 포퓰리즘 경영으로 공기업 부채가 높아지면 자녀 키우기도 힘들다. 100세 시대에 출생자는 줄고 노인 인구는 늘어나 100세 노인들이 앞으로 그들이 저질러 놓은 국가 부채를 "우리 노인들이 담당하란 말이냐"고 항의할 것이다. 20년 후는 노인 인구가 35%를 능가할 것으로 전망된다. 노인 인구는 재빠르게 늘어나 복지예산을 자연 늘어나고 생산인구는 역으로 줄어들어 국가 예산은 수입보다 지출이 엄청나게 늘어날 것이다.

거대한 소련 연방국들도 국가 부채를 견디지 못해 공산주의 소련 연방이 해체되었다. 또한 국가 부채를 높인 국가 지도자의 국가는 붕괴되었다는 사실을 우리는 알고 있다. 무능한 지도자는 그 짐을 후대에 떠넘기고 죽어서 책임지지 않는다. 공기업의 부채는 늘어나는데 미래 세대의 부담은 안중에 없다. 그들은 임기가 끝나면 책임지지 않았다. 국민만 봉이다. 신의 직장이라는 공기업이 존재하고 있다. 신세대 청년들은 포퓰리즘에 익숙해 미래 목표 설정 없이 무상 지원에 익숙해져 미래가 우려된다. 언론, 방송이 공정성 문제로 비판받고도 시정하는 모습은 없으니 불만이 높아지고 있다. 한 공영방송에서 방영된 자유대한민국 건국 대통령 이승만을 원색적이고 저질적으로 비난한 도올의 이념 강의에 국민의 자존심을 상하게 했다.

그것도 공영방송국에서 강의하는 배신의 언사에 국민의 세금을 왜 낭비해야 하느냐고 묻지 않을 수 없다. 도올 김용옥은 자기가 특출한 지식인처럼 오버하고 소영웅심이 가득하다. 정의와 사상이 썩었을 때는 아무리 그 권력이 국민을 억압한다 해도 우리가 기대하는 것은 언론과 방송, 종교밖에 기댈 데가 없는데 언론과 방송이 오히려 국민을 실망시키는 편파적 보도 방영이 시청자를 실망하게 한다. 국민은 허탈한 마음이다. KBS 공영방송은 존재 가치가 의문스럽기도 하다. 건전한 다른 방송국도 있는데 왜 세금을 축내는 방송국에 시청료를 내야 하는 것에 실망이 가득하여 시청률은 낮다.

가까운 친척 손주가 언론방송 쪽으로 전공하려는 생각을 면담하는 과정에서 필자는 반대한다고 했다. 그 학생이 언론의 정의로운 사명과 부푼 자신의 꿈과 성취를 기대할 수 없기 때문에 부정적 멘토였다.

더 중요한 사실은 국민의 알 권리(right to know), 표현 매체에 접근할 권리(right to access to midea)가 공정보다 이념에 기울어져 있는 것을 피부로 느낀다. KBS와 MBC를 시청하는 자체가 스트레스다. 읽을 것도 볼 것도 별로 없는 TV 방영, 내용도 부실하고 신통한 프로그램을 찾아볼 것이 없다. 왜 우리가 소수의 매스 미디아에 의해 국민의 알 권리와 공정성에 불만을 안고 살아야 하는지? 잘 모르겠다. 그만큼 매스 미디아가 우리 사회의 기대와 미치는 영향이 크기 때문에 우리 삶의 정서에 그 영향이 크기 미친다고 해석된다.

다수 시청자에게 불공정으로 느끼는 보도에 의해 존중되어야 할 권리나 명예를 침해당한다면 어디에서 국민은 하소연하겠는가? 언론과 방송은 국가 명예에 중요하고 대중의 권리를 소중하게 생각하고 운영되어야 한다. 국가 위상과 가치를 소중하게 생각하고 공정의 원칙을 강화하여 매스 메디아가 다수의 국민을 위해서 노력해야 한다. 매스 메디아의 소명인 사회의 올바른 공정관리에 자유와 시장경제의 판을 제대로 홍보할 프로정신이 필요하며 세계시장에서 노력하는 기업인에 도움이 되어 주기를 바란다. 요즘 뜨겁게 하고 있는 조국 전) 법무장관 후보자의 일탈은 청년들의 부푼 꿈을 좌절로 빠트리고 있다. 신뢰받아야 할 언론의 편협 된 보도는 국민 통합에도 아무런 도움이 되지 않는다. 편협된 보도와 사회적 영향으로 국력이 소모될 수 있으므로 중립을 지켜야 할 의무가 있다. 언론, 방송의 불만은 있지만 어디까지나 정의롭게 우리 사회를 이끌어 줄 언론과 방송에 기대와 희망을 바란다.

《19차》 2019.9.1

권력의 탐욕

　로마로부터 전쟁에서 패배의 쓴맛을 본 유대인은 오늘날 자연과학·사회과학·예술·실업·정치 등 모든 인간 영역에서 업적을 남기고 성공해 나가는 민족이다. 그들은 정직하고 국가 사랑에 한뜻으로 힘을 작은 데서 큰 힘으로 모아 연대를 이어 나간다. 유대인은 자유와 시장경제 발전 외에 다른 이념이 허용되지 않는다. 이스라엘 국가는 유대인 민족의 힘으로 독립을 쟁취하고 아랍연합과 6일 전쟁이 시작되었을 때 이스라엘 350만 명이 아랍연합 2억 명을 상대로 전쟁에서 승리했다. 그 전쟁의 승리는 전 유대인의 애국심이 가득했기 때문이었다. 2차 세계대전 동안 나치스 독일의 유대인 멸종계획에 따라 유대인들이 가스실로 보내지고 총살당하고 고문에 죽은 600만 명의 영혼이 유대인 가슴에 살아 숨쉬기 때문이다.

　김일성은 동족에 전쟁을 일으키고 남한의 경제를 완전 파탄시킨 동족의 살인자, 동족을 학살한 북한에 한국 내 추종 세력들이 자유대한민국 건국의 당위성을 부정하고 진실과 사실을 이념이 다르다고 묻어 버리려 한다. 이스라엘의 강한 부처가 '방산 청'이라 한다. 이스라엘 독립 후 방산청 권력은 대단하나 비리는 티끌만큼도 찾아볼 수 없다. 그 이유는 국가관과 안보의 신념이 확고하기 때문이다. 선대의 패배와 슬픈 역사를 기억하고 적에 싸워 승리하는 것만이 평화가 유지된다는 신념이 확고하게 이어지고 있다. 그들은 주변 여론은 통하지 않는다. 그리고 민주정치와 시장경제의 보장은 안보와 국가관에 충실한 삶을 영위하고자 하는 표본으로 삼는다.

　우리 국민은 냄비 민족이라고 허다하게 말하는 경우도 있다. 역사의 슬픔도 아픔도 쉽게 잊어버리는 국민성이라면 이스라엘 유대인은 과거 역사 아픔을 1백 년, 1천 년, 2천 년이 흘러도 패배의 쓴맛을 결코 잊지 않는다. 유대인의 가장 큰 경축일인 "파스오파"는 유대인들이 이집트에 430여 년 동안 노예로 끌려갔다 돌아온 것을 경축하는 날이다. 유대인은 "우리들은 이집트의 노예였노라"로 서두를 시작한다. 이스라엘 국민성은 상대를 탓하지 않고 자신들의 무능한 과거 역사를 거울삼아 발전의 도구로 삼는다. 그들 자신의 힘으로 해방이 획득되었다고 하지 않는다. 해방 당했다고 수동형으로 쓰고 있다. 겸허한 태도로 힘의 한계를 인정하는 정직함의 그 자체가 유대인의 힘이다. 미리 대비하지 못하여 로마와 이집트로부터 당했다는 솔직함이 그 자체이고 미래를 다짐하며 강한 정신으로 힘을 모은다. 오늘날 그들은 평화적으로 이집트인에게 자신들의 힘을 보여 준다. 유대인들은 거짓 선동과 투쟁에 에너지를 낭비하지 않는 지혜로운 국민이다.

어느 나라 건 정직하지 못한 국민, 거짓말 잘하는 정치, 그런 국민성은 결국 권력의 탐욕에서 벗어나지 못하고 그 권력을 앞세워 스스로 자멸하는 길을 걷게 되고, 독재자의 운명은 패배자로 역사에 기록된다. 우리가 고쳐야 할 국민성은 자신의 패배를 상대에게 돌린다는 것. 비겁한 행동은 정치·사회 전반에 뿌리내려져 있다. 남을 탓하는 민족주의 정치는 더욱 나쁜 정치며 바탕에는 독재자의 근성이 깔려 있다. 공산주의자들의 정치 탐욕은 결국 포퓰리즘 정치로 국민의 환심을 사고 가면과 위선으로 장기집권과 독재정치로 기획해 나간다. 기만과 선동으로 포장하여 역사를 만들고 국민은 그 거짓에 속아 놀아난다.

우리나라는 우리의 힘으로 일제에서 해방된 것이 아니라 미국이 해방시켜 준 것이다. 광복절에 광복을 외치면서 미국의 고마움도, 위대한 자유대한민국 건국도 기념하지 않는다. 모순을 스스로 만들어 생일 없는 국가로 우리 국민은 그 무지함에 함몰되어있는 국민이다. 생일 없는 나라, 건국 기념일도 없는 나라다. 3.1 독립운동, 상해임시정부 36년간 나라 없는 한반도에서 해방되어 세계가 인정한 가운데 1948년 8월 15일 새 국가의 자유대한민국 탄생을 두 진영의 좌·우파 이념에 의해 기념하지 못하고 있다.

1919년 3.1일 독립 만세운동, 1919년 4월 임시정부는 일본에 쫓겨 중국지역의 망명자들이 나라를 찾기 위한 한 방편이었다. 그러나 갈기갈기 제각각 한곳으로 힘을 모으지 못했다. 단합이 부족한 국민성이 참으로 부끄러운 일이었다. 3.1 독립운동 상해임시정부는 나라를 찾기 위한 독립운동일 뿐 세계로부터 국가로 인정받은 것은 아니다. 이승만은 그 정신을 이어받아 민수석이고 합법적인 절차에 의해 미래를 새롭게 도약할 자유주의 시장경제 바탕의 대한민국을 1948년 8월 15일 탄생시킨 위대한 국가 건국이다.

또한 대한민국이 탄생되어 세계에서 모범 경제국가로 성장하고 한강의 기적을 이루었다. 이 사실은 정치적 계산에서 좌·우 이념적 대립으로 평가될 문제가 아니다. 건국한 사실이 우리의 자존심이고 자랑이다. 우리의 힘으로 쟁취하지 못한 광복절만 부각하고 우리가 건국한 국가를 스스로 생일 없는 나라로 취급하는 자체가 부끄럽다.

광복회는 3·1정신, 상해임시정부 독립 정신을 이은 1948년 8월 15일 자유대한민국 건국절 행사에 협력하고 나라를 사랑하라. 광복회는 뱁새가 황새의 마음을 모르고 걸음을 따르는 격이다. 그간 역사 평가를 편 가르는 거짓의 수정주의 학자들은 이 기회에 국민 앞에 사과해야 한다. 거짓이었다고 말이다. 국민을 분열시키고 국가 발전을 역주행시켰다고 말이다. 동족에게 폐허로 만든 침략자를 두둔한 거짓과 죄를 말이다. 해방이 되자마자 소련이 38선까지 남한을 향해 무단 침공한 것을 미국이 중지시키고 불안정한 남한에 주둔하여 공산 침략을 막아주었고, 자유대한민국 건국을 돕고 본국으로 돌아갔는데 이승만 건국 대통령과 미국을 분단의 원흉이라고 거짓 선동과 역사를 왜곡한 미친 정치와 지식인에 의해 한국사회에 거짓이 판치고 참말처럼 거짓이 둔갑 된 것은 수정주의 학자들에 의해 거짓의 역사 기록이 남발되고 있는 것이다.

미국이 다시 한국에 주둔하게 된 것도 김일성의 6·25 남침으로 3개월 만에 송두리째 빼앗긴 대한민국을 다시 찾아 주고 재침략할 것을 우려하여 한미동맹으로 현재까지 자유를 수호하고 공산 침략에 방어해 주고 있다. 국가나 개인이나 은혜를 저버리면 짐승과 다를 바 없다 했다.

요즘 논란의 조국 전) 법무부 장관 후보자의 이중성이 제기되기도 했다. 자신의 허물은 덮고 선명성을 주장하는 위선, 조국을 편드는 것을 보면 네 편· 내 편으로 우리 국민 일부는 정치광인 것 같아 보인다. 모든 세상사를 감성으로 보는 듯하다. 국가 미래 문제를 냉정한 모습으로 보지 않는 것이 문제다. 우리는 하늘같이 보이는 법무부 장관의 자리와 그 자격의 도덕성을 묻는 것이다. 국민이 보는 시각은 조국 개인과 그의 가족을 미워해서가 아니라 공인이기 때문이다. 조국을 개인적으로 좋아하는 것은 이해하지만 무조건 편든다고 달라질 것이 없으며 모순 자체가 면죄될 수는 없다. 국민이 정직해야 나라가 바로 서고 정직하지 못하면 최순실 사건과 조국과 같은 사건을 권력과 지식인의 이중적 행태로는 부정을 막을 수 없다.

해방 후 늑대 같은 빨갱이들의 행보는 1세기를 거쳐 우리 사회를 파탄으로 몰고 왔다. 빨갱이라는 용어는 바다 물고기인데 몸길이는 17cm 정도이며 몸은 가늘고 옆을 행하며 몸 빛깔은 붉고 눈과 입은 매우 작고 아래턱은 뾰족하여 진흙에 파묻혀 산다. 빨갱이 고기는 진흙에서 인기척이 없으면 나왔다가 인기척이 있으면 재빠르게 흔적 없게 뻘에 숨어버린다. 이를 빗대어 공산주의 종북자들에게 붙여진 빨갱이라는 존재의 딱지다. 2차 세계대전 때 체제이념이 두 체제로 치열할 때 공산주의 세력들은 비열하게 숨어서 밤에 행동한다고 빨갱이 물고기 같은 인간이라고 칭해왔다. 즉 가면을 쓰고 행동하는 빨갱이 물고기 같은 유격전을 수행하면서 낮에는 산속에서 밤에는 민가에 쌀, 동물을 도둑질하며 자유대한민국을 부정하고 북한 공산주의 편에서 우리를 위협하는 존재들이었다. 그 빨갱이들의 존재가 커져 대구 10·1 폭동사건, 제주 4·3 공산당 폭동사건, 여수 군 반란사건 등의 크고 작은 뿌리가 한국에 현재도 존재하고 위협하는 세력이 있다는데 놀라지 않을 수 없다.

빨치산(partisan)은 독일어로 사용되었는데 당파, 동지(partei)의 뜻으로 유래되어 한국은 6.25남침 때 남한의 전역에 공산주의자들이 동지애를 발휘하여 공산 게릴라 유격행위를 한 자들이다. 2차 세계대전 중 프랑스 마키(maquis), 벨기에 지하 사회주의운동, 프랑스, 독일, 소련을 위시한 공산주의자들의 정치 권력의 탐욕이 수단으로 변질되어 냉전시대에서부터 아프리카, 아세아, 라틴에서 국제공산당 운동과 연계하여 게릴라를 수행해왔다.

우리나라도 6·25 때 북한과 연계하여 빨갱이들이 대한민국을 붕괴시키려 했으며 보안법으로 이들을 격퇴했다. 지금도 상당한 종북 세력들이 민주주의를 가장하여 가면을 쓰고 있어 이들을 항상 경계해야 한다. 이승만 건국 대통령은 자유를 지키기 위해서 보안법을 제정하여 국가 전복을 사전에 막았기 때문에 오늘의 자유 대한민국의 발전을 이룩하게 한 기초가 되었다.

빨갱이들은 '빨갱이'라고 부르면 굉장히 싫어한다. 빨갱이는 위선 가면을 쓴 행동이 본성이어서 가려내기 힘들고 천사와 같은 얼굴로 접근하여 인심을 얻고 마음을 주고 나면 해를 끼치고 본성이 나타나 상대의 약점을 잡는다. 그래서 빨갱이를 가려내고 분간하기 어렵다. 이것이 북한의 전술 전략이다. 옛말에 "10리 물 깊이는 알아도 한 치 인간의 속마음은 모른다 했다". 그들은 고향 등 행적을 속이는 것도 보통이다. 죄짓는 업은 살아있어 조국을 배신하는 그 인생의 종말은 대체적으로 불행하게 끝나는 것을 보게 된다. 자유대한민국 안보 상황이 세계에서 제일 위험한 현실에서 살고 있다는 점을 우리가 바로 인지 할 때 우리의 삶이 유지될 수 있다.

《26차》 2019.11.1

부르주아혁명과 프롤레타리아트 독재, 자유대한민국

17세기 주창된 부르주아혁명은 정치 권력의 절대주의와 봉건세력을 밀어내고 일반 시민을 억압에서 해방시키며 근대화 국가로 수립한 급격한 정치변혁을 말한다. 부르주아혁명을 통해 사유재산제도가 확립되고 자유와 입헌주의 개혁의 방향은 부르주아혁명을 통해서 변혁시킨 것이다. 부르주아혁명의 경제적 변혁은 어머니 태아 내에서 잉태된 순간부터 인간의 욕망이 분출된다고 한다. 자본주의 발전 속성의 한 과정으로서 부르주아혁명 정신에서 봉건적인 생산 체계가 말소되고 토지 중심으로 생긴 생산수단이 전면적으로 개선되었다. 따라서 시장 중심으로 상품화되어 소비자 조건으로 점차 폭넓게 개선되어 나갔다.

한반도 조선은 대한제국을 거쳐 해방 후 자유대한민국 건국과 4·19 학생혁명으로 민주주의가 한층 발전되는 큰 변혁을 거쳐 무능한 정권에 맞서 5·16 군사혁명으로 국가 경제발전에 급격한 변혁을 준 주체라 할 수 있다. 다시 자본주의 발전을 말한다면 부르주아혁명은 자본주의 발생과 함께 산업 과학기술 경제학의 이데올로기적 총칭으로서 생산 관계에 대한 사회적 타당성이 법으로 확보되고 사유형태로 넓게 변형되어 나갔다. 그 과정에서 생산적 이해관계 속에 부르주아의 대항 체제가 프롤레타리아트 혁명 세력이며, 그들이 주장하는 목적은 경제적 가치를 확보하기 위해 경영자와 근로자 간에 양 진영의 이익 확보를 위한 투쟁이라 할 수 있다. 자본주의와 자본가 계급이 성숙해가는 때를 맞춰 A.스미스나 D.리카도는 부르주아적 생산 관계를 탐색해 가는 연구로 얻어낸 시장 작동을 개입시켜 일반경제이론을 제시한 것이 고전 경제학 아담스미스의 '국부론'이다.

1820~1830년대 부르주아혁명에 의해 자본주의 뿌리가 발전 확립되고 그때부터 부르주아 입장을 선명히 하여 수급적 가격론 토지-지대, 노동-임금, 자본-이자의 삼위일체에 의거하여 자본주의 이론이 정착되기 시작하였다. 이에 대응하기 위하여 고용된 임금노동자가 기본적인 계급투쟁을 구성해 자기권리 확보에 나서기 시작했다. 프롤레타리아트 혁명이론 창시자 K.마르크스는 사회 상황의 성격을 부르주아와 대립으로 규정짓고 부르주아를 대항하기 위해 임금 노동자 중심의 세력을 확장하는 것이 주목표였다.

프롤레타리아혁명은 19세기 1920년까지 부르주아혁명에 대항할 형식이 사회주의혁명이며 노동자 계급을 우선으로 사회주의 명칭 변형으로 변화 주도했다. 문학예술계 세력에서도 자유주의와 자본주의를 비판하는 새로운 세력이 형성되고 사상 감정생활 표현을 뜻하는 활동을 '프로문학'이라 하며 부르주아 자유주의 문학에 대립의 각을 세우고 등장한 문학이 프롤레타리아혁명 정신을 이은 사회주의 노동자계급을 칭하는 문학이다. 독일 노동자 시인이며 평론가 G.베르크트와 사회주의자들의 혁명가 발표에서 인터내셔널로 인정되었다.

우리나라 일부 종북 세력들이 즐겨 부르는 임의행진곡도 시인 황석영이 개사한 곡이다. 진보주의자들은 자유대한민국을 부정하고 공식행사에 국기에 대한 경례와 애국가를 거부하는 행동을 하며 대신 임의행진곡을 부른다. 자유대한민국 건국이념과 국가 정통성에 대립각을 세우고 있다. 프롤레타리아 노동자계급의 혁명적 투쟁을 그린 문학 M.고리키의 희곡이 K.마르크스와 F.엥겔스의 사상이며 프롤레타리아 혁명사상을 결합시킨 사회주의 사상을 담은 문학이다. 이것은 새로운 사회민주주의 문화를 창조하고 프롤레타리아 이데올로기의 계급문화와 집단주의 성격과 유사하다. 즉 혁명적이고 겉으로는 낭만적 색깔로 포장하여 감성이 풍부하게 우러나는 시와 대중 선동 선정성으로 자극하여 대중 가슴에 깊은 감성으로 파장을 일으키고 전파하면서 투쟁의 힘을 발휘한다.

이 시대 현재 변혁을 참고한다면 2016년 박근혜 전 대통령을 탄핵으로 몰고 간 촛불시위는 불통과 국정 무능을 국민이 지적하고, 그 대안으로 문재인 후보를 대통령으로 선출했다. 그러나 국민과 약속을 쉽게 잊은 것 같다. 자유대한민국 국법을 준수하고 번영의 새 시대를 열 것이라고 믿음은 사라졌다. 한나라의 지도자는 국민을 위해서 자기 자신의 도덕적 수양이 형이상학에 도달해야 한다. 진실을 덮고 낭만석으로 집단의 목적을 달성시키려는 이중적 힘을 이용하는 정치 목적이 프롤레타리아혁명 정신이다.

또한 문재인 대통령이 동계올림픽 개막식에서 세계 지도자가 초청된 가운데 북한 김영남 외 북한 인사들이 참석한 가운데 "내가 존경하는 한국의 사상가 신영복 선생"이라고 아무 거리낌 없이 세계가 보는 앞에서 말했다. 신영복은 간첩 활동으로 무기징역을 받은바 있는 주사파 리더 격의 거목 간첩이다. 그리고 윤이상은 간첩 혐의로 무기징역을 선고 받고도 형 집행 정지로 풀려나 독일로 건너가 독일 국적을 취득 1992년 몇 회에 걸쳐 김일성을 접촉하고 북한문화 공작원으로 활동하는 간첩이라고 확인되었고, 그 진실은 김일성이 고 황장엽(김일성 주체상 창시자)에게 말한 증언에서 밝혀졌다. 윤이상에게 대통령 부인 김정숙 여사는 대통령 전용기에 동백나무를 직접 가져가 바쳤다. 문재인 대통령 부부의 이념과 사상을 국민의 한 사람으로서 이해하기 어렵다. 어떻게 대한민국 대통령이 그런 말을 서슴없이 할 수 있을까! 그리고 공인의 김정숙 여사도 윤이상에게 그런 행동을 자랑처럼 할 수 있을까?

 광화문에서 문재인 대통령 하야의 함성과 분노는 사회 갈등의 선을 넘어 자유대한민국을 지켜야 한다는 함성이 있다. 중·고등학교 곳곳에 좌 편향된 정치교사들로부터 학생들의 정신세계가 망가져 가는 것에 문재인 대통령은 보이지 않는지? 엉터리 한국사교육을 받는 중·고학생들을 보면서 내 자신도 이 시대에 참 불행한 삶을 살고 있다는 것을 알게 되었다. 특히 인헌고 학생들의 절규와 눈물을 닦아주지 못하는 무능함에 가슴이 찢어지고 짓눌려만 길의 수렁 밑에 허우적거리는 한탄에 빠져 슬프고 눈물이 쌓인다. 중학 때 읽은 리처드 바크의 '갈매기의 꿈' 소설이 연상된다. 더 높이 나는 새가 더 넓은 세상을 볼 수 있다고 말이다! 이 나라의 손주들은 할아버지의 자유대한민국이 처한 현실의 깊은 고심을 아는지.

《27차》 2019.11.6

전인격적 능력을 높여 100세 시대 살아가자

한국 사회에서 벌어지는 갈등의 원인은 여럿이지만 물질 중심적 가치관이 만연하면서 성공에만 최고 목표를 두는 교육을 빼놓을 수 없다. 특히 이 과정에서 상대방을 배려하지 않는 성적 위주 주입식 교육의 횡행이 안타깝다. 이런 일방적인 교육은 학교 졸업 후 가정과 직장생활에까지 영향을 미친다. 그 결과 평생 동안 본인의 진정한 적성과 자기계발까지 제대로 못하는 현상이 벌어지고 있다.

이런 우리나라 교육의 결점을 보완하려면 피교육자의 수용성을 높이는 방향으로 교육의 패러다임이 바뀌어야 한다고 본다. 수용은 어떤 생각이나 사물, 현상을 신중히 받아들이는 성질을 일컫는다. 수용성 교육이란 피교육자의 마음 밭을 부드럽게 갈아주어서 교육받은 내용을 자연스럽게 흡수할 수 있도록 하는 것이 특징이다. 원동연 KAIST 미래교육위원장은 "우리나라 교육은 밭을 갈지 않는 상태에서 씨만 뿌리다 보니 열매가 열리지 않는 꼴"이라며 지력·심력·자기 관리능력 같은 측면에서 수용성을 회복시키면 성적 향상은 물론 마음가짐이 겸손하여 자기중심적 관점을 벗어나 폭넓은 세계관을 가질 수 있게 된다고 말한다. 수용성이 높은 사람은 좋은 결과를 만들어 내는 힘이 크고 사회발전에도 긍정적인 영향을 끼친다는 이야기다. 수용성 자체가 곧 겸손과 인내이며 이는 리더가 갖춰야 할 필수 요건이기도 하다.

수용성 위주 교육은 평생 학습과 4차 산업혁명 시대에도 유용하다. 옛날에는 30년 공부하고 30년 일하고 10년 있다가 인생을 마무리했는데 지금은 30년 공부하고 30년 일하고 30년 버텨야 하는 시대다. 이런 100세 시대에 생존하려면 전인격적 능력 즉, 수용성을 높여 어떤 상황에서도 자족하고 잘 대처할 수 있어야 한다.

필자 역시 많은 청년과의 멘토링 과정에서 이런 수용성 교육방법을 적용해 높은 공감대를 이루었고, 만족할만한 성과를 이루었다. 앞으로 이런 수용성 교육이 더 폭넓게 확산된다면 더 많은 미래 인재가 진정한 경쟁력을 갖고 생활할 수 있으리라 확신한다.

《29차》 2019.11.19

경영자의 인격과 기업가 정신

기업경영자는 기업경영의 최고 관리자를 말한다. 자본주의의 성장발전 초기에는 자본가가 경영 실권을 장악한 소유 경영자(owner manager)의 역할이었으나 주식회사 제도의 발전과 일반 국민의 직간접 투자형식의 제도화가 열리면서 투자 의욕과 투자의 가치가 광범위하게 분산되면서 소유와 경영의 분리가 진전되었다. 주주 중 경영할 수 있을 만한 주주가 있을 수 있게 되자 전문경영자 개념이 형성됨으로써 경영자는 하나의 기업 전문직으로 변모하게 되었다.

오늘날 자본주의 사회는 자본과 경영 분리의 고도화에 따라 경영 주체의 관리 운영 능력과 경험으로 선임된다. 선임된 경영자와 기업 주변의 수많은 이해관계 그리고 내적 환경 주체(주주· 고객· 종업원· 거래선· 지역사회· 정부 등)의 균형과 전체 이익의 극대화를 두고 행동하는 자리이고, 사업경영에 충당되는 경영자본은 원료, 제품 등 재고자산, 외상 매출금, 받을어음, 예금, 현금 등 당좌자산에 투입되는 자본을 관리하는데 그 직무를 수행하게 되었다. 토지, 건물 등 인정자본과 자산에 대비하여 유동성 자본이 투입된 자본의 회전율이 높아야 하고 원활한 자본과 투자 흐름이 적절히 계속 유지되어야 한다.

그럼으로써 경영전략에서 제품의 성장 가능성, 성장의 펙트 그리고 타사와 경영상의 이점을 마케팅 전략으로 연결 지어야 한다. 경쟁력 확보와 사회이해 관계에서 기업의 모순을 줄여야하며 신용과 신뢰에 실추되는 가치 이탈을 해서는 안 된다. 생산구조 가치를 자본가와 대응하기 위하여 K.마르크스는 자본주의적 생산구조가 자본가에게 부의 집중을 가져가게 함으로써 모든 시장 권력에서 자본가와 투쟁을 통해 노동자 권리를 확보할 대응에 기준을 둔 것이다. 또한 자본가와 노동자와 상생 관계와 경제 확대를 위해서 상생의 노동행위가 원칙이며 상호신뢰 하에서 이루어져야 능률을 향상시킬 수 있다.

또한 정경 분리 원칙은 기업이 정치 권력과 유착하는 행동을 막고 그것은 기업의 자생 능력을 높이는 데 있으며 그 능력을 쌓아두고 발휘하지 못하면 기업의 생명력을 잃게 된다. 정경유착은 후진국에서나 생성되고 존재하는 것에 불과하며 정치 권력의 변동에 따라 기업의 생명이 보장되기 어렵게 되기도 한다. 성숙한 민주주의는 국제정치 사회·문화·기업의 영역에서 기업인만이 성취해 낼 수 있는 경제 영역의 역할이라 할 수 있다. 국제간 국가의 국제 경쟁력을 지배해 나갈 수 있는 힘의 원리는 기업경제력이 강한 나라가 국제사회에서 높은 지위를 얻을 수 있다.

한나라의 국제 경쟁력을 창출하는 근원도 다름 아닌 기업의 활동과 힘에서 나온다. 또한 국제 경쟁력을 갖춘 기업을 많이 보유한 나라가 국가 힘의 원동력이며, 그 기업가 정신이 사회적 책임과 국민의 삶의 질에 부응할 수 있다. 그러므로 국제 경쟁력을 가진 기업을 많이 보유한 나라가 국제간에 응당한 위치에서 대접을 받을 수 있다.

2019년 11월 15일 조간신문에 민간인에 수여한 명예사단장 SM그룹 우오현 회장의 처신에 대한 기사를 읽고 실망하지 않을 수 없었다. 육군 30 기계화 보병사단에서 법에도 인정될 수 없는 사항들이 벌어졌었다. 국민으로부터 받는 세금 중 군 예산이 적의 침략에 대비하는 힘을 잠재시키는 것으로서 군의 규율은 엄격하게 유지되어야 한다. 기업으로부터 후원을 받았으면 사단장은 감사의 차원에서 다른 방법으로 그에 상응하는 예우를 할 수 있었을 것이다. 민간 기업인이 별 2개를 단 베레모를 쓰고 최정예 장병들이 동원된 연병장에서 경례를 받으며 국가 간 정상들이 받는 급에서 보는 것과 같이 의전과 사열을 받았다고 한다. 그 부대 화장실 보수공사와 병영 시설 개선 등의 후원에 대한 보답이라면 후원은 군위문의 차원에서 고마운 일이지만 기업인의 후원은 30사단, SM그룹 우 회장의 후원이 순수한 뜻으로 보기는 어렵다. 민간기업이 후원 좀 했다고 최정예부대 장병의 사열을 받았다는 것은 경영자의 선을 넘어 기업인의 과시에 불과하다고 여겨진다. 현 권력의 1위, 동생 서열 3위, 동생도 SM그룹에서 근무한다고 한다. 그리고 약 2년 사이에 재계 순위 46위에서 35위로 싱장한 것은 어려운 경영 상황에서 축하할 일이다. 그러나 SM그룹 우 회장의 보인 처신에서 여러 면을 볼 수 있게 되었다. 그 모습의 SM그룹은 정경분리 원칙에서 오해를 받기에는 충분하다. 이와 같이 신중하지 못한 처신은 타 기업경영자에게도 나쁜 인상을 줄 수 있다.

경영인은 기업경영에 집중하고 일에 전적으로 매진해도 국제 경쟁력 대응에 어려움이 많을 것이다. 국민은 현재 총체적으로 국방안보를 걱정하고 있다. 자유대한민국 국민이 보는 군의 조직상 사단장과 SM그룹 우 회장의 처신은 국가안보 측면에서도 신중했어야 했다.

《36차》 2020.3.9

이승만은 왜 미국을 신뢰하게 되었는가?

　이승만은 1919년 9월 11일부터 1925년 3월 23일까지 임시정부 대통령직으로 미국을 위시해 자유 강대국을 무대로 독립운동을 펼쳐 나갔다. 이승만은 해방 전 미국 선교사들이 박해를 받아가면서 어렵게 한반도 조선에 들어와 기독교를 선교하면서 선교사 뒤에는 기업가들이 따라와 통상을 바라며 상호이익을 위해 거래를 원하고 조선의 뒤떨어진 부분에 개방을 원한다는 사실을 알았다. 기독교인의 선교 활동에 의해 서양의 개방된 문화와 사회·경제·문화 부분에 그들의 대가 없는 도움으로 신의료기술·교육·문화의 혜택을 받으며 개방시대가 열리게 되었다. 따라서 당시 미국이 간접적으로 한국에 요구하는 것은 문호 개방과 통상을 요구하는 것을 보고 이승만은 깊은 고민을 하게 되었다. 그때부터 이승만은 선교와 통상 원리를 깨닫고 공생의 원리가 생성된다는 점을 알게 되어 통상 개방과 한반도의 미래 구도를 어떻게 해야 할지 설계하며 마음을 움직여 나갔음을 알 수 있다.

　나라의 발전을 위해서 외국인들과 교재를 잘해야 할 필요성과 국제간 순수 민간외교가 절실함을 알게 되며 만일 통상이 아니면 우리 같은 가난한 나라에 또 다른 강자가 우리를 넘볼 수 있다는 생각이 들어 미국의 통상정책과 민간 통상 활동은 한반도 평화에 진정한 도움이 될 것 이라는 것에 의심의 여지가 없다고 판단하게 된다. 즉 이승만은 미국이 영토의 야심이 없음을 확신하며 미국에 대한 신뢰와 믿음을 존중하게 되고 그가 미국 유학생활에서도 자유주의와 시장경제체제 미국의 통상정책을 공부하게 되며 미국의 민주주의와 경제정책에 심취하게 된다.

　작은 나라에 침략하여 주권을 빼앗고 토지를 차지하여 그 국민을 식민 노예화하는 나라에 비한다면 미국은 작은 나라의 영토를 점령하고 탐하지 않는 외교정책이라는 것을 확고하게 믿게 되었다. 또한 미국 통상정책과 같이 통상과 상업에 힘쓰는 나라들은 세상에 두루 편안하고 국가 간 무사하기를 바라며 작은 나라를 해치지 않고 약한 나라를 걱정하며, 평화적으로 살아가기를 원하는 나라가 미국임을 터득하게 된다.

　세계 각국에 기생하는 독재자를 물리치고 구제하는 평화주의의 생각을 가진 나라가 미국이라는 것을 알게 되며 미국이 창립되고 강대국으로 부상하면서 영토보다는 통상과 시장을 원하며 약해진 나라를 보호하고 우방으로 삼아 상호 간보다 많은 교역과 상품을 팔아 자국의 이익이 우선시하는 상호주의적 원리임을 인지하게 되었으며 자유를 스스로 지키기 위해 국방과 통상외교의 중요성에 무게를 두게 되었다.

이승만은 보다 미국을 믿고 좋은 나라로 인식한 이유는 미국은 식민지가 없이 작은 나라를 독립시켜 소통과 통상이 가능 한쪽으로 힘을 모으면서 작은 나라 영토에는 야심이 없는 그 진실이 미국을 좋아한 진정한 이유였다는 말을 남겼다. 그러한 근거로 미국은 2차대전 승전국으로서 영국 제국주의를 위시한 세계의 식민지 점령 국가들에게 해결하지 못한 식민통치를 풀어 주어야 한다고 외교적 압력을 가하면서 통상과 화합으로 독재자를 억압하고 자유를 심어주었다.

따라서 전쟁에서 패한 독일이 재기하지 못하도록 프랑스를 위시한 전쟁 피해 국가들이 과도한 전쟁 배상금 요구를 미국 경제학자 메이너스 케인즈는 "평화의 진정한 귀결"이라는 논단으로 과도한 피해 요구에 항의했으며, 비록 독일 나치와 일본 제국주의는 나쁘지만 미국은 세계 평화와 통상을 넓혀가는 차원에서 자유주의와 시장경제 파트너십 형식으로 실패한 두 나라를 도와 세계 7대 경제 선진국으로 부상하는데 미국이 아니라면 불가능했을 것이다.

이들 나라뿐만 아니라 우리나라도 상상할 수 없는 찌들린 가난과 6.25 남침으로 인해 완전 경제 파탄을 겪을 때 미국의 원조와 통상으로 오늘의 자유대한민국이 존재하게 되었음을 인정하지 않는 자는 좌익세력 외 한국 국민이라면 한 사람도 인정하지 않는 사람은 없을 것이다. 그러나 문민정부가 들어서면서 이승만 독립운동과 애국심과 공적의 흔적이 퇴색되기 시작했으며 그들의 정치 세력들에 의해 오늘날까지 대한민국 건국이념과 정체성이 손상되고 이승만 애국 진실이 외면당하는 수모를 겪고 있다. 그 후 오늘날까지 가짜 보수에 의해 이승만 건국 대통령의 애국심을 사실대로 재평가 받기는 점점 어려워져 간다.

언제까지 거짓의 편견에서 벗어날 수 있을지? 정치인들의 역사 인식이 무지하기 때문이다. 따라서 그들이 이승만의 정치철학을 언제 바로 인식할 수 있을까? 하는 것은 가짜 보수를 개혁하지 않으면 영원히 건국일 행사가 없는, 즉 생일 없는 국가가 될지 모른다.

따라서 국제사회에서 국가 위상과 격이 떨어져 부끄럽게 하고 있다. 건국절을 챙겨야 할 보수라는 거대 정당마저 역사 인식의 부재로 기대하기 어려우니 국민에게 직접 호소할 수밖에 없다. 보수의 가치는 건국 이념을 존중하고 법치와 공정 그리고 원칙과 강한 국가관이 확고하여 자유와 시장경제를 유지 발전시키는 정치가 보수가 지향해야 할 방향이고 생명이다.

보수는 인간관계를 부드럽게 하고 소중히 여기며 자기 힘으로 인정을 쏟고 대접하며 소외 계층에 봉사의 정신이 충만한 행동과 실천을 우선으로 한다. 또한 혁신적이며 결과에 책임을 다하는 정신세계가 보수의 가치이며 보수는 거짓말을 잘못하는 기본인격체로 행동하는 정신이다.

나라 곳간을 축내며 순간순간 인기 영합적인 포퓰리즘 정치와 근본이 다르다. 그간 25년의 세월에 걸쳐 가짜 보수가 보수라는 허울을 쓰고 집단에 슬슬 기어들어 와 좌파를 흉내 내면서 보수의 가치를 갉아 먹고 천사처럼 이웃집 아저씨같이 흉내 내는 위선의 이중성을 보였다. 그들은 민주화가 만사형통처럼 인식시켰다. 이제 거짓의 가면을 벗겨야 한다. 보수 애국시민은 가짜 보수에 더 이상 속으면 안 된다. 가짜 옷을 갈아입고 보수 행세를 하며 국회의원에 다선 당선되는 시대를 끝내야 한다.

광화문 이승만 광장 집회라도 없었으면 이승만이라는 존재와 자유대한민국 건국의 가치는 영원히 사라질 뻔했다. 마치 믿는 도끼에 발등을 찍히는 격이다. 믿어야 할 자칭 보수라는 자들이고 태극기와 성조기를 들고 흔들면 오히려 극우로 몰아세우는 위선으로 비추어지기도 한다. 그래서 응어리가 무쇠같이 무겁고 애간장이 타는 기분이다. 어쩐지 불안한 예감이 머리를 스친다.

남북이 서로 다른 이념의 체제 싸움이고 대결에서 위험한 현실을 국가 정체성과 가치를 오히려 거대보수를 지향하는 한나라 보수정당이 중도니 실용이니 언급을 하게 되니, 정체성에 혼돈을 일으키게 한다. 정치를 적당히 낭만주의적으로 하려는 가짜 보수를 철저히 검증하여 정치에 나서지 못하도록 할 필요가 있다. 그것이 국가 미래를 위한 우리의 몫이다. 따라서 시장경제원리에 따라 살기 위한 몸부림을 치는지도 모른다. 거짓에 속는 어리식은 국민은 권력에 노예가 될 수밖에 없으며 주어진 주권이 무의미해진다는 것을 자각해 나가야 한다. 정치인은 대한민국 근대사 공부를 다시 해야 한다. 모르면 겉은 멀쩡하나 사회 전반에 나쁜 영향을 끼치는 무리가 되기 때문이다.

《37차》 2020.4.4

1948년 제주 4·3 사건의 진상

1948년 4월 3일은 북한 공산당 지령과 남로당 박헌영의 사주를 받고 좌익 무장 폭도들이 제주도에서 일으킨 좌익난동 폭동사건이다. 남한 정부 수립과 건국을 위한 총선거를 반대하고 제주도 인민공화국을 세우기 위한 선포를 주동한 남로당이 저지른 제주지역 폭동이다.

무장 폭도들은 6년 6개월 기간 동안 제주도민의 학살·방화·곡식 탈취 등을 일삼은 제주 인민유격대를 창설하고 저지른 사건들이다. 인민유격대 제1대 사령관 김달삼, 제2대 사령관 이덕구, 제3대 사령관 정의봉이 주도하여 한라산을 근거지로 주로 밤에 마을에 내려와 제주 인민공화국 선포를 동조하게 독려하면서 이에 응하지 않는 지역을 다니면서 양민 학살, 방화 탈취를 저질렀다.

당시는 CCTV나 전기도 없어 밤이 되면 호롱불 하나로 살아가는 제주도가 암흑 상태라 주민의 증언 없이는 사실과 진실을 낱낱이 밝혀지는 데는 한계가 있었고 제주도민들은 인민유격대의 보복을 당할까 두려워 회피하는 분위기였다고 증언해 왔다. 폭도들은 제주 관공서 습격, 주민 학살, 살인, 방화, 강탈 등 만행을 저질러 인민공화국을 세우는데 동조하도록 주로 밤에 강제하였으며 선량한 제주도민들은 목숨을 부지하기 위해 본의 아니게 폭도들 뜻에 따를 수밖에 없었다는 것을 증언에서 기록돼 밝혀졌다.

제주도 치안 경비를 위해 상주한 국군 9연대는 폭도들에게 귀순을 권유했으나 폭도들이 서부하여 소방선을 선개해 나갔다. 제수도 4.3사건의 특징은 인민유격대 사령관 김달삼도 제주토박이 지역 사람이라 주변 학교 동문과 친인척을 이용하는데 지역민들은 공산주의 좌익 이념이 어떤 사상인지 잘 모르고 서로 협조하는 일이 생겨났으며 한라산이 광대하여 토벌에 지장이 많았다.

이들에 의해 살해가 발생하면 제주도민 보호를 위해 소탕전을 개시했는데 폭도들을 포위하는 과정에서 1946년 6월 18일 연대장 박진경 중령이 군 내부 공산당 프락치 문상길 중위로부터 암살당했다. 그해 11월 러시아 레닌의 성공적 공산혁명을 기리며 제주도에도 공산 인민 정부를 세울 계획을 하고 성공을 위해 재차 폭동을 일으켜 더욱 거센 방법으로 실행해 나갔다. 폭도들의 잔악성이 노골화되어 여수에 주둔하고 있는 우리 군 14연대를 제주 폭도 진압을 위한 출정 명령을 지시했으나 군 내부의 박헌영 공산당 프락치들이 명령을 거부하였고, 이에 동조한 군 내부의 반란 사건을 우리 군에 의해 12월에 소탕함으로써 지역 안정에 최선을 다하였다.

원래 제주도 태생 도민들은 온순하고 선량한 도민이었다. 순박한 제주도민들은 4·3 폭동 때 사상과 이념 그리고 좌우가 무슨 이념인지 가리지 못하는 상태에서 본의 아니게 폭도들로부터 무조건 협조와 복종을 강요당해야만 했고 낮에는 대한민국 백성으로 살아야만 했고 밤에는 폭도들에게 시달려 협조해야만 하는 이중고를 겪을 수밖에 없었다. 폭동과 진압의 소용돌이 속에서 다치고 죽어 갔으며 폭도들에 의해 무참히 짓밟혀 큰 상처를 입으면서 살아야 하는 제주도민의 처지였다.

또한 해방 전 중국, 러시아 연해주 등지에서 독립운동을 하던 일부 악질 공산주의자들이 수십 년 동안 중공, 러시아 연해 주등에서 근거지로 거주하면서 공산주의 사상과 이념을 배우고 익힌 자들이 제주도로 와서 제주 남로당 폭도들과 합세함으로써 선량한 제주도민의 희생이 더욱 컸으며, 또한 폭도들의 활동은 계속 거세지고 확대되었다. 남로당의 악질 프락치들은 밤이 되면 제주도민들을 괴롭히고 남로당에 가입을 강요하고 협조하지 않으면 살해, 약탈, 방화를 일삼았다.

따라서 제주 4.3 사건을 체험한 세대가 생존하고 있는 지금부터라도 진실이 전부 밝혀져야 하며, 대통령 추념사에서 언급한대로 누가 무고한 시민을 먼저 학살했는지 소상히 밝혀야 한다. 이승만 정부의 조치에 제주를 보호하기 위한 불가피한 진압 작전을 객관적 평가를 여·야를 떠나 국회가 나서 밝혀야 한다. 진실이 묻히기 전에 사실대로 증언과 진실을 바탕으로 역사에 기록되고 거짓에 또는 정치 이념에 휘둘려서는 안 된다. 그럼으로써 국민을 통합하고 갈등과 국론 분열을 해소하여 미래 국가 발전에 정치권이 솔선수범하여 나서주기를 바란다. 제주 사건의 진실은 신상준 박사(대구대 총장 역임)가 펴낸 제주 4·3사건 1_V (제주문화, 2010)과 제주산업정보대학에서 재직했던 고승문 교수가 펴낸 제주 사람들의 설움(산아출판사, 1991년), 붉은 대학살(104.120.121쪽) 증언을 토대로 한 책을 읽어보면 그나마 제주의 4·3시건 진실을 조금 알 수 있을 것이다.

노무현 정부는 희생된 제주도민의 영혼을 달래기 위해 제주도 4·3 평화공원을 건립하였으나 좌 편향적 이념의 역사관으로 오해는 계속되고 있다. 거짓으로 둔갑했다면 바로 잡아야 한다. 그간 정치권은 제주 폭동사건의 진실을 밝히는데 소홀한 점을 지적하지 않을 수 없다. 특히 보수 정치인 지식인들이 역사 바로 세우는데 동참하고 해결하려는 의지를 보여 주지 못한 것도 큰 잘못이다. 진정한 보수는 역사의 진실을 캐는데 적극 나서야 하고 그 행동이야말로 보수의 가치라 할 수 있다. 그러나 나태한 지역보수 정치인들 제주도민 보수 지도자들이 이제라도 정치권과 제주지사는 앞장서서 제주도 4·3 사건의 왜곡된 점을 바로 잡는데 강력히 나서야 한다.

 그리고 1948년 10월 19일 정부 수립 2개월 뒤 김지휘 중위. 지창수 상사와 공산주의 이념을 따르는 2,000여 명의 여수 14연대 군이 제주 4·3 폭동 진압 작전 출동 명령을 거부하고 경찰 타도를 외치며 군부대를 이탈하여 남로당 프락치와 연관된 여수 순천지역 좌익세력들과 합세하여 무고한 여수·순천 시민에게 인민재판을 자행하고 지역 주민들에게 자아 비판과 반성을 강요했다. 총을 소지하고 부대를 이탈한 무장 군인이 무자비하게 지역민을 살해했으며 인공해방 천하를 만든 사건이 여수·순천 14연대 군 반란 사건이다. 제주 4·3 폭동에 이어 군 반란으로 여수·순천지역에는 시민들의 희생이 많았으며 아무 영문도 모른 채 죽어야만 했다.

 여수 14연대에서 이탈한 남로당 프락치 김지휘 중위, 이창수 상사의 주도하에 무기고 총을 탈취하여 여수에서 순천을 거쳐 광주로 진격하면서 인공기를 흔들며 북상하여 죄 없는 여수·순천·광주시민을 살해하고 그들을 환영하지 않는 시민에게 무조건 죽이는 만행을 저질렀다. 폭도들이 광주에 접근할 때 우리 국군에 의해 차단되면서 소탕되고 일부는 지리산으로 도망갔다. 이와 같은 사실을 이승만 정부가 저지른 학살이라고 거짓으로 확대하는 것은 역사 왜곡과 국론 분열뿐이지 화합에는 아무런 도움이 되지 않는다.

 1945년 8월 15일 해방 후 중국 러시아 지역에서 공산주의 이념이 한반도에까지 연결되고 불어 닥친 혼란 속에서 이승만의 자유 대한민국 건국이 어떤 시련을 겪으면서 어떻게 건국이 실현되었는지 상상하고 진실을 통해 짐작할 수 있을 것이다. 정치인들은 제주 4·3 사건 진압 후 무관심하고 안일한 행동으로 일관하여 그로 인해 지금도 사회주의자들에게 거짓 사실을 만들어 내게 하는 빌미를 주고 있다.

 특히 보수 정치인들이 역사 공부에 소홀하고 보수라고 옷만 갈아입고 보수 행세하면서 좋은 게 좋다고 하는 침묵과 무의식 무관심에서 모두가 겪은 역사 인식으로 전파되었다. 정치인이 명확하지 못한 희미하고 무지한 역사의식이 연출되었다. 보수의 가치는 역사 줄기를 이어 바르게 유지할 의무와 책임이 있다. 이런 의식이 대한민국 보수의 가치이며 국가 구심점이다. 국가 핵심의 구심점을 세우지 않은 채 굴러 들어오는 돌을 따라 흉내내면서 유승민의 따스한 보수니, 이명박 전 대통령의 통치 철학인 중도 실용이니 하는 것부터 보수의 가치는 무너질 수밖에 없었다. 대한민국은 민주공화국이고 자유와 함께 주권에는 명확한 책임이 국민 모두에게 따른다. 자유와 법치를 바로 세우려는 정치가 아니라 우리가 지향해야 할 보수의 가치를 헛되이 갉아 먹었다. 원래 보수는 꼼수로 행동하는 정치가 아니다. 한반도 보수 탄생은 체계적이고 엄격하여 대중 인기 영합이 아니라 도덕을 우선하고 국민을 위한 책임정치가 바로 보수가 지향하는 정치다.

그간 몇 십년 동안 정치·사회·산업 1세대가 이룩한 업적을 팽개치고 보수의 장점인 정치 철학과 개성이 아니라 좌파를 흉내 내는 낭만적이고 진실이 없이 위선과 이중성에 흉내만 내었지 새로운 아이디어와 창조는 없고 저급한 좌파이념을 닮아간 개성 없는 보수정당이었다. 그간 보수라고 내세운 정당이 표퓰리즘에 처한 나라의 위기를 감지 못하고 낭만에 취해 중도실용을 앞세워 위기를 위기로 받아들이지 않았다. 그야말로 보수라는 정당이 낡은 사상에 물들어 좌파를 흉내 내는 정치로서 소 영웅 심이 무능의 극치였으며 자유주의 이념을 팽개친 무책임이 너무 길었다.

2020년 4월 3일 문재인 대통령이 제주 4·.3사건 추념식에서 제주에서 일어난 사실과 진실에 바탕을 둔 추념사가 아니라 연설 내용은 대한민국 대통령인지 아닌지 귀를 의심하지 않을 수 없었다. 당시 제주도는 공산주의 세력이 날뛰는 지역으로서 옛말에 '빈대 한 마리 잡으려다 초가산간 불 태웠다'는 말이 있듯이 도둑 한 사람을 잡기 위해 경찰관 10명이 동원되어도 도둑을 잡기 힘들다고 했다.

해방 후 1946년 당시 정보 소통이 불가능했으며 밤이면 호롱불에 의지했고 암흑에서는 폭도들의 세상이 되었다. 폭도를 진압하기 위한 과정에서 좌우를 가리기 힘들어 억울하게 희생된 분이 많았다고 증언하고 있다. 인민유격대를 소탕하기 위해 우리 국군은 어떤 희생을 감수하더라도 강경 진압하지 않으면 제주도민의 안전이 보장되기 힘들어 더 큰 희생을 당할 수 있어 이를 방지하기 위한 불가피한 진압이었음을 감안해야 하며 제주민의 아량이 따라야 한다. 그간 정치가 잘못한 것은 좌익 폭동에 의해 죄 없이 희생된 제주도민의 영혼에 또 그들의 가족들에게 이해시키고 마음을 달래 주지 못했다.

지역보수 정치인은 권위 의식만 앞세우고 제주도민의 아픔과 상처를 치유하는 데는 빵점이었다. 그리고 지역의 국회의원으로서 할일을 제대로 하지 않았다. 현 정보화시대에도 악질범 한 사람 잡는데 평균 5천만원의 비용이 소요된다고 한다. 대통령의 자리는 국력을 모아야 하는 막중한 책임 있는 자리다.

2020년 4월 3일 제주 4·3 평화공원에서 국민이 보는 앞에서 대통령의 4·3 사건 추념사 언급은 대다수 국민은 이해하기 힘들었을 것이다. 또한 국론을 분열시키는 발언으로 오해하기에 충분했다. 설사 그의 개인 정치 이념이 다르다 할지라도 우리나라 대통령이므로 갈등과 국력을 소모할 발언은 또 다른 갈등을 만들 소지가 있으므로 국민에 대한 최소의 도리를 지켜야 한다. 분명 4.3 사건 원인이 남로당의 무장봉기로 발생한 사실을 아무 언급 없이 이승만 정부에만 잘못으로 뒤집어씌우려는 뜻의 언급은 천부당만부당하며 마치 이승만 정부가 일부러 제주도민을 가해한 것처럼 의미가 담겨 있으니 말이다. 대통령의 요구대로 이제부터 제주 4·3사건 진상조사 특별법을 제정 진상조사는 국가권력이 관여해서는 안 된다. 여·야 합의에 의해 예산은 지원하되 당시 증언된 기록을 토대로 제주도민이 중심이 되어 생존자의 증언에 의해 낱낱이 밝혀져야 한다. 그리고 당시 폭도 진압에 참여한 생존 예비역 군인도 국가 미래를 위해 적극 증언에 나서야 한다.

   대통령의 언급한 대로 누가 제주도민을 먼저 학살, 방화, 그리고 무기고를 탈취하고 군, 경찰, 제주도민을 죽였는지 또한 4·3사건과 직접 연관된 여수·순천 군 반란 사건까지 낱낱이 밝혀야 한다. 그리고 제주 4·3평화공원에 가해자 위패가 희생자 위패로 둔갑했다면 이제라도 가려내야 한다. 우리의 미래는 역사 진실을 거짓으로 덮으려는 세력을 역사 앞에 응징해야 한다.

《41차》 2020.4.22

제주 4·3사건 김달삼, 이덕구의 무장력(제1·2대 인민 유격사령관)

   국가 존재와 우리의 삶은 과거를 알고 현재와 미래를 향해 가는 것. 41차를 연재하면서 대한민국의 현대사는 지나치게 왜곡되어 차마 읽기 거북할 정도로 편향되어 버렸다. 역사에 정치와 국민의 무관심도 무관치 않다. 우리가 10대 경제 대국이라 하더라도 자유의 정체성을 지키지 못하면 70년의 피와 땀의 결과물은 한순간에 붕괴될 수 있다. 1991년 12월 31일 레닌의 공산주의 선포 후 공산주의는 75년 만에 무너졌다. 우리의 현실은 자유민주주의 보존이냐 사회주의냐 이념 대결에서 피의 투쟁에 맞서 자유를 누리면서 우리가 원하는 자유주의 체제가 거저 지켜지는 것은 아니다.

제주 4·3사건 40차에 이어서 사건의 사실과 진실을 알아 가는데 보탬이 되고자 증언과 기록을 바탕으로 알리고자 합니다. 1948년 11월 2일 후 이덕구 인민 유격사령관은 한림 지역 작전을 수행하고 다시 150여 명을 무장하여 중문지서를 공격하였으며, 서귀포경찰서를 대낮에 무장으로 공격하여 집 72채를 불 지르고 우리 군 희생자를 발생시켰다. 서귀포경찰서 경찰 간부를 모조리 죽이는 사건이 일어났으며, 이 사건의 주범인 남로당원 폭동 반란자 색출 과정에서 우리 경찰과 남로당 간 내통한 경찰 11명, 도청, 법원, 읍사무소, 해양 등 제주 내의 좌익 75명을 검거했다. 이들을 1개월 동안 수사하는 과정에서 서귀포·제주 일원 주변 1,000여 명의 폭도 가담자를 검거하였다. 이덕구가 남로당 제주 인민사령관이 되면서 강의현 소위 등 80여 명의 남로당원과 75명의 좌익에 물든 좌익 경찰과 좌익 공무원 등이 제주도를 적화하려는 음모가 실패(10.31)로 돌아갔으며, 진압 과정에서 9연대 6중대 군인이 21명이나 사망하고 많은 국군이 부상당한 보고를 받고, 정부는 1948년 11월 17일 여수·순천 지구에 13호 계엄령을 선포한데 이어 대통령령 제31호 제주도 지구 계엄 선포를 하였다. 이덕구가 대한민국을 상대로 선전포고문 발표 이후 군경의 토벌대는 강경 진압으로 선회하여 인민유격대와 협조한 자들을 대대적으로 검거, 체포하여 투옥, 처형하였다.

　이러한 과정에서 제주 남원면 산록에서 인민유격대 700여 명이 야영 중인 우리 국군 150명을 공격하였는데 우리 국군의 과감한 반격으로 인민유격대원 160명이 희생되고 도망쳤다. 그 후 오름 전투에서 폭도들의 기습 공격에 의해 우리 국군 36명이 희생당하였으며, 폭도들을 진압하는 과정에서 순수 민간인들의 희생이 따를 수밖에 없었다(제주 4·3 사건의 실상, 4·3 사건 토벌 작전사, 2002, 149~150쪽). '이제야 말햄수다' 4·3 증언자료집 211쪽에는 이렇게 기록되어 있다. 남로당 지령과 이덕구의 계획에 의해 12개 읍면에 발송한 총파업 지령서에는 38선 이남 각지에서 연속적으로 봉기한 공산주의 10월 항쟁을 기념하고, 공산주의 10월 혁명을 찬양하는 뜻에 맞춰 제주도 총파업을 결의하여 제주 전 지역 166개 단체 41,211명이 파업에 참가했다. 우체국·전화국이 가담함으로써 제주도의 모든 행정이 마비되고 참가는 제주도청 군·읍·면사무소 등 23개 기관 515명, 제주 중·고등학교 92개교, 교직원·학생 3,999명, 북제주 92개교 35,861명, 제주우체국 8개소 121명, 은행 8개소 36명, 님진 출징소 15개 단체 542명이 파업에 참가했다.

　당시 조병옥(후 야당 대통령 후보) 경무부장이 담화문을 발표하고 사건을 조사하여 총파업을 선동한 500여 명을 체포하고, 199명을 기소하였다. 총파업 본부인 도청 산업국장, 인사과장, 회계과장 등 제주도청 간부 10여 명도 폭도에 관련되어 있었다(제주 신보, 1947. 4. 2). 건국 전 1947년 3·1 사건에 이어 1948년 4·3 폭동에 군과 경찰이 대응하는 과정에서 일어난 제주도민의 희생된 슬픈 사건이다. 1948년 2월 7일 남로당은 당원 30만 명을 동원하여 전국적으로 전쟁을 방불케 하는 폭동을 일으켰다. 폭동 내용은 "유엔 지원단을 반대, 남조선 단독정부 반대, 조선 통일 민주주의 정부 수립, 이승만·김성수·친일파 타도·노동임금 배로 올려라. 정권을 인민위원회로 넘겨라, 지주 토지를 몰수하여 농민에게 무상으로 나누어 줘라"였다

조선 인민 민주주의 만세를 부르면서 대한민국 수립에 앞서 총선거와 건국 준비를 방해한 4·3 사건이며 남로당 박헌영 총책의 지령에 의해 일어난(제주도 인민유격대 투쟁보고서 11.12쪽) 유격대 톱 부대 100명, 자위대 200명, 직속 특경대 20명, 합 320명으로 10인 1소대 2소대 1중대, 1대대로 인민유격대를 편성하고 무기 99식 27정, 권총 3정, 수류탄 25발, 연막탄 7발, 죽장을 준비 등 3월 20일 샛별 오름 공동묘지에서 핵심 67명과 대원 전원을 합숙 훈련을 실시하였다(이제 말함 슈다. 4·3 증언자료집 215~216쪽에서 운명의 날은 바로 1948년 4월 3일이다).

유격대와 내통한 협력자들과 공동 전략으로 반동으로 지목된 우파 집마다 찾아다니면서 총과 몽둥이 대창으로 기습하여 학살 방화 등 그 성과를 거두면서 제주 인민 민주주의 건설에 자신감을 얻었다고 판단하고 인민유격대는 자체 평가를 내렸다. 4월 3일 새벽 폭동이 시작되어 학교는 폐쇄되고 개교와 취학은 혁명이 승리하고 인민공화국이 수립된 후라고 제주민에게 선포하였다.

당시 인민유격대의 무기는 '한국전쟁사 437쪽'에 의하면, 일본군 철수 시 매몰한 무기를 수집 팔로군 출신이 유격전 훈련을 담당했다. 4·3 폭동에 동원된 무장 폭동 병력은 3,000여 명이나 되었다. 제주 폭동 사건의 괴수 김달삼은 제주 고향의 경찰, 학교 동문, 공무원 일가친척을 최대한 연계하여 국군 9연대 내 공산 두목 문상길 중위와 밀회하여 제주도 내 14개 경찰지시를 습격 무기를 탈취하고 경찰청의 제수경찰서를 습격하여 공산계열의 수중에 넣으려는 계획이었다. 14개 지서를 습격하고 총을 탈취해 애국인사를 보이는 대로 명단에 이름을 적어 찾아다니면서 모조리 죽이고 방화와 농산물, 가축 등을 약탈하였으며, 5·10 총선거를 지지하는 제주도민을 밤이면 찾아다니며 모조리 죽였다. 중문면사무소 습격, 성산면 투표소 방화, 제주읍사무소 폭파, 제주공항 총격전, 표선면·구좌면·조천면 투표소를 습격하여 투표 용지를 파손시켰다. 4·3 폭동 초기에 인민유격대 무장병력은 폭동이 아니라 국가 전복 내란 상태의 위험 수준이었다(제주도민 제주읍 도두 1구 주민 22명 증언, 4·3은 말한다. 93~95쪽).

《53차》 2020.6.10

중국 문화혁명 후 미국·중공 첫 외교와 한반도에 미친 영향

　모택동과 장개석 두 진영의 중국 내전에서 장개석을 대만 섬으로 밀어내고 공산주의 통일을 성립시켜 중화인민 사회주의 통일국가로 건국했다. 건국 후 공업발전을 위한 대약진운동 과정에서 중국 인민 생활을 파탄으로 몰고 가게 한 결과로 인민이 아사 상태에 빠지고 전반적으로 인민의 삶이 어려워졌다. 그는 대약진운동 추진 실책으로 많은 인민이 희생된 사실을 덮으려는 피해 망상증으로 문화혁명을 일으켜 겹친 실책으로 중공 인민 약 1억 명의 피해와 희생이 강요된 사건이다. 기록에 의하면, 구속 약 410만여 명, 자살 173만 6천여 명, 지식인 자살 약 21만 명, 억울한 사망자 약 2천만 명, 중공의 교회, 사찰, 도서관, 고가(高價)의 건축물 모두가 문화혁명 사건으로 훼손되었다.
　자신의 실책 사실을 인민의 눈을 가리고 덮으려는 대약진운동에 이어 인민을 이유 없는 죽음으로 몰아넣은 독재자 모택동의 문화혁명 전개는 피해 망상증이 낳은 중공의 대참사로 기록되어 중국 근대사를 얼룩지게 했다. 문화혁명 와중에 Life 기사에서 중국 모택동 주석이 1971년 4월 30일 미국과 중공과의 외교 문제를 해결하기 위해 미국 닉슨 대통령과 대화하기를 원한다고 했으며, 닉슨 대통령이 공식이던, 여행을 위한 것이던, 중국을 닉슨 대통령이 방문한다면 환영할 것이라는 기사가 "에드가 스노우" 대기자에 의해 보도되었다.
　1970년 11월 13일 유엔에서 미국 대표 필립스는 미국은 중화 인민공화국이 국제사회에서 역할과 인류 공헌에 참여하기를 기대한다고 첫 반응을 보였다. 1971년 2월 25일 닉슨 미국 대통령은 처음으로 중공을 '중국 인민공화국'이라고 호칭함으로써 우호적인 태도를 보였으며, 1971년 7월 15일 저녁 닉슨은 전국 TV 및 라디오를 통해 미국과 중공의 국교 정상화를 모색하기 위해 자신이 중국 총리 주은래의 초청으로 1972년 5월 전에 중국을 방문할 것이라고 발표했다. 이날 연설에서 중국의 초청은 1971년 7월 9일부터 11일까지 비밀리에 중공을 방문한 '헨리 키신저' 국가 안보 담당 특별보좌관과 주은래 총리와의 회담에서 이루어진 것이라고 밝혔다. 따라서 동시에 북경에서도 미국 닉슨 대통령의 중국방문 계획을 발표했다.

　키신저의 북경 밀행으로 길을 놓은 후 닉슨 대통령은 1972년 2월 21일 역사적인 중공 방문길에 올랐다. 닉슨의 중공 방문으로 얼어붙은 동토에 개방의 문을 두드리게 된 것은 닉슨의 과감한 외교적 모험이었다. 미국에서도 극비의 외교적 노력에 의해 양국 간 온건의 화해로 가는 분위기에 우려 반 기대 반이었으며 세계 각국을 놀라게 했다.

1972년 2월 23일 중국 "북경 영빈관" 만찬에서 닉슨과 주은래 대화에 코리아는 북이든 남이든 감정적이며 충동적인 행동이라 화해에 냉소적이며 국민성을 호전적으로 평가하는 대화였다고 했다. 주은래는 미국과 중국은 코리아의 남과 북의 충동성과 호전성으로 인해 미국과 중국에게 당혹하지 않도록 조치하는 것이 중요하며 한반도로 인해 우리 두 나라에 분쟁의 장이 되는 것은 어리석고 불합리한 일로 생각한다고 덧붙였다. 이와 같은 대화에서 "한반도는 북이 일으킨 1950년 6·25 전쟁으로 족합니다."라고 닉슨 대통령은 주은래 총리에게 말했다. 두 번 다시 전쟁이 일어나서는 안 된다는 닉슨의 말에 주은래 총리는 이에 공감하면서 남과 북이 서로 당사자 간 이끄는 것이 중요하며 평화적인 통일은 오랜 시간이 걸릴 것으로 생각한다고 주은래 총리 측이 말했다고 밝혔다. 닉슨과 주은래는 동족 간 치러진 호전성을 억제시키기 위해서 한반도 상호 견해의 이해와 합의는 현재까지 40년 이상 미·중간 한반도 관계 체제의 골간이며, 2002년 미국 국무부에서 비밀 해제로 공개된 내용이다.

1972년 미·중이 합의한 한반도 관리 체제는 2010년 후부터 사실상 유효하지 않으며 미·중이 남·북간에 대한 통제는 사라졌다. 미·중간 관리에서 벗어났으나 남한에 계속적인 북의 호전성으로 남한은 불안을 안고 살아가야 하는 처지였다. 이를 대비하는 조치로 박정희 전 대통령의 국방 경제 정책에서 18년 동안 자주국방 자립경제 정책이 북한의 호전적 행동을 방어할 수 있는 힘을 길러냈다. 자유대한민국 건국의 의미는 자유 체제로 북의 재 남침을 억제하고 내수 경제 건전성과 국가 재무 건전성 대외경제 교류 확대를 위해 경제 주체들의 지속적인 노력의 결과가 오늘에 이른다. 이와 같은 결과에 의해 국제사회에서 한국의 위상과 영향력이 확대되었으나, 북한은 왕도 체제 구축과 핵무기 개발에 주력했기 때문에 국제사회에 호전적이고 독재국가로 분류되고 있다.

1977년 등소평은 재복권되어 중국을 새로운 패러다임으로 세계 무대에 당당히 올려놓기 위하여 중공의 기본인 공산주의 통일과 사회주의 체제의 골격을 유지하고, 체제 유지를 단단히 구축하면서 인민의 생활 향상과 안전에 주력했다. 1989년 7월 1일 공산당 창당 62주년 기념일에 등소평은 인민에 호소하였다. 이제 중국은 새로운 정치 방향과 시장경제 개방에 따른 개방정책을 시행한다고 발표했다. 등소평은 경제 개방정책 확대와 더불어 기존의 모택동 정치적 이념 유지를 잘 받들어 시장개방과 시장경제 확대로 인민들의 경제활동을 마음껏 넓혀주고 삶의 질 향상을 위한 인민들의 선택은 필연적이며 개방을 통해 사회주의를 견지하면서, 자본주의 경제 전환을 시도한다고 역설했다.

전 인민이 등소평의 지도력을 따라 일사 분란하게 움직여 나갔다. 우리나라도 자유대한민국 건국이념의 골격을 준수하고 발전시켜야 할 후대들의 책임과 의무가 수반 되듯이 만약 모택동의 대약진운동과 문화혁명의 실책을 두고 공산주의 통일의 업적을 새로운 권력 등소평 시대가 열려 중공을 건국한 모택동의 중화인민사회주의 공화국 건국 업적을 무시했다면 중국은 또 다른 죽음의 피로 물드는 환란을 겪었을 것이다. 그러므로 현재 천안문 광장에 중국 미래를 위해 등소평 초상화 대신 모택동의 실책에도 불구하고 그 업적을 70% 인정하고 그의 과오를 30%로 전 인민에게 뜻을 상기시켜 정치 권력을 사용한 것이 아니라 중국 미래를 위해 큰 정치적 결단을 내리고 갈등을 해소해 나갔다.

그러나 우리는 건국의 대통령 이승만 업적을 제대로 평가하기보다 정치 오점을 부풀리고 들추어 거짓으로 확대시켜 왜곡 폄훼함으로써 대한민국에는 건국절이 없다. 건국절마저 정치적 해석으로 일부 세력들과 광복회의 그릇된 정치성으로 나라를 부끄럽게 하고 있다. 건국절도 없는 나라가 과연 나라인가? 부당한 이념이 아직도 존재한다니 한심하기 짝이 없다. 특히 미래 세대들이 건국절이 없는 나라에 자긍심을 가질 수 있을까? 이 문제에 여·야 정치인조차 관심이 없다. 원칙이 아닌 이념의 논리로 정치 분탕질은 계속되고 있다. 3·1 독립운동, 나라를 일제에 빼앗겨 중국에 망명하여 나라를 다시 찾아야겠다는 의지의 발산으로 남의 나라 땅에서 임시정부 창립을 건국으로 개입시켜 당치도 않는 논리에 개입시키는 허상은 과연 누구를 위한 정치인가? 이승만 건국 대통령의 업적에 대하여 진실과 사실을 덮으려 한다면 대한민국은 영원히 갈등은 해소될 수 없다. 국민의 감성이 두 갈래로 찢어져 거짓의 정치 논리에 함몰되어 더욱 불신만 키울 것이다.

당시 중국 개방정책을 성공하기 위해 미국의 힘이 절대적이라고 인정한 등소평은 미국을 첫 번째로 달려가고 선진 미국의 과학기술, 금융 등 미국의 자본주의와 시장경제 도입을 몸소 행동하였으며 그리고 두 나라 경제 공존을 얻어냈다. 즉 중국은 미국경제 협조가 없었다면 오늘날 중국의 경제발전은 있을 수 없을 것이며 쇄국으로 고립된 그 형태대로 후진국 수준에서 헤매고 있을 것이다.

등소평의 개혁 개방에 힘입어 주변 강대국 틈에 살아가는 숙명의 처지에 있는 한국은 노태우 전 대통령의 개혁적 북방 정책은 그의 강인한 정치적 의지에서 소신을 가지고 밀고 나갔다. 노태우 전 대통령은 우리 주변을 엄습하고 있는 안보 위협을 해소하기 위해 또한 남·북한 군사 위협을 축소시키기 위해 적극적인 북방 외교를 펼쳐 국방력을 유지하면서 한국경제를 한층 더 도약하는 계기를 만들어 교역 확대와 안보상 외적 위협을 해소하는데 성공했다. 그 결과, 1990년에 이어 소련과 중국 냉소의 두 나라와 외교 관계를 성사시키고 안보적 위협과 경제교류 증대는 획기적이었으며, 교역 확대의 성과를 만들어 간 시대였다. 김영삼 문민정부 때 IMF 경제 환란을 겪은 후 정권을 이은 김대중 정부는 대외 경제개방 정책을 추진하여 어려운 경제를 극복해 나갔다. 또한 소프트 정책을 추진하여 선진 기술개발정책에 힘을 쏟아 소프트 발전에 기여했다.

《54차》 2020.6.19

1946년 10월 1일 대구 좌익 폭동사건

해방 전부터 남한 지역 곳곳 지하에서 기생한 공산주의자들은 해방 후 제일 먼저 대구 폭동을 일으켜 선량한 대구 시민들을 무자비하게 학살했다. 이승만은 한반도에 공산주의는 "절대 안 돼", 박헌영의 제의를 단호히 거부하고 자유·종교·언론·출판의 자유가 보장된 국가 이념의 건국을 염두에 두었다. 당시의 시대 상황은 자유주의와 공산주의의 공존은 절대 불가능하다는 것을 이승만은 이미 알고 있었기 때문이다. 대한민국 자유 이념의 건국과 정통성을 일부지만 종교인, 언론인이 정의에 나서지 못한 이유는 무엇일까? 일부지만 그들의 생각이 타당한 이유가 될 수 있을까? 거짓과 모순을 멀리해야 함에도 왜 정의롭지 못할까? 필자는 근대사를 좌·우 이념의 여부를 떠나 역사의 진실과 사실 그대로 남겨야 한다는 뜻이다. 해방 후 한반도 통일을 위해 미·소·영 3국 외상 회의에서 미국은 즉시 한반도 통일을 주장했으나 소련은 한반도를 일정 기간 미·소가 신탁통치를 해야 한다는 싱빈된 주장에 의해 한반도 동일에 관해서 부기한 휴회되었다. 남한의 정치단체 그리고 전국 대학생연합인 고려대학생 이철승 의장(전 국회부의장)이 앞장서 신탁통치 반대에 전국대학생과 함께 참여했다. 이승만은 미국에서 귀국하여 자유주의 시장 경제 건설을 염두에 두고 3년의 기간 동안 좌익 집단과 싸우면서 어려운 시련을 극복하고 자유대한민국을 건국하였다.

건국 과정부터 시작된 좌·우의 이념 갈등과 건국 후 좌·우익의 이념 대결로 남한사회는 안정되지 못하고 불안했다. 1946년 10월 1일 좌익들의 대구 폭동을 일으킨 이유는 박헌영이 소련의 지령을 받아 신탁통치안을 찬성으로 선회하면서 남한사회 내 좌·우 간 피비

린내 나는 이념의 대립이 시작되었으며 남한사회는 대혼란에 빠졌다.

　1차적 혼란은 조선공산당 위조지폐 사건(조선 정판사 사건)이다. 위조지폐는 남한의 1년 총예산 24%(1,200억 환)를 위조 인쇄하여 그들 공산주의 재건 유지비로 시장에 유통시켰다. 박헌영(46세)은 위조지폐 사건으로 북으로 도주한 후 김일성을 만나 김일성(34세)을 북한 정권 최고 지도자로 추대하고 한반도 공산주의 통일정부 수립을 위해 소비에트화 조기 정착을 하기로 약속했으며 1947년 2월 북조선 인민위원회에서 1948년 2월 6일 북조선 민주주의 인민 공화국으로 새 헌법을 채택했다.

　1946년 5월 8일 남한의 신탁통치 반대를 미국은 수용했으나 소련의 신탁통치 안에 부딪혀 미·소간 한반도 통일에 관한 회의는 무기 휴회에 들어갔으며 그 틈을 타 좌익 정치 노선인 그들은 남한에 공산주의 정부 수립을 위해 사활을 건 정치 투쟁을 벌이고 남한에 숨어 기생하는 모든 사업장 내 공산주의 노동자들을 동원하여 파업 및 테러로 남한 사회에 혼란을 부추기기 시작했다. 그리고 동시에 반정부 활동을 전개해 나갔다. 사전 친밀한 계획 아래 극렬한 투쟁을 폭넓게 대구 시민에 혼란을 부추겨 나가게 된다. 이에 대응하기 위해 이승만은 1946년 5월 12일 대한 독립촉성국민회의를 열고 남한 단독정부 수립을 위한 운동을 시작하였으며 한반도 신탁통치 반대와 자유 독립을 정착하기 위해서였다.

따라서 소련의 지령을 받은 박헌영과 조선공산당은 신탁통치 찬성으로 선회함으로써 남한 내 이념이 두 갈래로 부딪혀 순조로운 한반도 정치적 협상통일은 불가능하다고 이승만은 판단하였다. 그는 1946년 6월 3일 정읍에서 남한 단독이라도 자유주의 이념의 단독정부를 수립해야 한다고 선언하였다. 이승만의 정치계산과 예상대로 북한에서는 이미 소련의 "로만넨코" 정치 부사령관에 의해 김일성 집단에게 공산주의 국가 수립계획이 조속히 뿌리 내리도록 소련제 신무기를 제공하면서부터 시작된 북한 동포의 개인재산을 몰수하기 시작하였으며 한반도를 소련의 위성국가 통일을 위한 야심이 김일성을 앞장세운 것이며 그 야심이 노골화되기 시작했다.

　그럼으로써 북의 동포들은 전 재산을 내버려 두고 38선을 넘어 무단 월경하는 소동이 벌어졌으며 남으로 월경하는 동포들이 늘어나기 시작했다. (현재 생존자들의 증언)남로당은 남한의 사회혼란을 틈타 1946년 6월 27일부터 7월 12일까지 북에 올라가 머문 박헌영은 김일성과 신 폭력 전술을 논의하고 다시 남으로 돌아와 9월 중순부터 경상북도 인민위원회 위원장 윤장혁과 폭력계획을 세우고 대구 전역에 파업을 주도하기로 음모를 꾸몄다. 9월에 총파업을 단행하기 위해 조선공산당 대구시당 위원장 손기명, 경상북도 위원장 윤장혁과 이하 간부들이 모여 파업을 위한 음모를 꾸몄다. 따라서 남조선 노동자 총파업 대구시 투쟁위원회에서 폭력단체를 조직하는 간판을 게시하고 먼저 공산당 산하에 속하는 노동자를 집합시키면서 대구시 위원회 선전부장 염필수는 연일 대구 시내로 돌아다니면서 북한 적기가를 부르며,
1. 노동자의 권익을 보호하라.
2. 식량을 더 배급하라.
3. 노동자의 임금을 인상하라 등 선전 구호를 외치며 각 지역 노동자들의 파업을 종용해 나갔다.
<참고> 비록 조선민주주의공화국. 234~235쪽 붉은 대학살. 50~52쪽

《61차》 2020.8.30

대구 10·1 폭동사건과 의과대학생 최무학 선동에
놀아난 대구 시민들

1946년 10·1 대구 폭동사건, 1948년 4·3 제주 폭동사건, 1948년 10·19 여수 14연대 군 반란 사건을 공부하지 않으면 자유대한민국 건국의 위대함을 이해하기 힘들다. 통합당 주호영 원내대표, 이명박 전 대통령 외 경북 지식인들은 시대적 변화에 유연성을 인지하면서 10·1 대구 폭동사건을 제대로 알고 인식할 필요가 있다. 따라서 국가 정통성과 이승만의 건국 이념을 제대로 이해할 필요도 있다. 중도니, 중도실용이니하여 국가 건국이념과 정통성을 흐지부지해서는 안 된다. 중도는 새 시대변화에 적극적이지 못하며 중심을 잡지 못하고 문제를 직시하지 못하여 여기저기 헤매고 기웃거리는 유형을 말한다. 즉 좋은 정책을 펴 여기저기 헤매는 중도를 스스로 따라오게 리드해야 한다. 대구와 경북은 어떤 어려움을 극복하고 발전해왔는지 역사와 그 과정을, 그리고 새 시대로! 유연성을 발휘해야 한다.

진보와 보수의 여부를 떠나 자유대한민국 구심점을 바로 세워야 한다. 60차에 이어 대구의대(현 경북대 의대) 대학생 대표 최무학은 1946년 봄 대구 의전 3학년생으로서 학생자치회의 실질적인 지도자였지만 표면에는 잘 나타나지 않은 은밀한 배후 지휘자였다(〈폭풍의 10월〉 283쪽). 그는 남로당 군사 책임자 이재복과도 교분을 맺었고 이재복의 처 공길주가 함께 구속되는 사건에서 그의 실체를 알게 되었다.

10·1 폭동에 모인 학생들과 좌파 인사들은 신재석 경위가 순간 대구시민 앞에서 갑자기 돌변하여 경찰복을 집어 던지고, 인민공화국 만세 3창을 외친 다음부터 폭력적으로 악화 된 사건이다. 이들은 이성옥 경찰서장에게 경찰이 무기를 해제하면 군중을 해산시키겠다고 해 오전 11시 30분경 폭도들의 말을 믿고 수하 경찰들에게 총기를 무기고에 넣어 두게 지시했다. 이에 따라 대학생 대표 몇 명이 경찰서 현관으로 나가 민주인사들의 설득으로 경찰이 백기를 들었다고 외치며 경찰이 총기를 무기고에 넣은 것을 확인했다고 했다. 그러고 나서 "여러분! 우리의 뜻대로 관철되었으니 이제 안심하고 해산하십시

오" 했다. 이 말에 군중은 해산하지 않고 병원에서 탈취한 시체를 군중 앞에 놓은 채 그들이 진짜로 무장 해제 했는지 직접 확인하겠다는 기세로 나가면서, 이어 좌익 정치범들을 석방하여야 한다는 조건과 또 다른 요구와 주장으로 맞섰다. 폭도들은 경찰서 안으로 들어와 유리창을 부수고 100여 명의 좌파 죄수들을 석방시키고, 이어 무기고에 있는 경찰 총기를 탈취하여 대구경찰서를 폭도들이 완전히 장악하는데 성공했다. 좌파들의 선동으로 군중들이 경찰서로 몰려오자 근무하던 겁먹은 경찰들은 경찰복을 집어 던진 후 사복을 갈아입고 필사적으로 도망가는 이도 많았다. 공산당원들은 공산주의 혐의자와 온갖 잡범들을 경찰서 유치장에서 풀어주고 무기고에 있는 소총, 대검을 탈취, 무장하고 대구 시가지로 몰려 나왔다. 그때 인민보안대장 나윤출은 시위대를 100명씩 조를 짜서 시내에 배치하였으며 평소 불만을 품었던 인사들을 찾아가 닥치는 대로 학살하였다.

　1946년 10월 1일 대구 폭동사건에서 총포가 사용된 것은 이때부터였다. 폭도들은 경찰과 우익 진영 지도자, 민족 진영 인사와 그들에 속한 가족들을 잔인하게 닥치는대로 학살하였다. 그로 인해 순식간에 대구는 공포에 휩싸이고 공산주의 세상으로 변했다. 따라서 대구 시내는 완전히 무법 천지로 변하여 시내는 암흑의 유령도시였다(박윤식 저, 《현 근대사》 56~60쪽 및 송효순 저, 《붉은 학살》(1977), 60~61쪽).

　대구 시내 파출소에 폭도들이 진입하여 무장한 수백 명의 극렬분자가 경찰에 총기를 난사하고, 그 중 살아남은 경찰에게는 즉석에서 사살했다. 그들이 죽인 경찰관의 시체를 파출소 앞에 걸어 두거나 시체에 못을 박아 전시하기도 했다. 이어서 폭도들은 북성로 2가 우석환 경위 집에 가서 두 딸과 부인을 몽둥이로 머리를 쳐 현장에서 죽였으며 이어 삼덕동 민순경의 집으로 수 백명의 폭도들이 몰려가 쇠 파이프로 세 자녀의 머리를 후려 쳐 피가 하늘로 뻗치게 해 죽였다. 대구 시내 파출소가 대부분 파괴되자 교외 대구지역 경찰서로 옮겨 달려가 주변 우익인사와 경찰관 집을 찾아 닥치는대로 학살하고 죽은 시세를 논과 밭에 그리고 야산에 버렸다.

　1946년 10월 3일 오후 3시 폭도에 습격당한 경찰서 관하 지서는 동촌지서 외 6개 지서, 달성경찰서 관하 현풍 지서 외 8개 지서가 파괴되었다. 폭도들은 우익인사와 경찰을 습격하여 죽여 그 시체를 마을 입구에 전시해 놓고 "보라, 반동"이라는 붉은 글씨를 써놓고 지나가는 사람에게 보게 했다. 10월 2일 오후 6시 경찰 단독으로 폭도들의 진압이 불가능 하자 주한 미 군사령관은 경북지구에 비상계엄령을 선포했다. 미군이 합법적으로 출동하여 경찰과 합동으로 난동을 진압하기 위해서였다. 그러나 조선공산당 소속 전평 각 산하의 노조, 인민위원회, 부녀동맹, 민청과 좌익에 물든 대학생들은 이미 미군의 비상계엄령을 교묘히 빠져나가 지방 산골에 은둔하고 재폭동 준비를 하였다.

　폭도들은 대구 시내에 있는 회사 소속 화물차 대구 시영버스 기타 개인 자동차 등을 탈취 분승하여 대구 외곽 지역으로 숨어 버렸는데 10월 3일 오전 9시 폭도들은 경북 성주에 도착하여 그 주변 지방 좌익분자 300여 명과 시급히 규합하여 관공서 습격과 우익 인사와 일반 공무원, 경찰과 그 가족 등을 학살하기 위해 지방에 은둔한 좌파들의 정보를 이용 리스트를 작성 작업에 들어갔다. 당시 정보가 전혀 없는 시골 지방민들에게 그들이 제일 먼저 선동 쇠뇌 시킨 것은 "지금 미군이 쳐들어와 대구 시민과 도민을 전부 죽인다."는 허위 사실을 유포시켰다. 무지몽매한 농민들은 공산당원들의 말을 그대로 믿고 자기 지역의 우익인사와 공무원, 경찰 가족의 신상을 좌익들에 흘려 학살당하게 하는 어처구니없는 일이 벌어지기도 했다.

　따라서 그들의 공갈에 순응하여 죄 없는 우익인사 그리고 경찰 및 경찰 가족 학살에 본의 아니게 동조하여 이용당한 것에 후회했다. 공산주의 사상은 본래 거짓 선동으로 착한 마음을 속여 평등한 세상을 만들어 모두가 잘살게 한다는 취지로 현혹하여 거짓 희생을 강요하고 이용한다. 공산주의에 한번 물 들으면 빠져나올 수 없고 그 사상과 이념에 일치하지 않으면 부모 형제도 희생시킨다. 그래서 '피의 숙청'이라 하고 결국 자기 인생은 망가질 수밖에 없다.

《73차》 2021.2.7

제주를 붉게 만든 인민유격대 사령관 김달삼, 그는 제주인이며 제주를 파괴한 공산주의자

 제주는 1946년 제주 태생인 제주 인민유격대 초대 사령관 김달삼에 의해 조선공산당 조직이 확대되고 한라산에 숨어 주로 밤이면 마을에 내려와 남로당에 가입을 강요하고 요구에 응하지 않으면 주민을 학살, 방화, 농축산물 재산 탈취를 한 김달삼은 유격대 제1대 사령관이다.

김달삼 인민유격대 사령관은 남제주군 대정읍 영락리에서 태어났으며 본명은 '이승진'인데 해방 후 일본에서 귀국하여 대정중학교에서 교편을 잡았다.

김달삼 장인은 강문석(남로당 중앙위원)이며 그는 장인의 영향을 받아 공산주의자가 되었다.

그래서 처가 집안도 내력을 확인할 필요가 있다.

김달삼은 폭도를 배치하여 우파인사와 그 가족, 관공서, 교회당, 사찰 등을 습격, 방화, 파괴, 가족들까지 잔인하게 살해하고 인민유격대 합법임을 요구했다.

 김달심은 "제주도민 여러분! .

북조선 인민군이 38선을 넘어 남으로 진군하고 있다.

'한 달 후 인민 해방군이 경찰 인민군이 되어 토지도 공평하게 나누어 공평한 세상, 평등한 세상이 곧 올 것이다'라고 했다.

제주도민들은 '남로당의 말을 잘 듣고 성금도 갖다 주고 소, 말, 닭, 돼지를 잡아서 유격대 부식으로 쓰라고 해야 한다'고 말했으며 5·10 선거 지지자들을 밤에 찾아다니면서 잔인하게 어린아이까지 모조리 학살, 방화, 재산을 갈취하였다.

제주도 인민유격대 투쟁보고서는 1946년 3월 15일 ~ 1948년 7월 24일까지 제주도 인민유격대 활동 기록인 남로당 극비문서에서 밝혀졌다.
당시 제주 검찰청에서 근무한 문창송(당시 제주서 지서 주임)이 쓴 <한라산은 알고 있다>에서 소상히 알 수 있다.

건국 준비위원회의 실체

1945. 8. 15 해방에 이어 20일 건국 준비위원회(건준)가 조직되었지만 그때는 좌우를 구분하지 않았다.
1945년 10월 6일 건준이 제주 조선인민공화국을 수립하였고, 1945년 9월 28일 미 군정이 제주에 상륙한 날부터 사사건건 건준과 미 군정이 충돌하였다.

건준 활동 과정에서 1945년 10월 9일 좌파 인사 중심으로 제주극장에서 건준을 개편하고 세포 조직으로 공무원, 유관단체, 일반 직장인들을 규합 공산주의 사상주입과 5~10명씩 조를 짜 마을 단위까지 조직하여 범위를 확대하였다.

최초 김정로라는 자의 주도하에 1945년 12월 9일 조선공산당(제주 인민위원회)을 창립하여 위원장에 안세훈이 선출되었다. 따라서 우파 인사들도 공산조직 확대를 우려하고 대책을 세우기 위해 모임을 제주향교에서 우파들로 구성한 사람들이 공산주의로부터 제주를 지키는 데 의견 일치를 보았다.

그 당시 좌파 지도자급 인사로 알려진 안세훈(조천), 조몽구(성읍), 오대진(대정), 이도백(대정) 등 외 7명이 제주읍을 중심으로 좌파 동지들을 규합하여 제주도민 6만여 명이 노동당 가입에 강요당하고 선전 선동에 의해 남로당에 가입하게 되었다.
또한 제주 청소년 학생들마저 공산주의에 심취 호응이 높아 제주도는 이들에 의해 좌파 활동이 확대되고 그들이 우파인사 경찰 가족을 잔인하게 학살하기도 했다.

좌파 선동에 물 들은 청년 학생들은 기존 질서를 무시하고 평등 사회를 요구하고 평등을 앞세워 질서를 파괴했으며, 12월에 청년층의 좌파 정치단체가 만들어져 우파 기능이 완전 마비될 정도였다.
즉 김달삼이가 피의 혁명 레닌의 사상 선동으로 제주를 공포로 만들었다.

1946년 11월 23일 남조선 노동당(남로당)이 창립되고 조선공산당 제주위원회가 '남로당 제주위원회'로 명칭이 바뀌었다.

 남로당 제주위원회가 주도한 인물은 안세훈(조천) 외 각 지역 조천, 세화, 성산, 성읍, 대정, 대포, 하귀, 제주읍, 화묵, 서귀포 등 지역 조직 책임자를 두고 세포화하여 공산주의 사상을 주입 시켰다(4·3 진상 23, 25쪽. 양조훈 외 제민일보 4.·취재반. 4·3은 말한다. 도서출판 전 예원, 1994, 198쪽).

 이들은 인민위원회로 또는 1947년 2월 23일 결성된 제주도 조선 인민 민주주의 민족전선(약칭 '민전') 이름으로 제주도민을 공산주의 사상으로 세뇌시켰다.

 1945년 9월 6일 제주 조선인민공화국을 수립 후 1947년 1월 12일 민청이 6월 6일 민족통일 애국 청년회(약칭 '민애청')로 명칭이 바뀌었다.
 그들은 마을마다 밤에 찾아다니면서 민 애청에 가입하지 않으면 사람 취급을 받지 못할 정도로 공산주의에 물들어 공산주의가 어떤 사상인지 잘 모르고 마을마다 거의 대부분이 남로당에 가입하였다.
제주는 제주도민끼리 좌파들이 이간질하여 서로 죽고 죽이는 4·3사건을 김달삼이가 주도해나갔다.
헌병대, 군, 정보공무원, 경찰 외는 인민위원회 세상이 되어 버렸다.

인민위원회가 장악한 제주

당시 서귀포 신례리에서 거주한 박경찬 할머니는 남로당 가입을 강요했는데 인민위원회가 사람을 모아놓고 사람을 총으로 학살하는 것을 보고 가입 안 하면 나도 죽겠구나 겁먹고 가입을 했다고 증언했다.

좌파 세력에 눌려 우파는 파산지경이었고, 당시 좌파 선동 세력에 비해 민족주의 우파는 아주 미약했다.

그들은 친일파 타도 명분을 세워 선동에 맞서 반공을 내세운 정치적 역량이 극히 미약한 상태였다.

당시 우파의 단체로는 1946년 3월에 발족 된 대한독립 촉성연맹 제주도 위원장 김충희와 1947년에 결성된 광복청년회 제주도지부 김인선 위원장, 두 단체는 1947년 10월에 대동청년단장(약칭 '대청') 김인선과 통합하여 조선 민족청년단(약칭 '족청') 제주지부와 대한독립 촉성 국민대회 제주지부장 박우상, 한독당, 제주도당위원장 등이 제주를 지키기 위한 활동을 이어갔다.

1947년 3·1 발포 사건 후 좌파 진영이 검거를 피해 지하로 숨어 버리자 1947년 11월 서북청년회(약칭 '서청') 장동춘 위원장, 12월 조선민족청년단 백찬석 단장 등이 우파를 대표하는 단체들은 내 고향 제주 지키기와 소통을 강화하는 데 의견이 일치했다.

대한민국 갈등은 어디에 있는가?

1. 일제 36년 억압에서 국민 80% 이상 문맹이라 건국준비 과정에서 신생 정부조직을 갖추는데 인재가 부족하여 행정부, 군, 경찰, 교육 등 특히 일본 유학과 일본 취하에서 행정, 경제, 기술, 군사훈련 및 미국을 위시한 선진사회 교육을 받은 사람을 정부조직에 등용하게 된 것은 사실이다. 그러나 이승만은 한 번도 일본과 정치 흥정은 하지 않았다.

한반도 해양 주권을 강력히 주장하고 해상을 통해 침략 야욕을 저지하기 위해 평화선을 설정하여, 울릉도, 독도, 제주도, 다도, 백령도 등 3면의 해양 주권을 강화하였다.

이순신 장군은 '바다를 잃으면 조선을 잃는다'고 했다.

2. 일제에 대한제국이 망한 것은 당시 족벌정치, 가신정치, 세도정치로 부패하여 자살골을 스스로 먹은 정치였다.

일제에 나라를 빼앗긴 것은 국민이 아니고 무능한 정치다.

3. 해방 후 민주주의냐, 공산주의냐, 국난에 처했을 때 김일성의 반대에 부딪쳐 불가능한 남북합작 통일만 고집하고 자유대한민국 건국에 협조하지 않은 독립운동지도자 김구를 역사적 관점에서 어떻게 평가해야 하는가? .
불가능을 고집한 정치 고집으로 건국을 반대했다.

4. 광복회가 73년 동안 대한민국 건국과 정통성에 소극적이고 건국절 지정에 미온적인 이유가 무엇일까?
광복회는 국민의 자존심을 상징하는 단체지만 초기 회원은 중국, 러시아 등에서 거주하면서 공산주의를 배우고 민주주의 이해는 부족했다.

5. 이승만은 대한민국 건국을 결행하고 자유주의와 시장경제 토대를 뿌리내리게 한 지도자였으나 자신의 정치 오점인 3·15 부정선거에 책임지고 스스로 대통령직에서 하야하여 국민, 학생들에게 사과하고 망명하였다.

6. 광복회가 국가 건국절, 정통성에 토를 단다면 광복회가 추구하는 이념이 무엇인지 국민께 밝혀야 한다.

《82차》 2021.4.6

여수 14연대 군 반란사건(1948.10.19)

해방 후 1946년부터 일어난 대구 10월 1일 좌익 폭동사건, 1948년 4월 3일 제주 좌익 폭동사건, 1948년 10월 19일 여수 순천 군 반란 사건 등 수많은 사건이 있지만, 건국 전 위 세 사건을 공부하지 않으면 자유대한민국 건국과 이승만 건국 대통령을 이해할 수 없다. 당시는 좌.우가 무슨 뜻인지 잘 모르는 상태에서 좌익들의 평등과 부자 재산 빼앗아 골고루 나누어 주는 나라를 만든다는 현혹에 빠져 성인 인구 85%가 좌익사상이었다고 한다. 이승만은 단호히 이 땅에 공산주의는 절대 안 돼!! 그는 자유 반공주의 지도자였다. 역사 왜곡, 정체성 혼란, 국가 정통성 부정, 나라 없는 개인은 존재할 수 없다. 역사 없는 나라도 존재할 수 없다. 따라서 필자는 자유대한민국 건국 정통성·정체성이 자유의 힘이라고 생각한다.

한반도는 세계열강 각축 속에 일제 수탈과 해방 후 좌우 이념 대결의 혼란 속에 1950년 6·25 남침 등 자유대한민국은 한 치 앞을 내다볼 수 없는 시대를 경험하면서 이 나라가 유지되어왔다. 그러므로 새로운 시대적 정진을 위해 정확한 역사 인식 아래 미래로 가야 한다. 한반도는 정치적·사회적·문화적 변천 과정을 겪으면서 다져 진 나라다.

역사 망각은 스스로 포로가 되고 노예를 자청하는 것

이스라엘은 서기 73년 로마제국에 멸망했다. 로마제국은 영원히 지구상에서 사라졌지만 이스라엘은 살아남았다. 이스라엘은 아랍제국에 둘러 쌓여 위협을 받고 있으나 국민 스스로 나라를 재건하고 건재하게 유지하고 있다. 서기 73년에 이스라엘이 붕괴되고 1948년 스스로의 힘으로 독립하여 1969년 아랍제국과 6일 전쟁에서 이스라엘 250만 명이 아랍제국 2억 명과 싸워 승리했다. 나치의 유대인 멸종 계획에 따라 600백 만 명이 가스실에서 총살당하고 고문에 죽었다. 유대인은 7세기부터 혹독한 박해에서 19세기 들어 박해는 사라졌다. 이스라엘 야드바쉠 홀로코스트 박물관 2층에 "망각은 포로 상태로 이어지나 기억은 구원의 비밀이다(Forgetfulness leads to exile, while remembranse is the secret of redemption)" 라고 동판에 새겨져 있다. 건국 전 위 세 사건 6·25 남침을 겪고도 과거 시련을 망각하는 것은 자유와 조국에 관심 없는 저질적인 삶이다. 다만 우리가 주장하는 것은 자유민주주의와 시장경제를 토대로 통일을 원하는 것일 뿐이다. 36년간 조상들의 일제 수탈을 당한 설움과 6·25 침략을 망각하면 북한의 핵 공포 속에 영원히 북한 김정은의 공산주의 치하에서 질풍을 당하고 억압받는 노예가 될 것이다.

군 내부의 간첩 여수 순천 군 반란 사건

1948년 남한 단독선거를 반대하는 폭동이 제주에서 좌우 극한 대립으로 일어나 정부는 군 경비대와 경찰을 투입하여 폭도의 만행을 진압하려 했으나 남한 곳곳에 뿌리 내려진 공산주의 세력이 자기 정체성을 숨기고 군과 경찰에 입대하여 군 내부 질서 혼란을 야기시키고 명령 이탈 등 명령체계에 어려움을 겪었다. 제주 4.3 사건이 증폭된 원인은 박헌영 남로당 지령에 따라 1948년 5월 10일 선거 방해 공작 음모로 좌익 폭동이 일어나 여수에 주둔한 14연대를 폭동 진압을 위해 제주 출정 명령을 하였으나 14연대 군 내부 남로당 프락치에 의해 명령 불복종과 군부대 이탈이 저질러져 어려움을 겪었다. 제주 9연대 김익열 연대장에 이어 박진경 중령이 폭동 진압을 위해 제주 9연대장에 취임했다. 취임 후 박진경 연대장은 남로당 박헌영 프락치에 의해 그의 부하로부터 암살당했다(박윤식 저, 여수 군 반란사건).

-육군본부 폭동 진압명령서 우체국 직원이 갈취-

육군본부는 제주 9연대 만으로 폭도 진압이 어렵겠다고 판단되어 제주 안정을 위해 여수에 주둔하고 있는 14연대를 제주 좌익 폭동진압 작전을 수행하도록 하는 출동명령서를 우편으로 보냈으나, 여수우체국에 근무하는 남로당 간 자가 우편물을 중도 갈취 작전 수행 내용을 남로당에 먼저 전달했다. 여수 14연대장 박승춘 중령 보다 먼저 남로당 군사부장 이재복에게 전해졌다. 이재복은 은밀히 출동 명령 거부와 반란 지령을 내리고 14연대 인사계 이창수 상사와 김지회 중위, 홍순석 중위 등 남로당 프락치들을 중심으로 40명의 남로당원들이 주축이 되어 제주도 출동을 거부하고 선상 반란을 일으켰다. 폭도들은 14연대 무기고에 보관된 무기를 탈취하여, 동으로 순천, 하동 서쪽으로 벌교, 보성, 북쪽으로 구례 일대를 휩쓸고 시내 관공서마다 인민공화국 포스터를 부치고 붉은 인공기를 깃대에 올려, 지역 좌파들과 합세하여 인공기를 휘날렸다. 이들 폭도들은 우익단체 지도자, 공무원,

경찰 가족, 일반인까지 닥치는 대로 10일 동안 총질과 살해 난동을 부렸다. 완장을 차고 남녀노소 불문하고 잔인무도하게 악행을 저질렀다. 그뿐만 아니라 남로당은 전군 내부에 위장하여 군에 입대하여 여수 14연대 반란·전남 광주 4연대 반란·대구 6연대 반란·마산 15연대 반란 등 군 곳곳에서 남로당원들이 주도하여 군 반란을 연쇄적으로 일으켰다. 자유대한민국 건국 2개월 만에 나라가 전복될 위기에 직면하였다. 이와 같이 좌.우 이념 대결의 어려움을 극복하면서 이승만 정부는 폭도들을 토벌하고 위대한 자유대한민국 건국을 탄생시켰다. 이어 여수 순천 군 반란 사건을 소상히 연재합니다.

♡ 청년들에게 당부하는 글

역사를 올바르게 깨우쳐야 국가관이 바로 서고 사회관이 올바르다. 우리 역사를 잘 익힌 사람은 직장에서도 성실 근면하여 사회로부터 윗사람의 믿음을 얻는다. 국가관 사회성이 부족한 사람은 사회와 직장에서도 신뢰를 얻지 못한다. 이것이 세상의 이치이다.

81차. 82차에 이어 86차에서 여수 순천 군 반란 사건을 알아봅니다. 1948년 10월 19일 여수 순천 군 반란 사건은 남로당 중앙당 지령을 받은 14연대 내 위장 입대한 좌익이 일으킨 반란 사건이다. 여수지역 남로당 소속 23명이 1948년 10월 19일 20시경 여수 14연대 앞 식품점 앞에서 군 반란이 성공하기를 기다리고 있었다. 21시경 14연대 군 반란이 성공했다는 연락을 받자 이들은 인민공화국 만세를 부르고 부대 안으로 밀고 들어가 반란군과 함께 무기고를 탈취하여 여수시로 이탈, 죄 없는 여수시민 1,200명을 닥치는대로 총살하고, 순천 방향으로 이동하여 순천시민 1,134명이 반란군의 총에 맞아 사망했다(광복 30년 2여순 반란 편, 56, 57, 86쪽).

당시 반란 사실을 지역의 고정 좌익들이 왜곡하여 선동했으며 또한 전국 곳곳에 기생한 좌익들이 반란 진압과정을 왜곡 선전, 선동하여 왔다. 즉 거짓을 진실처럼 둔갑시켜 왜곡하여 사상적 혼란을 일으켰다. 한반도는 해방과 동시 김일성 묵인 하에 소련 군정이 38선까지 탱크를 몰고 무단 침공하였는데 미국이 침공을 막고 저지함으로서 38선에서 침공이 중지되었다. 그 후 김일성은 박헌영의 지령대로 움직이는 남로당을 이용하여 적화통일을 꿈꾸기 시작했다. 그 목적을 위해 대한민국에 테러를 수없이 가해 왔다. 김일성과 남로당 박헌영이 남한 적화통일 음모에 남한 사회는 큰 혼란과 사상적 혼돈에 빠졌다. 여수 주둔 14연대 군 반란은 제주 4·3 폭동과 맞물려 일어난 사상 초유의 유혈 폭동사건이다. 제주 4·3 폭동 진압을 위해 출동 준비 중이던 시간에 14연대 지창 수상사와 전차포 중대장 김지회 중위, 순천파견 선임중대장 홍순석 중위가 주도가 되어 남로당 40여 명이 모의해 일으킨 군 이탈 반란 사건이다. 이 사건을 위해 남로당원이 인민유격대를 조직하고 국군 1개 연대가 반란군으로 돌변하여 일으킨 대대적인 군 폭동사건이다. 군 반란이 성격상 국가 전복을 초래할 수 있는 전쟁과 동격인 큰 사건이었다.

남로당의 국방경비대 침투 공작

남로당 총책 박헌영은 국방경비대가 해방 초기부터 점차 군의 면모를 갖추어 나가자 군에 남로당원 침투 공작을 세워나갔다. 1948년 5·10 총선거 과정에서 좌익들의 모병 피검사자를 서둘러 입대하도록 지령하였다. 그는 국방경비대 신병을 모집할 때, 미 군정의 모집 방침이 신상 조사나 사상 점검을 하지 않고 신체검사와 구두 면접만으로 모집한다는 것을 알고 경찰들의 수배를 피해 입대할 수 있었기 때문이다. 남로당의 군 입대 침투 공작은 장교와 사병을 구분하여 침투 방법을 지령하여 여수 14연대뿐 아니라 전군에 입대 침투하도록 지령하였다. 장교 입대는 남로당 중앙군사부가 관리하고 하사관과 사병은 남로당 각 지방도당에서 관리하는 이원적 체제로 운영하였다. 장교는 근무 이동이 심하고 사병은 각 도가 모병 단위에서 부대 이동 근무가 별로 없었기 때문에 사병을 되도록 많이 입대하도록 종용했다.

남로당의 장교 군 침투 공작 방법은 다음과 같다.
 1. 개인 실력으로 입교
 2. 징부·군·정계의 유력한 인사를 포섭하여 추천받아 입교하는
 3. 남로당 수뇌부가 군 조직에 추천하여 입교
 4. 사관학교 직원이나 교관을 포섭 당 세포를 이용하거나 직원을 매수하여 입교
 5. 기성 장교의 신원과 인적 사항을 조사하여 접근 또는 좌익 가능성 성분을 조사하여 포섭
 6. 장교들의 대인관계를 이용하여 포섭하는 방법 등 위장 입대를 하였다.

여수 14연대뿐 아니라 전군 내부는 좌익들의 세상이었다. 남로당 사병 입대 공작은 부락에서 당성이 강하고 성분이 좋은 자를 적극적으로 추천하여 입대를 넓혀 나갔다. 14연대는 밤마다 공개적으로 이들 좌익 주축으로 공산주의 사상을 교육할 정도였다. 당시 사상

적 불순분자들이 여수 14연대 공작뿐만 아니라 전군에 남로당 당원이 신분을 속이고 입대한 좌익들은 명령 거부 이탈 등 군 기강 해이로 군 존속 위기에 처해 군의 명령 체계가 허물어졌다.

이승만 건국 대통령은 "이 땅에 공산주의는 절대 안돼" 라는 그의 강한 반공신념과 미래 국가를 연계한 통찰력이 없었다면 85%의 공산주의에 빠지게 된 국민을 안고 자유 대한민국 건국 추진은 절대 불가능했을 것이다. 당시 북의 김일성은 인민의 개인 재산을 몰수 착취하고 폭력 억압 독재의 모순을 저질렀다. 공산주의 폭력적 억압과 독재 그리고 정치 모순을 저지하고 방어할 인물은 한반도 전체에서 이승만 같은 혜안을 지닌 지도자는 없었다. 반대로 건국에 참여하지 않았거나 건국을 반대한 세력들은 이승만 같은 인물이 없었다면 쉽게 북의 김일성 수령 동지를 지도자로 모실 수 있었을 텐데 좋은 기회를 놓쳤다고 원망하는 것과 동일하다. 이들이 자유대한민국 건국의 이념과 정통성을 부정하고 광복의 기쁨을 외치는 것도 당연하지만, 75년 동안 건국 이념과 정체성을 왜곡 건국절 국가행사를 치르지 못하고, 이 문제에 침묵하는 것에 지식인들의 반성이 뒤따라야 한다.
사실상 자유대한민국 위상과 자유의 가치를 져버린 것이다. 그럼에도 불구하고 우리 사회에서 지식인이 건국절 행사의 절실 함에 침묵하고 있다. 지금까지 이승만 정치를 연구한 애국자는 어떤 방향으로 연구했는가? 국가 건국절 지정 없는 외침은 아무 의미가 없다. 국가 정체성 이완으로 위계 질서가 무너지는데 대한민국 국회의원들은 왜 건국절 기념에 무관심할까? 앞으로 국가관이 부족하고 한국 근대사 공부가 부족한 정치인은 국가 미래를 위해 국회 진출을 막아야 한다.

창피한 한국 사교육 나라 사랑 무관심

한국 갤럽조사에서 6·25 전쟁이 언제 일어났는지 13~19세까지 청소년 대상으로 설문조사 결과, 62.9%가 '잘 모른다'고 답했으며, 20대는 58.2%가 '잘 모른다'고 답했다. 응답하는 학생은 37.1%에 불과하다는 결과가 나왔다(조선일보, 2010. 3. 26). 초·중·고등학생의 40%가 '3·1절이 무엇을 기념하는 날인지 잘 모른다'고 나타났다(경향신문, 2010. 3. 1. 박윤식 저 여수 순천 군 반란사건). 우리 사회 전반에 좌경화되어 가는 심각한 현실에 무관심한 우리 사회 분위기에 다소 충격을 받았다. 우리 사회에 스며든 좌파 사상의 어둠을 걷어낼 방법이 없을까? 4천 년 동안 외세에 당해 온 우리 민족이다. 국가관의 힘을 한곳으로 뭉칠 방법은 없을까? 김정은은 조부, 아버지 유언에 따라 순리의 남북통일은 기대하기 어렵다. 우리 경제 우리가 지킨 민주주의를 스스로 지키지 못하면 자유대한민국은 북의 핵무기 위협을 감당하기 어려울 것이다.

《87차》 2021.5.2

KBS 제주총국 다큐로 다룬 남로당 프락치 문상길 중위는 어떤 사람인가?

 제주 4·3 무장 반란 주역 문상길에 대하여 제주 4·3사건 재정립 시민연대 반발 성명에 대하여 설명이 필요할 것 같다. 따라서 제주 9연대 문상길 중위의 남로당 프락치 활동을 소상히 국민들에게 설명을 드리고자 한다. KBS 제주총국이 왜 남로당 프락치 폭동 반역성을 은폐, 미화하는 특집 다큐로 다루는지 이해가 되지 않는다.
 그리고 74년간 재검증 된 역사 진실을 왜곡, 희석시키려 하는 뜻은 무슨 의도인지 오해하기 충분하다. 그래서 혹자는 문상길의 남로당 간자 활동과 폭동 주역 활동에 대한 진실을 펼쳐 본다.

 내용의 논지는 사실대로 알려 불필요한 논쟁의 소모를 줄이고 갈등을 해소하기 위해서이다. 갈등의 해소는 사실에서 발휘되며 거짓과 선동은 국가 미래 발전에 아무런 도움이 되지 않는다.
 국영방송이 국민의 세금으로 운영되는 방송이 반역 세력 편에 서서 덮으려 하면 되겠는가. 남로당 제주 인민위원회는 1948년 2월 7일 투쟁에 이어 1948년 5월 10일 남한 단독선거 방해를 실력으로 저지하기 위하여 제주 인민위원회 군사부를 설치하고, 극좌 성향의 김달삼을 군사부 부장으로 선임하여 한라산 밀림 안에 야영을 설치하였다.

 지역 단위로 애월면 녹고악, 그리고 한림지구에 애월 샛별 오름 주변에 편성했다. 고승문 저서, '제주 사람들의 설움'에서 인민유격대가 1947년 8월 지휘부를 한라산에 두고 거점별로 훈련을 실시하고 자위대와 공격대를 편성했다고 진압 과정에서 밝혀졌다.

남로당 연락 총책 김생민은 좌담회에서 남로당 야간 유격대 무장폭도 조직은 대구 10·1 폭동사건 직후 바로 조직되어 2개소에서 훈련을 시켰다고 국군, 경찰 토벌대에 의해 밝혀졌다.

공산 문제 연구가인 유관종씨 증언에 의하면, "남로당 제주도당의 군사부장 김달삼(본명 이승진. 남로당 중앙선전부장 강문석의 사위) 무장대장, 이덕구(학도병 출신 소위) 부부장은 조몽구였다. 이 세 사람이 제주 9연대 2중대장 문상길과 긴밀한 관계를 유지하면서 제주 남로당 무장대의 훈련을 비밀리에 실시되었음이 조사에서 밝혀졌다.

1948년 제주 4·3 무장 폭동 행동부대로 동원된 자위대 인민유격대는 1947년 8~9월에 이미 편성되어 훈련에 돌입하여 강한 폭동을 위한 훈련을 시켰다"고 밝혀졌다.

제주 4·3 폭동 후 4월 15일 인민유격대 조직 정비

4·3사건 발생 12일 만인 1948년 4월 15일 남로당 제주도당 대책회의가 중앙당 지시에 의해 열렸다. 4·3 사건의 성과를 분석하고 장래 투쟁 방침을 논의하였다.

김봉현·김민주 공편 [제주도 인민들의 4·3 무쟁 투쟁사, 88쪽]에 의하면, 4·3 사건 무장 투쟁에 기초하여 5.10 선거 보이코트에 대한 강구 대책을 세우고 항쟁의 불꽃이라는 투쟁 총화를 다짐하는 중앙당 지령이 있었다.
그날 다짐에서 5·10 망국의 단독선거를 완전하게 무효화시키는 투쟁 무장대를 한층 강화하기 위해 열렬한 혁명 정신과 전투 경험이 있는 30명씩을 선발하여 인민유격대를 통합하고 한라산에 무장 게릴라 부대를 편성하여, 요원 250명을 선발하여 훈련에 돌입했다. 나머지 투쟁 요원은 각 부락 단위별 방위를 위해 부락에서 활동하게 하고(제주 인민 유격대 투쟁보고서, 19~21), 3개 연대급으로 편성하여 5·10 선거 방해 투쟁을 강화하는 훈련을 실시했다고 진술했다(제주도 인민유격대 투쟁보고서, 22~23).

국방경비대 문상길 중위 남로당 무장 폭도에 무기 반출 후 탈출

국방경비대 내 위장 남로당 프락치 오일균 소령과 문상길 중위는 제주 인민 유격대 무장을 돕기 위해 국방경비대 무기고에 보관된 무기 반출에 총력을 기울였다(제주 인민 유격대 투쟁보고서, 80~83)에 의하면, 오일균은 칼빈 소총 2정, 실탄 2,400발, M1 소총 2정, 실탄 1,443발, 문상길은 99식 총 4정, 최 상사 외 43명이 각각 99식 총 1정, 탄환 14,000발을 트럭에 싣고 한라산 인민유격대로 탈출하였다.

당시 국방경비대 위장군인 남로당원 75명이 빼돌린 무기는 총 67정, 탄환 3,858발(동 보고서, 80쪽), 김익렬 연대장이 칼빈 탄환 15발을 유격대에 공급했다는 사실의 기록(국방, 2004년 4월호 50,135쪽, 박윤식 저, 118쪽), 김익렬 연대장은 폭동 진압 의지가 부족했으며, 후임 박진경 연대장이 전개한 강력한 토벌작전에 의해 진압할 수 있었다.

제주 인민 유격대 1대 사령관 김달삼은 1948년 8월에 월북하여 황해도 해주에서 개최된 남조선 인민 대표자회의에서 김일성에게 보고한 내용은 제주경찰서와 파출소 습격 45회, 파출소 소각 5개소, 파괴 5개소, 전선 절단 893개소, 도로 파괴 79개소, 5,700명 이상을 살상했다고 보고했다.

국방경비대 무기를 반출하여 인민유격대로 탈출한 문상길을 미화하는 역사 왜곡은 심히 유감스럽다. 즉 우리 사회 이념 갈등을 부추기는 공영 방영이다. 2001년 헌법재판소 결정은 제주 4·3사건의 본질은 공산 무장세력 반란으로 이미 판결된 사실을 무기를 불법 반출한 자, 무장 반란의 원흉인 문상길을 미화한 것은 참으로 이해하기 힘들다. 특히 공영방송은 검증된 역사적 진실과 사실 왜곡으로 인해 사회 갈등이 조장될 수 있는 민감한 부분을 고려해 방영에 신중해야 한다.

위와 같이 "이 땅에, 공산주의는 절대 안 돼"의 목표 하에 이승만 건국 대통령의 굳은 의지에서 남로당 폭도를 진압하고 제주도 도민을 공산주의로부터 자유대한민국의 품으로 건지는 데 성공했다. 시민 애국 연대가 규탄 성명을 발표한 것에 이해하고도 남음이 있다. 이래서야 국가가 어떻게 존재 될 수 있겠는가?

앞으로 제주 4·3 사건과 같은 혼란을 사전에 막기 위해 국정원과 경찰은 더욱 분발하여 간첩을 잡아내야 한다. 나라 미래를 위해 다시 보안법을 강화할 필요가 있다. 대한민국 국회는 이점 고려해 주기 바란다. 우리 사회에 휘젓고 다니며 곳곳에 기생하는 불순분자와 간첩들에게 엄격한 기준을 적용하는 법치가 강화되어야 한다.

건국절 행사를 국가 행사로 지정하는 일이 시급하다. 광복만 외치고 건국절은 무관심한 나라가 되어, 대한민국 대통령의 애국심이 우리를 슬프게 한다. 미국의 힘으로 해방 광복만 외친다. 우리의 노력으로 건국된 나라를 외면하면 생일이 없는 나라가 되었는데, 우리는 왜 부끄럽게 생각하지 않는가?

《99차》 2021.7.24

자유 대한민국 건국 가능성 1%로 성공

　건국 준비 당시 남한사회 80%가 공산주의를 선호했으며, 19%는 무 개념으로, 단 1% 가능성에서 이승만박사는 자유대한민국 건국을 성공시켰다. 그 당시는 보수라는 개념이 없었다. 즉, 단1%가 자유 대한민국 건국을 동조하고 이해했을 뿐이었다. 그러나 건준 당시 북의 김일성은 인민의 개인재산을 몰수하여 국유화 했지만, 이승만은 토지개혁으로 개인재산을 보호하고, 적산은 공개 불하였으며 초등학교 무상교육 실시 등에 국민은 감동하고 따르는 국민이 늘어나기 시작했다.
　북한사람들은 김일성 독재에 재산을 몰수당하고 개인적으로 38선을 월경하여 독재를 피해 남한으로 피난길에 올라 이승만 자유주의 건국 준비에 합류했다. 지금의 보수라는 줄기가 당시 이승만 건국 준비에 참여한 줄기를 말한다. 해방 후 1%보수를 75%로 끌어올렸고, 박정희대통령 집권부터 반공정신과 "우리도 한 번 잘 살아보세" 그것이 자주국방, 자립경제 트렌드로 북한의 적화통일 야욕을 사전 억제하고 일하면서 농촌소득증대 수출만이 살 길이라고 외친 국가 정책이다. 그러나 1980년 민주화라는 위장 민주 세력들에 의해 건국이념의 정통성과 정체성이 훼손되고 무시 당했다. 그때부터 가짜보수가 보수라고 등장하면서 보수가치가 아닌 시대착오적 정치 권력 남용이 시작되어 적통보수가 사라지고 보수의 가치는 땅에 떨어졌다. 좌파 흉내만 내는 정치가 등장하여 보수의 가치는 거품 정치로 변했다. 그래서 보수의 가치가 상실되고 건국절도 없는 생일 없는 나라로 추락되어 건국을 상징하는 건국이념과 국가 정통성은 뇌사 상태에 빠져 있다.

― 백성은 일제가 싫어 중국 러시아로 이주했다 ―

　백성은 일제가 싫어 중국에 거주하는 우리 민족은 230여 만명이 되고, 중앙아시아 18만명, 러시아 연해주 등에 이주하여 나라 잃은 이방인으로 전전하며 살아야만 했다. 1917

년 레닌의 국제공산당 선포 후 러시아는 동구권을 장악하고 공산주의 위성국가를 확장시되어 중앙아시아, 중국을 거쳐 한반도에 까지 공산화 물결이 휘몰아쳤다. 1910년 망국의 한일합방으로 각자가 살아가기 위해 흩어진 우리 민족은 대부분 공산주의 지역에서 거주하면서 독립을 위해 일제에 항거했다. 공산주의 지역에서 해방이 오기까지 35여년 이상 살아야 하는 슬픈 운명이었다. 해방과 그들이 고국으로 유입되면서 그 일부는 악질 좌익 공산주의 사상을 가슴에 담아 귀국하여 대한민국 건국을 방해하기 위해 남로당 우두머리 박헌영과 합세하여 전국적으로 공산주의 폭동을 전개해 나갔다. 건국 전에 가장 크게 발생한 좌익폭동이 ① 1946년 대구 10·1 폭동사건에 이어 ② 1948년 제주 4·3 좌익 폭동사건 ③ 여수·순천 군 반란폭동 사건이 건국을 방해하고 대한민국 전복을 위한 남로당 폭동 사건이었다. 이들 잔재들이 사회 곳곳에 스며들어 기생하여 활동해 온 뿌리가 공산주의 남로당 뿌리인 빨치산이며, 김일성 주체사상을 신봉하는 잔재 들이다.

 전두환 전 대통령 집권 때. 국민 화합을 위해 사상 연좌제가 해제되는 틈을 타서 자유를 누리면서 그 뿌리가 번성하고 번식되어 자녀. 손자·고손자 4대에 까지 뿌리가 기생 확장되는 현상이 벌어져 왔다. 이들이 김일성 주체사상을 최고 존엄으로 삼는 주사파들이며 보안법 해제 한미동맹해체를 주장하며 국가 안보를 흔들며 대한민국 정통성을 훼손해 왔다. 그들은 대한민국 국민으로 살겠다는 전향을 할 의사는 전혀 보이지 않는다. 또한 국가 정통성과 대한민국의 정체성, 그리고 이승만의 공적과 흔적을 지워 버리려 한다. 간첩의 왕 신영복·윤이상을 위시하여 공산주의자들이 공산주의 세력을 넓혀 이승만 건국 이념과 정통성 정체성을 훼손시키는데 미쳐 날뛴 자 들이다. 우리나라 국가 정체성과 이념을 존중하고 민주주의를 지켜온 청렴한 역대 대통령은 이승만 건국 대통령, 윤보선 대통령, 박정희 근대화 산업화 대통령, 최규하 대통령 외는 모두 건국이념에 우유부단했다는 지도자로 기록될 수밖에 없다. 집권하는 동안 국가 정체성 혼돈 국민 편 가르기·지역주의정치. 패거리 정치로 민주주의를 퇴보시켰다.

'대한민국 건국 적통을 이어 갈 강한 지도자가 출현해야 한다!'.

자유대한민국 건국을 왜 악감정으로 생각할까? 자유대한민국 건국 무엇이 잘못인가? 무슨 악감정이 많아 대한민국 정치가 대한민국 건국절 제정에 나서지 않는가?

한반도는 3국에서 통일신라, 고려시대를 거쳐 이씨 조선이 사라지고 1910~1945년까지 한반도는 36간 나라가 사리진 백성이 되었다. 상해 임시정부는 남의 나라에서 임시로 나라를 도로 찾기 위한 투쟁의 몸부림이었고 해방이 되면서 자연히 상해 임시정부 주석은 대한민국 과도정부 대통령이었다. 그러므로 건국 헌법 초안에서 1919년 3·1 대한독립 만세운동정신, 상해임시정부 정신을 이어진 건국 초안에 명시한 것이다.

― 미래를 보는 이승만 대통령의 통찰력 ―

한반도 조선의 시련은 정조가(1777~1800년) 사망한 뒤 부터 예고되었다. 그의 아들 11세의 순조가 즉위하였으나 그의 장인 김조순이 권력을 장악하였다. 외가 척신들에 의해 왕권은 농락당하여 순종·헌종·철종의 3대 60년 세도정치는 조선을 쇠퇴하게 하여 결국 붕괴되는 시발점의 첫 단추였다. 조선이 붕괴 된 원인은 뿌리 깊은 당파싸움이었다. 문인을 숭상하고 무인을 천대시하는 세도정치로 국가 국방력에는 관심이 없어 국방력은 약골이 될 수밖에 없었다. 세도가들의 곡간에 곡식이 넘쳐 나는데도 나라를 지키는 군인에게는 식생활마저 제대로 지원되지 못했다. 지금도 예외는 아니며, 국민을 두고 네편 내편의 갈라치기 정치는 조선후기 조선을 붕괴시킨 당파 정치와 다를바 없다.

한반도 태생부터 3국이 갈라져 신라통일시대, 후삼국시대, 고려통일시대, 조선통일시대를 거친 시련은 백성만이 고통을 감내하고 나라를 지켜왔다. 한반도 역사는 동족끼리 치고 받고 전쟁을 일으켜 약 2천년 간의 세월에 걸쳐 나라가 바뀌는 수난을 겪은 백성의 고통이었다. 36년간 일제에 사라진 나라를 해방과 한반도 새 역사 창조는 과도정부을 거쳐 자유대한민국이 탄생된 1948.8.15일 부터 새로운 나라가 탄생 되어 73년의 역사를 가진 나라다. 대한민국 건국은 민주적 절차를 밟은 정통성을 지닌 위대한 나라다. 그러나 불순한 세력에 눌려 생일 없는 나라로 머물고 있다. 건국절 제정을 통해 젊은 세대들에게 자부심을 높여 자유 평화 세계와 같이하는 시장경제 체제로 남북통일 시대를 열어가야 할 것이다.

- 이승만 대통령은 국민과 학생에게 언사충심이었다.-

1948~1960년 4월 19일까지 12년 통치기간 이승만 대통령은 자유주의와 시장경제를 뿌리내렸다. 따라서 국가 건국이념은 "이 땅에 공산주의는 절대 안 돼", 반공정신과 유비무환의 자세를 국가 이념으로 삼아 북한의 침략을 격퇴하고 억제하기 위해 한미동맹과 국제외교로 자유우방국과 친교의 틀을 넓혀 나갔다.

1960년 3·15 부정선거 학생 항거로 자신의 통치기간 잘못을 인정하고 스스로 대통령직에서 하야했다. 또한 국민과 학생에게 언사 충심으로 정중한 사과와 재산 단 한푼 없이 영부인 프란체스카 여사와 하와이로 떠나면서 국가 안정을 초기에 도모하도록 협력 하였다. 또한 청렴한 이승만 건국 대통령은 민주주의를 실천한 지도자로서 자유대한민국 국부임은 분명한 사실이다. 이제 정상이 아닌 사회 분위기를 정상으로 일신해야 한다. 이승만 건국 대통령의 언사충심이 그의 통치 기간의 잘못은 국민으로부터 용서되었고 해제 되었으므로 정치가 국가 정통성과 정체성을 훼손해서는 안 된다. 스스로 하야하고 뉘우친 건국대통령을 거머리같이 물고 늘어지는 것은 정치 도의에서도 어긋난다.

미 해병부대를 사열 중인 이승만 대통령과 밴 플리트 미 제8군사령관(1952. 9. 18).

《102차》 2021.8.21

교육의 거품, 경제적이냐? 비경제적이냐?

자갈밭에 씨만 뿌린다고 좋은 열매가 열린다는 부모님의 일방적 기대는 큰 오산이다. 한국 사회의 큰 문제는 오랫 동안 일방적 주입식 교육으로 수용성, 즉 경청하는 자세가 부족하다. 오랫 만에 온가족 식사에서도 부모 세대 경험의 대화에 귀를 기울이지 않는다. 오직 출세의 목표와 시험을 대비한 주입식 교육으로 줄줄 외우는데 몰두한다. 수용성이 중요함은 인간을 갓난 아기부터 다른 동물과 같이 버려두면 도덕, 지식, 체격 등 인간으로서 필요로 하는 것을 가지기가 어렵다. 교는 영특한 인재를 만드는 것이고 장차 쓸모 있는 일꾼을 키워내는 것이며, 육은 건강하게 성장하도록 몸을 보호시켜 자라게 하여 사회에 이바지 하도록 하는 것이다. 즉 바른 인격체로 인간 사회에 합류할 수 있도록 하는 것이다.

인도의 교육은 힌두교의 배경으로 보편적 정신을 가지도록 카스트(Caste) 제도를 보존하고 서양의 그리스 시대에서 호머(Homer) 플라톤(Platon) 사상을 바탕으로 개인의 우수성을 인정하면서 공적 기준을 중시하게 하고 공동체에 도움되는 실천에 강한 사람을 길러내는 교육 터전을 만드는 것이다. 교육은 인간 형성을 목적으로 학습과 훈련을 통해 조직과 실천의 단계를 밟으며 성과를 거두고 과정 마다 실효를 거둘수 있도록 연구하는 것이 교육의 목적이다. 사람이 사람다운 사람이 되려면 도덕성과 지혜를 지녀야 하고 애국정신과 봉사정신을 가져야 한다. 경제학의 뿌리는 춘추전국시대 목민 편에서, 쌀 창고가 가득해야, 사람이 예절을 알고 영예와 치욕을 알 수 있다고 가르쳤다. 플라톤의 교육 설파는 좋은 정치인과 보다 잘 할 수 있는 인간을 기르는 것이라고 했다. 1443년 세종대왕은 훈민정음을 창제하고 28 글자의 명칭을 발표하여 우리 민족의 독창성과 우수한 문화 창달을 높혀 국민간 소통을 높이는데 기여 했다. 또한 교육은 사회와 가정 사이에 상호 작용과 변화에 따라 막대한 교육 재원이 소비되고 한국의 고 학력사회가 이들의 이상과 물질적 욕망을 충족시키고 보장되고 있는가에 고민해야 한다.

- 학력의 거품 오히려 불만 세력이 될 수도.

고 학력 사회가 독창성과 우수한 문화사회 리더의 위치가 아니라 사회불만 세력으로 변질 될 우려가 있으며 그렇다고 고 학력자에 대하여 국가나 사회가 책임질 수도 없으며 책임질 문제도 아니다.

그래서 필자의 주장은 실천에 적응할 수 있는 수용성을 강화 고교교육부터 적성을 우선시 하는 학습, 실습을 통해 훈련시켜 자신이 할 수 있는 능력을 키워야 한다고 주장했다. 직장에서 일하고 땀 흘리는 사람은 줄어들고 고학력자의 자만심만으로의 자세로는 사회에 융합하기 힘들다. 따라서 높은 수준의 교육이 본질적으로 국가, 사회 공동체에 유용하고 이익을 주는 것이냐? 아니면 오히려 많이 배웠다고 거들먹거리고 사회에 불만과 해를 끼치는 존재로 보게 하는 경향인가? 또한 우리 현실에 경제적 상황과 교육 수급 차원에서 수요와 공급에 맞지 않으면 오히려 실업자를 양산하고 가중한 교육비 지출 때문에 자신 뿐만 아니라 부모의 가계가 힘들어 노후 생계마저 적자의 어려움을 겪게 할 수 있다.

또한 수요와 공급 측면에서 고 학력자로 하여금 근로 수급과 노동생산성이 증가하고 있는가? 즉 고학력 재원이 소비적이냐 생산적이냐? 그렇다면 국가 인재 또는 인력자원을 낭비 없이 어떻게 적절하게 소화할 것인가? 오늘의 비 현실적 학력 거품을 부추길수 있는 공허한 주입식 교육이 낭비를 부추기고 가계의 어려움을 가중시킬 수 있다는 점을 문교 당국은 유의해야 한다.

현대그룹 창업자 고 정주영회장의 비즈니스 철학은 '너 해봤어'. 해보지 않고 입으로 하려는 학력 거품을 인정하지 않았다.

- 나쁜 포퓰리즘 -

세월은 우리의 실수를 깨닫게 한다. 실수로부터 우리를 나아가게 한다. 대한민국 사회에 학력 거품주의와 나쁜 포퓰리즘 때문에 대한민국은 점차 쇠퇴하여 힘을 읽는 형상이다. 정치가 바로 서야 한다. 학력 거품으로 사회 불만 세력이 번져가는 것을 예방해야 한다. 대한민국 건국 이념과 산업화 발전의 역사 진실을 왜곡 하거나 덮어서는 안된다. 거짓, 역사 왜곡의 거품도 걷어 내는 정치로 변혁되어야 한다. 우리가 처한 교훈은 국민이 위임한 다수당의 횡포. 표만 매달리는 정치 거품이 아니라 정의와 공정한 기회를 담보하고 건전한 종교와 언론의 자유가 민주 국가 번영의 길로 가는 핵심이라 할 수 있다.

용문면 다문리, 양평 예술인 마을은 여러분과 함께 하겠습니다.

《108차》 2021.10.25

선과 악의 구분, 망국의 지역주의, 국가 미래는 국민의 주권에 달려 있다.

선과 악이 구분되는 사회가 그 국가의 수준이다. 국격이 높은 나라는 선과 악이 구분되고 법치가 바로 선 나라를 말한다.

어느 시기부터 지역 정치로 국민의 마음을 허하게 했다. 따라서 지역주의 역사 왜곡, 거짓을 일삼았다. 제일 무서운 것은 끼리끼리 나라 곳간을 축내는 비리다. 부패의 구역질이 온 천하를 뒤덮는 데도 살아있는 양심은 없었다. 그러나 양심 있는 정치인이 있다. 김영환 전 국회의원은 광주 민주화운동 유공자 예우를 반납했다. 국회의원의 도덕적 양심 고백은 역사의 이정표가 될 것이다. 광주 민주화운동 과정에서 전남도청, 방산업체 등에 불순분자 개입과 충돌 과정 등 궁금증을 국민에게 풀어주어야 한다. 다수당이 일방적으로 밀어붙인 자갈 물리기 입법은 전 광주시민에게 아무런 도움이 되지 않을 것이다.

보수정치 1990년부터 무너졌다

1990년대 합당 등 가짜 보수 등장으로 역사 왜곡이 시작되었다. 가짜 보수 옷을 갈아입은 보수 행세하는 그들을 보수라고 믿고 다선까지 밀어준 애국 보수 시민은 속고 속았다. 보수정당 내에서도 이승만 건국 대통령 근대화 산업화 박정희 대통령을 잘못했다고 비판하는 정치인은 승승장구했다. 심지어 가짜 보수 국회의원들은 나라를 걱정하여 국가관 국가 이념이 무너지는 현실을 걱정하면 언제부터 국가관이냐고 핀잔을 주는 것이 일상화된 정치였다. 저급한 금수같은 정치인이 주류를 이루는 정치는 이제 끝내야 한다.

조선의 신분주의 양반과 쌍놈, 편 가르기 정치

15세기 조선 정치는 현 사회에까지 이르러 많은 영향을 끼쳤다. 이황 퇴계 선생과 35년 후배인 정치가, 예언자 이이(율곡) 선생을 칭할 수 있다.

이황의 철학 사상은 자기 자신의 내면적 수양과 철저한 도덕적 완성을 추구하는 세상, 즉 도덕적 완성의 깨달음을 강조했다. 그가 주창한 주자 철학은 양반과 쌍놈으로 갈라놓는 신분사회를 추구하는 학설이다. 계급 질서, 삼강오륜, 도덕적 규범으로 날개같은 인간이라도 양반에게는 신분이 보장되는 세상이다. 쌍놈은 영원한 쌍놈으로 낙인 찍혀 아무리 능력을 발휘할 영특함과 적성이 있어도 쌍놈이라서 그 길을 막는 사상이 이황의 주리철학(主理哲學)이다. 당시 문민만 숭상하는 지배 계급은 양반 위주의 계급 질서가 독점했으며 국가안보를 담당하는 무인은 문인 하급에 속했다. 그러나 문인들은 전쟁이 일어나면 도망가기 바빴으며 나라는 백성과 무인이 지켰다.

이황의 설파 가치인 주자학에 영향을 받은 신분 계급사회에서 쌍놈은 문인들에 눌려 노예같은 삶을 살아야 했다. 구한말 왕권의 신분주의 철폐를 주장하다 무기징역을 받은 이승만 해방과 건국 사이에서 그 폐단을 철폐한 개혁도 이승만 건국 대통령의 통찰력이었다.

예를 들어, 기생의 몸에서 태어났다고 해서 쌍놈의 몸에서 태어났으니 아무리 높은 지식과 학문적 경지에 도달했다 해도 쌍놈으로 분류되어 인간 하류의 노예로 사는 갈 길밖에 없었으며 자기 재주를 펼칠 기회조차 없었다.

15세기 삼당 시인으로 알려진 이달, 최경창, 백광훈도 하인의 몸에서 태어나 신분 격차에 막혀 뜻을 펴지 못했다. 여류 문학 시인 개성 기생 황진이, 이계량(부안 기생), 이옥봉(양반의 첩)은 신분의 격차로 높은 지식에 도달해서도 그들은 조선 신분 격차에 눌려 또한 여자라서 인정받지 못했으며 양반 가문의 허난설헌(허균의 여동생), 신사임당(이율곡의 어머니)도 남존여비 사상에 눌려 자신의 뜻을 제대로 펼치지 못했다.

이황의 35년 후배(이율곡 선생)과 주자 철학의 차이점

보국 정신이 강한 이율곡은 신분 격차 사회를 능력사회로 실현을 설파한 정치인, 예언가, 학자로서 기풍을 갖춘 개혁적 인물이다.

이율곡은 이황이 주장한 자신의 도덕적 수양보다 학습과 실습을 통해 물질적 경험에 따라 악해지고 선해지며 자신이 겪은 경험을 토대로 현실을 개척해야 자신을 바로 가게 한다고 주장했다. 자기 자신이 직접 실천한 학습과 경험이 혁신적 사고력이 발현되어 개척의 열매를 얻을 수 있다는 주장이었다.

당시 그의 예지력에서 미래에 불어닥칠 국가 환란을 대비해 왜군의 침략을 막을 방도로 10만 군 양성을 선조에게 건의했으나 안일한 문인 척신들이 그 건의를 배격했다. 그 후 선조 25년 4월에 20만 왜군이 부산을 침략, 북상하여 18일 만에 서울이 함락되고, 6월에 평양, 함경도까지 유린당했다. 왜군을 막아낼 용장은 이순신 장군이라고 이율곡과 서애 류성룡은 이순신 장군을 높이 평가해 왜군을 격퇴시킬 수 있는 애국 용장 이순신을 선조에 강력히 추천하여, 삼도수군통제사에 제수되어 12척의 거북선으로 300여 척의 왜군을 물리치고 7년의 해전에서 성공으로 이끌었다.

이승만, 박정희 전 대통령은 이율곡 선생의 학문을 높이 평가하여 존중했으며, 이순신의 보국 정신과 업적을 역사적 관점에서 추모 복원하는 데 앞장섰다. 그리고 교육은 수용성 정책이었다. 1990년대 이후 문민정부가 권력을 인계받으면서 이승만, 박정희 대통령이 추구한 수용성 교육정책을 주입식으로 둔갑시켰다. 학습 실습 체험을 뒤로하고, 암기식 교육이 주를 이루었다. 주입식 교육은 가정에서도 자녀의 수용성이 부족해 부모 자녀 간 부작용이 만만치 않다. 교육부 정책이 주입식을 고수하니 내 자식은 가정에서 수용성, 인성교육에 비중을 두어야 한다. 몇 십년 동안 한국 정치는 미래 개척의 정신에서 후퇴했다.

《110차》 2021.11.4

보이지 않는 하나님의 손, 기독교인의 자본주의 정신과 직업 소명, 막스 베버의 기독교인의 삶의 지혜

사회적 여러 현상에서 보이는 것과 추상은 현실에서 일어날 문제들이 될 수 있으므로 경험과 무경험은 각자가 생각하는 가치관이 그대로 구분될 수도 있다. 18세기부터 부루조아 혁명 시기부터 유물론과 사상적 접근에 있어 두 갈래로 나뉘어 역사는 발전되어 왔다. 자유주의와 전체주의 발전 과정에서 두 진영의 이념적 대립에서 민주주의 발전의 힘에 눌려 74년 만에 세계 공산당은 해체되고, 전체주의가 붕괴 된 사실을 우리는 이미 알고 있다.

패배한 공산주의 이념을 버리지 못하는 중국은 전체주의를 유지, 복원시키는데 열정을 쏟아 왔으며, 그들은 살아남기 위해 개방정책으로 변형하는 방향으로 자본주의 자본을 유입하는데 몰입해 왔다. 따라서 경제활동을 시장경제 확대에 주력하였다. 중국 지도자 등소평은 세계자본과 시장개방을 펼친 대표적 중국의 리더였다.
 인민이 먹고 사는 문제, 인민의 삶에 실리를 취하는 방향으로 정치가 새롭게 등장하고 중국 지도자 등소평은 개방정책을 시도, 발전시켰다.
1992년 노태우 전 대통령의 북방정책에 힘입어 오늘날과 같이 한·중 교역뿐만 아니라 동구 권 소련의 위성국가까지 확대되고 한국의 해외 시장은 확장, 발전되었다.

세계의 자본주의를 창시한 영국의 경제학자 아담 스미스(Adam Smith, 1723~1790) 미국의 정치·경제·사회 멘토인 벤저민 플랭 클린(Benjamin Franklin, 1706~1790)은 독일 경제, 자연과학의 선도학자인 막스 베버(Max Weber, 1864~1920)는 1700~1800년대 세계 정치·경제·사회문화권에 획기적 진화에 앞장섰으며, 격동기 시대를 열어, 인간의 활동 영역을 폭넓게 제시한 최고의 인물이다.
 아담 스미스의 저서 중 도덕 감정론(Theory of Moral Sentiments, 1759)에서는 무리를 이루는 인간의 사회적 행태와 타당성 범주와 그리고 인간의 사회적 존재가치를 고찰해 낸 업적을 말할 수 있다.

미국의 정치, 경제, 사회의 멘토인 벤저민 플랭클린(Benjamin Franklin, 1706~1790)은 일어날 수 있는 문제 대안을 펼쳐 실행 가능한 이론을 찾아 실천과 결과를 중시하는 정치, 경제지도자였으며, 미국의 정치, 사회, 경제정책 멘토의 선구자였다. 그는 인간은 사회적 동물이며 지구에 존재하는 만물의 리더는 인간만이 할 수 있다는 능력을 가졌다고 주장했으며, 만물의 리더는 보이는 형태에 따라 실행과 결과를 중요시해야 한다고 강조했다. 또한 그는 미합중국 건국과 사회건설에 크게 기여한 미국의 거인이었다.

그는 미국의 발전은 애초 자본주의에서 생성되었으며 상식의 철학을 강조하고 인간 도덕성을 높여주는 좋은 습관, 나쁜 습관을 분리 계몽하고 스스로 깨닫게 하였다. 무리를 이루는 인간세계는 저마다 누구나 법의 혜택을 받아야 할 권리가 주어져야 한다고 법 우위의 정치를 강조했다. 그는 미국 헌법과 제도 제정에 관여하여 미국 민주주의 발전에 크게 기여한 인물이다.

막스 베버는(Max Weber, 1864~1920)는 독일의 사회과학 경제학자로서 기독교인의 책임 소명과 개혁적 그의 저서가 많이 있지만 그 중 국민국가와 국민경제 정책에 대하여 1885에 발표하고 프로테스탄티즘의 윤리와 자본주의 정신을 1904년에 출판하여 세계에 큰 파장을 일으켰다.

세계 1차 대전 전쟁에 자진하여 군에 입대하여 스스로 조국을 사랑하는 행동을 했었다. 군 전역 후 뮌헨대학에서 강의를 통해 인간이 풍요롭고 행복하게 살아가는 방법을 제시하고 계몽 활동에 열중하였다. 따라서 기독교인의 자본주의 정신 그리고 기독교인의 철저한 직업 소명과 행복 추구 그리고 창의적 기독교인의 개혁에 앞장선 학자로서 사회주의 창시자인 칼 마르크스와 엥겔스를 정면으로 비판하였다.

막스 베버(Max Webr)와 기독교인의 자본주의 정신

막스 베버는 프로테스탄티즘의 윤리 그리고 기독교인의 직업 소명과 자본주의 정신을 강조한 자본주의 경제학자 프로테스탄트의 윤리와 자본주의 정신(The Protestants Ethic and Spirit of Capitalism)을 수기 형식으로 출판하여 종교개혁 이후 자본주의와 시장 경제론을 접목시켜 칼빈 사상의 가치를 한층 높이 펼쳐 사상의 동기를 만들어 내는데 열정을 쏟았다. 막스 베버가 존경하는 미국의 정치, 경제, 외교, 그리고 공리주의에 투철한 벤저민 프랭클린(Benjamin Franklin)의 영향을 많이 받았다고 할 수 있다.

그는 칼빈 사상을 계승한 장로교, 감리교 청도교 혁명 정신을 신뢰하고 존중으로 설파한 학자였다. 막스 베버의 사회과학 법론에서 보이지 않는 하나님의 손이 자유시장 가치가 바로 서는 자본주의 시장 원리인 자본주의 이해와 직업 소명을 확산시켜 기독교인에게보다 나은 삶과 행복을 추구한 선구자로 평가받은 멘토였다.
 또한 프로테스탄트의 윤리와 자본주의 정신, 그리고 미래 이상을 더 높게 펼쳐 나가도록 설파하는데 열정을 쏟았다. 기독교 정신으로 미래를 지향하게 하는 것은 "부여된 일은 천직으로 임해야 한다"는 직업적인 소명을 강조한 것이다.
 동시에 신앙적 열정을 강조했다.
 어떤 일이든 신앙심으로 직업 소명에 몰입하다 보면, 자본주의를 이해하게 되고 관념과 이상이 합쳐져 부의 창의가 발현되며 넓은 시각의 지혜로 나아갈 수 있다는 것이다. 그러므로 부자가 될 수 있다는 확신을 가지라고 강조했다. 부자가 되는 것은 행복의 조건에 포함되며 하나님은 부자가 되는 것을 좋아하신다고 말했다.

 부자가 되는 것은 하나님의 축복을 받는 것이며 하나님의 축복은 근검 절약의 생활이 우선시되는 모범을 보이는 태도라고 했다.
또 한 하나님을 기쁘게 하는 것은 성실히 일하는 것이며, 투철한 직업 소명으로부터 발생되는 이윤이 이웃에 선한 영향을 주는 것에 발휘되고, 어려운 소외계층에 힘이 되어 부자가 부자를 만들고 부자의 삶을 넓혀 나가는 길이라고 정의했다.

하나님의 뜻과 목회자의 소명

 인간은 아무리 착하게 살아간다 해도 천당에 간다는 보장을 받았다는 말을 들어본 적이 없다.
 구원받을 사람, 받지 못할 사람에 대하여 그것은 오직 하나님만이 결정하리라고 믿는다.

 우리는 구원 받기 위하여 하나님의 법을 지키고 행동하며 하나님의 뜻을 실천하는 것이 구원의 길이다.

누가 구원받을지 구원받지 못할지 운명도 하나님의 계율 아래에 있다. 즉 성실, 근면하게 살아갈 때, 부자가 되고 부자가 또 부자 되게 확산시키고 헌신하는 자세가 구원받는 길이라고 말하였다. 막스 베버 자본주의 정신은 사람의 활동을 넓혀 가난의 결핍을 해소하는데 힘써야 하고, 가정경제를 위해 함께 할 수있는 방법을 찾아내는 것이 구원을 받는 길이라는 뜻으로 해석 된다.

 성도를 위해 막스 베버가 주장한 기독교인의 자본주의 정신은 투철한 직업 소명을 실천하는 자세가 곧 행복 구원의 길잡이가 된다는 뜻이다. 이것이 가정, 사회 영역에서 부자로 가는 길이며 하나님의 축복을 받는 길이 열린다는 논리였다.
 막스 베버의 멘토는 철저한 직업의식과 건전한 자본주의 정신이며 뜻을 이어 확장시키고 성도들이 바라는 의도에 도움이 되는 설교가 되어야 하느님의 뜻으로 알아야 한다.

《111차》 2021.11.11

수용성 교육 강화, 전 인격적 능력 높여 100세 시대 준비, 자기 중심적 교육에서 벗어나는 세계관, 4차 산업혁명시대 노후 40년을 버텨야 하는 생존 준비

수용성 위주 교육은 4차 산업 시대에 유용한 교육

 수용성 위주 교육은 평생학습과 4차 산업혁명 시대에도 유용하다. 수용성의 성질은 창의력 향상을 위해 스스로 미래 목표 설정, 자립정신을 스스로 체험해 판단하고 성장할 수 있도록 하는 수용의 성질이다.
 수용성 교육이란, 개인의 새로운 정보, 경험을 얼마나 잘 받아들이고 활용 능력을 키우는 교육 방식이다.
 즉 앞서가는 자발적 성격을 가지게 한다. 수용성은 국가 사회로부터 주어지는 혜택을 감사하게 여기고 오히려 포퓰리즘을 걱정하는 마음을 가진다. 또한 자신을 준비하는 자세가 명확하여 책임의식이 강해 기업에서도 사랑을 받게 된다.

 옛날에는 부모가 자식을 위해 허리가 휘어지게 뒷바라지 하는데 30년, 30년 일하고, 10년 있다가 인생을 마무리했는데, 지금은 30년 공부, 30년 일하고, 40년을 버텨야 하는 평생학습 시대에 살고 있다. 100세 시대에 버티면서 생존하려면 고령이 되어도 전 인격 능력, 시대변화에 적응, 즉 수용성을 높여 어떤 사항에서도 자족하고 잘 대처할 수 있는 능력을 길러야 한다.

기업, 사회가 요구되는 수용성 교육 시급

 필자는 청년들과 멘토링 과정에서 수용성을 적용해 취업을 준비하는 취업생들로부터 공감대와 만족한 성과를 거두고 있다. 필자의 교육방식과 멘토링은 주입식 교육을 보완하여 국가와 사회, 기업이 필요로 하는 세계관을 심어주는 교육이다. 암기형의 주입식 교육보다 실천과 도전정신을 키우는 교육에 중점을 두고 있다. 수용성 강화 교육은 미국, 영국, 일본 등 선진국이 강화하는 교육이며, 우리나라는 이승만, 박정희 전 대통령 시대 수용성 교육을 강화하여 한국 산업발전 성과를 성공시킨 시대였으나 김영삼 전 대통령 문민정부, 김대중 정부가 들어선 후 수용성 교육이 수능시험 점수 따기에만 급급하는 주입식 교육으로 전환되었다. 이후부터 교육경쟁력과 산업 전반에 수용성 부족으로 국제 경쟁력이 떨어지는 안타까운 현실을 경험하고 있다.

 공교육에 요구되는 융합시대에 필요로 하는 수용성에는 관심 밖이다. 대선을 앞두고 각 정당의 대통령 후보들까지 4차 산업 혁명시대가 필요로 하는 수용성 교육의 필요성에는 관심이 없다. 정당의 주요 전략가들이 주입식 교육을 받은 세대들이다. 한국 정치, 경제, 사회, 문화 전반에 포진하고 있는 리더들이 민주화 교육, 포플리즘 주입식 교육을 받고 안주하여 수용성 교육의 중요함을 인지하지 못한다.
 한국 대학의 경쟁력이 아세아권에서 밀리고 있으며 OECD 국가 중 최하위권이다. 교육당국은 주입식, 수용성을 이해하지 못하고 경쟁력 추락에 부끄럽게 여기지 않는 교육, 병든 교육 현장을 걱정하는 학부모도 없다. 주입식 교육을 받은 세대, 한국을 이끄는 세대라 할지라도 교육은 100년 후를 이어갈 미래 인재 육성에 자기 생각만을 고집하지 말아야 한다. 21세기 상생과 협업 정신을 넓히는 수용성 교육이 시급한 당면 문제다.

《112차》 2021.11.18

19세기까지 세계를 지배한 패권주의: 20세기부터 세계를 지배하는 원리는 막강한 경제력. 지도자의 능력과 통찰력. 영웅의 자격

우리는 플루타루크 영웅전이나 나폴레옹 전기, 충무공 이순신장군 전기 등 위인전을 읽으면서 자랐다. 우리가 읽었던 위인전에 등장한 인물들은 대부분 세계를 지배하겠다는 웅지를 품고 자신의 능력을 계발한 결과 위인으로서 자질을 갖추고 한 시대를 풍미했던 사람들이었다. 우리는 그들을 영웅이라고 따르는 그들의 사상과 행동 그리고 삶에 대한 자세를 배우려고 노력했다. 우리가 위인전에서 읽었던 인물 중에 대부분은 무력으로 세상을 평정한 왕이나 조국을 위기에서 구해낸 장군들이다. 20세기 전반까지만 해도 세계를 지배했던 원리는 우세한 군사력을 바탕으로 한 패권주의였다. 따라서 군사력을 소유한 이들이 세계를 지배하고 영웅의 칭호를 받은 것은 당연한 일이었다.

그러나 2차 세계대전을 일으킨 히틀러를 마지막으로 이제 군사력을 이용하여 세계를 지배하겠다고 꿈꾸는 사람은 사라졌다.

지금도 이와 같은 주장을 하는 사람이 있다면 아마 주위에서 정신감정을 받아보라는 권유를 받을 것이다.
그렇다면 오늘날 세계를 지배하는 원리는 무엇이며, 21세기에는 누구를 영웅이라고 부를 수 있겠는가? 오늘날 세계를 지배하는 원리는 경제력이나 이념 차이를 바탕으로 한 냉전체제가 붕괴되면서 우세한 군사력을 가진 나라보다 막강한 경제력을 가진 나라가 국제사회에서 더 높은 지위를 가지게 되었다. 한나라의 경제력을 창출하는 근원은 다름아닌 기업이라 할 수 있다. 어떤 나라에 경제력이 있다면 그것은 그 나라에 국제경쟁력을 가진 기업체가 많다는 뜻이다.

- 국제사회에서 높은 지위와 나라 조건 -

위와 같은 의미에서 세계를 지배하는 주체는 세계시장을 장악하고 있는 기업. 이러한 기업을 경영하는 기업이야말로 이시대의 진정한 영웅이라고 할 수 있다. 지금으로부터 1백년 전인 19세기 후반 미국에 살았던 인물 중 이 시대 사람들이 기억하고 있는 영웅은

조지 워싱톤, 제퍼슨, 링컨 대통령을 제외하고는 세계경제를 지배한 카네기, 록펠러, 모건과 같은 미국 경제력을 키운 위대한 인물이 있었으며 대한민국은 그 시대 가난의 결핍을 해결하는데 노력한 삼성 창업자 이병철, 현대 창업자 정주영, 포스코 창업자 박태준같은 기업인이 1백년 후 이 시대의 3대손, 4대손, 5대손을 이어 자자손손 그들의 .업적을 기억하게 될 것이다. 21세기를 주도할 영웅은 필경 우리 주위에 있는 기업가 중에서 나올 것이다. 하지만 기업가라고 해서 모두가 영웅이 되는 것은 아니다.

그러면 영웅의 조건은 무엇인가?

기업인이 영웅이 되기 위한 두 가지 필요 조건은 영웅의 마음과 능력이다. 첫째, 기업가가 갖춰야 할 영웅의 마음이란 '젊음'을 뜻한다. 젊음이란, 인생의 어느 시기를 말하는 것이 아니다. 마음의 상태를 말한다. 목적을 달성하고자 하는 강인한 의지, 풍부한 상상력, 불타는 열정이 있다면 나이를 떠나 젊음이 살아 있는 것을 말한다. 젊음은 깊은 샘물에서 솟아나는 신선한 물과 같은 정신, 유약함을 물리치는 용기, 안일함을 뿌리치는 모험심을 가진 사람을 말한다.

세월이 사람을 늙게 하는 것이 아니다. 젊음의 이상을 잃어버릴 때 마음이 노쇠해져 젊음을 잃는 것이다. 세계시장을 지배하는 기업으로 만들겠다는 목적을 갖고 이를 향해 꾸준히 노력하는 기업가라면 젊음이라는 영웅의 첫째 조건을 갖추고 있는 셈이다.

둘째, 기업가가 갖춰야 할 영웅의 능력은 다섯 가지로 나누어 볼 수 있다. 환경의 변화를 주시하며 기업의 미래 방향을 올바르게 설정하는 통찰력(Insight), 경영 스타일을 모방하지 않고 자신의 가치관에 투철하며 자기만의 고유한 스타일을 가질수 있는 독창성(Originality), 아이디어와 판단력으로 경쟁기업을 이길 수 있는 재능(Talent), 기업 구성원이 가진 다양한 욕구를 이해하고 불만을 해소해 주며 이끌 지도력(Leadership), 그리고 이기주의를 버리고 기업 구성원과 사회 전체를 위하여 봉사할 수 있는 고결성(Integrity)이 있어야 한다. 젊은 마음과 위의 다섯 가지 능력은 기업가가 영웅이 되기 위한 기본 조건이다.

- 너 해 봤어? 현대 그룹 창업자 정주영 회장의 학습과 경험,   실천경영 -

젊음의 마음은 있으나 능력이 없다면 원하는 결과는 못 얻고 무모한 헛발질을 시도만을 반복하는 돈키호테형 경영자가 될 것이다.

 반대로 능력은 있으나 젊은 마음이 없는 경영자는 능히 얻을 수 있는 경영 성과를 주저하다가 모두 놓치는 햄릿형 경영자가 될 것이다.

 그러나 앞서 열거한 두 가지 조건, 즉 마음과 능력은 영웅이 되기 위한 필요조건이지 충분한 조건은 아니다. 진정한 영웅이 되기 위해서 성실성이 담보되어야 한다. 그리고 자신이 추구하는 이상향을 향해 노력과 정성을 다 바치는 자세를 말한다. 오늘날 산업사회의 주체인 기업을 이끌어나가는 기업가가 젊음과 통찰력, 독창성, 재능, 지도력, 고결성을 가지고 미국, 영국과 같이 막강한 군사력을 동반한 통상정책 확대에 힘입어 경제굴기에 나서야한다. 기업가는 애국심을 가슴에 암고 성실한 자세로 일할 때 그는 21세기를 이끌어 갈 영웅의 모습으로 우리 앞에 다가올 것이다. 이러한 경영인은 이 시대 진정한 존경을 받아 마땅하다.

《113차》 2021.11.23

전두환 전 대통령의 과오와 평가, 3천 년 역사 중 최초 단임제 실천, 민주주의를 꽃피운 정권 교체 디딤돌 놓다. 국격 신장 평가받아야

 삼가 고인의 서거를 애도합니다. 한 시민으로서 안타까운 마음도 갖고 있습니다.
 고인은 12·12 사태와 정통성 시비에 시달렸다. 고인의 업적도 국민으로부터 평가받아야 마땅하다. 고인의 정당한 업적마저 평가받지 못하는 나라는 독재국가에서 있는 일이다.
 업적과 과오가 사실대로 검증되어 역사에 기록하는 것이 민주국가의 절차다. 일방적 여론몰이로 따라서 인권 유린은 후진국에서 권력으로 포장하는 행태다.
 1979년 10월 26일 박정희 전 대통령의 예상치 못한 서거로 국민 대부분이 큰 혼란과 슬픔에 빠졌다. 박정희 전 대통령의 근대화·산업화로 중화학공업의 조기 추진과 수출 우선주의 정책, 외자 도입이 불가피했었다.

 전두환 대통령은 중화학공업정책을 차질 없이 추진 과학기술 경제 굴기로 나갔다. 당시 업친 데 덥친 격으로 오일쇼크가 터져 어려운 경제 상황을 감내해야만 했다.
 전두환 대통령은 참모들을 잘 등용해 어려움을 극복하는데 지혜를 발휘하여 오일 쇼크와 인플레이션을 억제하는 정책을 추진하여 국가 부채를 줄이는 경제정책을 펼쳐 나갔다.

 어려운 경제 환경에서 국가부채 부담을 줄이기 위해 긴축정책을 단행한 대통령은 책임의식에 의한 리더였다.

 박정희 내통령이 추신한 방위산업, 자주국방, 자립경제체계를 공고히 하며, 우방국과 외교적 불안을 조기에 해소하여 국제간 신뢰를 회복했다.
따라서 국제간 선진국가 서열에 디딤돌을 놓은 시초가 되었다.

 21세기 신산업 경제정책으로서, 선진 과학기술 도입, IT, 반도체, 통신망 확장, 정보통신, 지식산업을 오명(전 과학기술부총리)을 장관으로 입각시켜 소통의 시대를 열어 한국경제에 생기를 불어넣었다. 우리 경제의 핵심인 미디어, 디스플레이, 전자산업, 반도체산업, 자동차산업, 조선산업, 중소기업 육성 등 오명 장관을 주축으로 과학기술 경쟁력 제고에 집중했다.

88서울올림픽을 유치하여 적성 국가들도 참여시키는 여유와 이념을 뛰어넘는 바탕을 후임 노태우 정부에 넘겨주는 외교와 국제간 체육 외교 교류를 증진시키는 데 일조했다.

국회의사당 앞에서 남북 이산가족 만남의 광장을 통한 이산가족 찾기와 1천만 이산가족 상봉을 개최하여 화합의 시대를 열어나갔다.

경제, 사회, 문화, 체육 발전을 한 단계 끌어올려 국력 굴기에 매진했다.
경제 지표 순항으로 도움을 받는 대한민국이 도움을 주는 시대로 전환 시킨 첫 단추를 열어간 시점이라 할 수 있다. 지하자원을 보존하는 정책을 펴, 연탄 난방시대를 마감하고 스토브 난방시대를 열어 서민 생활 안정에 집중하였다.
민주화만이 만사형통 투쟁 일변도의 허술한 국가 재정관리로 IMF 경제 식민지 만들고 국부 유출 시대는 어느 대통령인가?

국민의 피와 땀으로 이룩한 건전한 국가 재정을 북한에 퍼주기 바쁘고 불법 송금 등 국민 동의 없이 선심성의 포퓰리즘은 어느 시대였던가?

미래 세대에게 국가 부채를 떠넘기는 대통령은 누구인가?
고인이 집권할 때, 뼈를 깎는 구조조정으로 오히려 국가 부채를 줄이며 흑자경제를 이어갔다.
국가재정의 건전성을 악화시키고, 국가안보를 파괴시킨 시대는 어느 대통령인가?.
고인의 통치 기간 동안 싱싱한 미래의 꿈을 심어준 시대였다.

한국 정치 첫 단임제 실행, 정권 교체 디딤돌 놓은 구국의 결단

필자는 전두환 대통령 단임제 약속이 실행될지 신뢰하기 힘들었다. 그러나 고인의 단임제 결단은 단호했으며 정권교체를 이어가게 할 의도이었음은 분명했다.
단임제를 실천하여 3천 년 역사상 최초로 순조로운 정권교체 첫 디딤돌을 놓은 대통령이었다.
당시 민정당 노태우 당 대표는 6ㆍ.29 선언과 고인의 후임 대통령에 당선되어 김영삼,

김대중, 노무현, 이명박, 박근혜 전 대통령을 이은 정권 교체는 전두환 대통령 단임제 실천으로 꽃을 피우게 되었다.
민주주의와 국민 화합을 위해 선대 좌익활동 연좌제도 전두환 대통령께서 풀어주었다. 전례 없는 최고 개혁적 통치자로 본다.
화합의 차원에서 지역 인사 탕평책을 실시, 특히 전라도 인재가 요직에 많이 등용되었다.
 자유대한민국 건국이념, 시장경제 원리에 따라 뿌리내린 경제 방향의 정석은 마땅히 평가받아야 한다.
 생전에 5·18 사태를 매듭짓지 못한 채 가슴에 한을 안고 뒤집어쓴 채 5·18 사태를 안고 돌아가셨다.

 5·18 사건 당시 진압군과 광주 시민군 사이에 왜 총격이 벌어졌는가?
 순수 광주시민 민주화 외 불순 반역세력이 개입된 것으로 보는 시각도 있다.

 전남도청 칼빈 총 탈취, 군 무기고 습격, 교도소 습격, 방위산업체 군사 장비를 탈취한 세력은 누구일까?

 그리고 진압군은 M16을 소지했는데 우리 군인과 경찰이 칼빈 총으로 죽인 가해자는 어떤 세력이며 누구의 소행인가?
 고령이고 도망갈 처지도 아닌데 명예훼손 사건으로 광주법원까지 불려 다니는 수모를 당했다. 그 판사는 왜 그렇게까지 했을까?

 판, 검사는 자기 개인의 이념이나 정치 의향에 따라 감정이 개입되는 직무는 안된다.
 광주 5·18 당시를 증언한 이희성 계엄사령관은 인터뷰에서 군 체계상 전두환 보안사령관은 나의 부하였고, 광주사태에 직접 관여한 사실이 없었다고 증언했다.

 유독 전두환 전 대통령만 증오심으로 물든 의도는 무엇일까? 이승만, 박정희 전 대통령을 이은 전두환 대통령은 반공주의자이며 애국심이 강한 그 자체였다. 그래서 반역들이 전두환 대통령을 5·18 원흉으로 몰아세웠는가?

 고인이 감당하기 힘든 고통과 바람에 할키는 칼바람을 스스로 안고 살았을 것이다.
 또한 진압에 참여한 공수부대 광주지역 방위사단 그리고 그의 척신들은 왜 사실 증언에 침묵하고 있는가?

 보수의 무능한 좌파를 흉내 내는 정치로서, 왜 YS는 소법 특별법을 통과시켜 북한 특수군 개입을 조사 없이 민주화로 둔갑시켰는가?
 5·18 진실 규명으로 고인의 명예가 회복되어 전직 대통령 예우를 받아야 할 자격이 있는 지도자로 본다.
 5·18 사실을 덮기 위해 국민의 입에 자갈을 물린 것은 어두운 역사의 긴 터널이 될 것이다.
 북한 특수군 5·18 개입 정보가 있다는 정보에 정부는 왜 침묵하는가?
 홍모 당시 현역 검사가 주도했다고 한다. 즉 사건 사실을 덮어 가짜 유공자를 양산시키고 터무니 없이 높은 가산점으로 판, 검사, 공기업, 교육계, 언론, 방송 등을 장악하게 만들었다.
 현 정부는 반드시 5·18 진실을 밝혀 국민의 요구에 충족시켜야 한다. 정의를 향한 국가가 존재하기 때문이다.

《116차》 2021.12.11

컴퓨터 국부론 부자와 빈곤. IT 지식정보 고속 질주, 세계 디지털 사이버스페이스. 국경도 지리적 거리도 없어져. 좌파 이념 색출 메카니즘. 미국의 저력

　PC 1대가 부자와 가난뱅이로 갈라놓았다. 21세기 세계 경제 질서는 컴퓨터 1대가 경제 국부 시대로 고속 질주하고 있다. 이와 같은 변화 과정은 컴퓨터 문맹자의 마음을 위축시키고 문맹자는 따라가기도 힘들었다.
　1990년부터 미국의 새로운 아젠다는 디지털시대의 새로운 자본주의 질서가 개편되어, 글로벌 경제속도로 급진전되었다. 컴퓨터 1대와 인터넷의 빈부 가치론이 4차 산업혁명 시대를 주도하게 됨에 따라 기성 세대의 컴퓨터 문맹을 해결하기 위해 고민은 커졌다. 따라서 미국 의회가 컴퓨터 보급 지원과 예산에 앞장섰다.

　미국은 1992년까지 PC 보급률이 35%이었는데, IT와 지식정보가 인터넷을 통해 상대국이나 개인 상대의 비밀정보를 찾아내면서 군사적 경제 확장에 대처하는 초고속 연결 시스템을 도입하는 정책에 힘을 실었다. 혹자가 1977년 3월에 미국 플로리다주 마이애미와 서부 템파에 방문했을 때, 주파수로 업무 전달 커뮤니케이션을 연결하는 삐삐가 미국 사회의 소통에 일반화된 반면, 1984년 우리나라 이동통신 기술이 초보적 단계에 비해, 미국 사회에서 삐삐로 소통하는 커뮤니케이션 활동이 나의 눈에는 신기하기만 했었다.

　주파수에 이어 PC가 등장함으로써 1992년 미국 시장에서 TV보다 컴퓨터가 많이 팔려 화제가 되기노 했다. 미국의 디지털 공급을 2000년까지 PC 가격을 자전거 1대 값 수준으로 떨어뜨릴 전망이라고 발표하여 디지털 고속질주로 인해 미국 경제사회에 혼돈의 현상이 벌어졌다.

컴퓨터 까막눈 기성 세대들의 무력감

　컴퓨터 까막눈 기성 세대들의 무력화가 벌어져 사회문제로 대두되면서 까막눈 세대들은 혼돈에 빠질 수밖에 없었다. 2000년 당시 미국 전체 인구의 약 35%가 PC를 보유했지만 30세 이상 대다수는 컴퓨터 문맹이었다. 기성세대의 컴퓨터 사용은 워드 프로세싱과 간단

한 계산, 그리고 비즈니스 부분적 이용이 고작인 반면 1020 세대들은 학교 숙제는 물론 게임, 오락, 컴퓨터 통신, 인터넷을 통한 데이트 상대까지 찾아내는 빠른 변화로 질주하면서 이들의 놀이 공간인 사이버 스페이스(cyber space)는 국경도 지리적 거리도 없게 만들었다. 따라서 숫자로 된 정보들이 빛 속도 이상으로 오고 가며 2억 만리의 대화 상대가 바로 이들의 이웃이 되고 인터넷 가입자 평균 연령은 갈수록 낮아져 이제 초등학교 저학년까지 이용이 일반화되는 현상이 되었다.

기성 세대들의 경제활동 소외감

 기성 세대들의 소외감은 새로운 빈부론으로 대두된 대형사건이 터지게 되었다. IT 발전은 부를 창출하는 기득권 판도가 두 갈래로 벌어진 결정이 이때라 할 수 있다. 또한 부의 순위마저 디지털 세대에 기성세대들이 밀리게 되어 기성세대의 위축이 가중되고 수용이 힘든 고독한 현실이 되었다. 즉 컴퓨터 문맹 세대와 디지털 세대로 구분되어 갈등의 이중고를 겪으면서 변화를 받아들여야 하는 운명에 처했다.
 통신정보 초연결 사회의 미래는 IQ가 아닌 IT를 통한 정보 격차로서, 머리 좋은 부자와 머리 나쁜 가난뱅이로 나뉘어지게 되었다. 그 격차는 점점 벌어져 기성세대의 단순 직업만 늘어나는 원인이 되었다. 어느 예언가에 의하면, 1990년대 세계 경제는 대이변의 예언대로 10년 후 부의 순위가 현실화되어 기성세대의 서러움이 가중되었다.
 1929년 경제대공황이 덮친 미국 루즈벨트 대통령 시대에 다져진 경제 체질이 1990년부터 새로운 방향과 패러다임의 변화는 타 국가에 비해 미국은 신속하게 수용, 대처하였다. 이에 따라 21세기 변화 수용의 강대국 위치에 우위를 확보할 수 있었다.
 미국 국력의 몸통과 경제 체질 개선을 재빨리 디지털화한 변화 적응이 오늘의 군사, 경제 대국 위치를 굳힌 미국이라 할 수 있다. 정보통신 시대 첫 길목에서 국제외교는 디지털 사용 인구에 의해 대국이냐 소국이냐 위상이 정립되기 시작했다. 또한 초고속 연결 경제주의 정책을 대국 굵기 우방국에 인식시키는 데 성공한 나라가 미국이다.
 2차 세계 대전 승전국인 미국은 제국주의 시대를 마감하고 경제 대국 제일주의로 전쟁을 억제하는 우방 외교와 금융 강국의 길로 펼쳐 나갔기 때문이다.

미국의 저력, 대외 경제통상

 국제간 경쟁력을 높이기 위해서 첫째 조건이 국방안보 강국, 경제복지사회 정책을 고수해 나갔다. 1917년 레닌의 세계 공산당 선포 후 자본주의 대항 세력이 확산되어 공산주의 사상이 소비에트 연방 위성국가 전략이 동구권 전반에 확대되었다. 공산주의 사상과 이념이 빠르게 세계 여러 나라에 확산되면서 공산주의 스파이들이 미국 정부에까지 스며들어 두 이념의 혼란에 빠져들었다. 미 국무성 뿐만 아니라 미국 지방정부에까지 공산주의 이념이 파고들어 좌파 사상교육이 횡행하고 군사교육에까지 그 영향이 미치게 되어 미국 사회 전반에 큰 파고를 일으켰다. 미국은 사상의 자유를 보장하지만 자유 민주주의를 역행하는 공산주의 사상교육이 확대되는 데는 미국 국민 스스로 용납하지 않았다. 그것이 미국의 힘이고 자유가 보장된 저력이다. 미국은 자국 보호법은 굉장히 엄하게 법에 적용시킨다.

 1950년 미국 매카니즘(Mccarthyism) 반공주의자 미상원의원인 J.R Mccarthy(1908~1957)은 7년 동안 미 중앙정부와 지방정부에 파고든 공산주의 스파이 프락치를 제거하고 색출하는 데 앞장섰다. 민주주의는 공산주의와 타협할 수 없는 사상임을 천명하고 미국 민주주의 안정에 헌신한 정치인이다. 국방, 경제 외교와 사회 안전망에 크게 기여하였다. 그는 미국이 낳은 애국 정치가였다. 필자가 바라는 것은 대한민국 정치인이라면 J.R ccarthy와 같은 애국심이 강한 정치지도자가 출현되기를 바라며 좌파 성향의 위장하는 듯한 정치는 국민이 원하지 않는다. 미국 디지털혁명 선봉 기를 다음 회에 연재합니다.

《119차》 2022.1.8

사병 출신과 장군의 만남. 정진태 장군, 이진삼 장군, 이부식 장군, 안장강 초대 서울시 교육청장을 만나다. 수호 정신은 살아 있었다.

 2022년 1월 8일 오찬 자리는 이희린 회장이 초청한 자리였다. 44년 전 혹자가 리비아 농무성 장관과 농무성에서 주관하는 녹색혁명 프로젝트 수주 관계로 바시어 조다 장관과 면담한 자리에 합석한 친구다. 그는 당시 삼성그룹 동경 주재원으로 있을 때, 필자를 돕기 위해 리비아를 방문한 친구며 당시 35살 동갑이다.

당시 필자는 영국 런던에 사무실을 두고 리비아, 말레이시아, 미얀마, 태국, 인도네시아 등 해외 시장개척에 동원된 필자의 회사는 원서 개발 주, 한국 조나단 스포츠산업, 금호 특수목재 사업을 해외 진출한 초기였다.
 당시 안보 불안과 가난의 결핍 속에서 나라를 지켜준 분들이 초청된 오찬이었으며 이분들은 국가 수호를 위해 국가와 일생을 같이한 분들이다.

 본래 수호자는 개인, 가족, 지역 사회안보와 재난 보호에 일생을 다해 그들 앞에는 "오직 국가가 먼저다" 개인은 없었다.
 오찬에서 오직 국가 번영을 바란다는 화두와 건국 이념은 지켜야 한다는 강조였으며, 자유대한민국 이념에 반하는 정치를 한탄했다.

재난을 당할 때, 언제나 수호신이 우리 곁에 있었다

 수호신은 대한민국을 어여삐 여기고 일제와 6·25 동란 때도 응답하셨다.

혹자 나이 32살에 이스라엘 히브르대학에 일본 야마꼬시 사장 도움으로 방문할 기회가 있었다.

그리스 민족의 수호신 아테네 고고학 박물관을 찾아 그리스민족 수호신, 제우스 두부를 보고 '국가 존재란 무엇인가', 나는 어느 나라의 백성인가? 위대한 대한민국 이승만 건국 대통령 업적에 빠져들었다.

이 땅에 공산주의는 절대 안된다는 반공정신을 강조한 이승만 건국 대통령의 의지를 가슴에 담고 귀국했다.
 해방 후 과도정부 3년 동안 국가 건국 준비 과정에서 대한민국을 뒤집을 3번의 대형 폭동사건이 있었다.
1) 1946년 10월 1일 좌익 대구 폭동 사건
2) 1948년 제주 4.3 좌익 폭동 사건
3) 1948년 10월 19일 여수·순천 좌익 군 반란 사건을 진압하고, 1948년 8월 15일 건국 1년 8개월 10일 만에 예고 없는 김일성 불법(1950년 6월 25일) 남침으로 3개월간 김일성 치하에서 살아야만 했다.
대한민국을 점령한 김일성은 3개월 동안 남한 주요 인사, 경찰 가족, 지주, 우익인사 등 수십만 명을 학살하고 3백만 명의 사상자와 1천만 명의 이산가족을 발생시켰다.

1) 울진 삼척 공비 사건
2) 박정희 대통령 북한군 암살단 1968년 1월 21일 김신조 사건
3) KAL기 폭파 사건
4) 미얀마를 국빈 방문한 전두환 대통령 북한소행의 폭파 사건 등 안보 현장에서 이진삼 장군, 정진태 장군, 이부식 장군은 위기에 대처한 수호의 선구자였다.

따라서 대한민국을 사랑하는 수호신이 존재하여 미국과 유엔을 통해 공산주의 침략을 격퇴하도록 수호령을 내렸다.

국가 수호령에 따라 충성

 국가는 그들이 필요해 수호령이 내려지고 국가를 위해 '자신의 가족 행복보다 국가가 먼저다'라는 자유 이념이다.
 그날 오찬 화두에서 대한민국은 북한의 위선 평화 선동을 주의하고 속아서는 안 된다는 말씀이었다.

 국가 간 수호조약, 평화조약에서 국제법상 원칙과 목적에 준수할 수 없는 나라와 수교 규약을 명시하고 준수할 것을 서약하는 조약이며 위장평화는 국민의 생명과 재산을 보장할 수 없다.

 제1차, 2차 세계대전 전, 후 중 국가 간 평화 수호조약은 한 쪽이 배신하여 한 쪽이 일방적으로 점령당하는 불행을 자초했다.

 1965년 공산 월맹 호지민과 자유월남 티우 대통령 간 동족끼리 평화조약 후 위장한 공산 월맹 6%의 힘으로 94%의 자유월남 티우 대통령 정부를 붕괴시켰다.

 자유월남은 군사력과 경제력이 월등했지만 북 월맹의 민족끼리 평화조약 선동을 믿다가 영원히 역사 속에 사라지고 자유월남 국민 약 3천만 명이 죽음을 당했다.

 국제간 평화조약의 진실은 허상으로 증명되었으며 무능하고 연약한 지도자가 현실을 모면하기 위한 나태한 수단으로서 국민을 기만하는 행위이다.

 남북 간 민족 팔이, 감성 팔이로 이념을 혼란시켜서는 안 된다.
 진정한 통일은 사상적 합의가 이루어져야 한다.
 대한민국 수호신은 넓은 의미에서 대한민국을 포괄적으로 어려움이 처할 때 미국과 자유우방국을 보내 우리나라를 건져 주었다.
 수호신의 영적 실체를 볼 수는 없었지만 우리에게 가해지는 억압과 독재로부터 해방시키고 구제해 주는 영역의 힘이 되었음은 분명한 사실이다.
 천주님의 섭리에 그리스도의 수호천사와 온정을 베푸는 석가모니의 부처나 보살이 자비를 베풀어 중생에게 힘을 주는 '가피'가 있어 대한민국을 수호하여 주셨다고 믿는다.
해일을 막아주는 수호신과 풍어를 가져다주는 수호신, 천수답에 비를 내리게 하여 쌀 생산을 가득하게 한 수호신, 국가 안전보장을 주관하는 수호신이 있었다.
 이 시대 안보를 지켜준 국가 수호자는 영웅 칭호를 받아야 할 정진태 장군, 이진삼 장군, 이부식 장군, 안장강 초대 서울시 교육청장과 오찬 자리를 주관한 이희린 한중우호 회장 그리고 같이 자리한 두 분의 애국자 대표의 국가 수호 공적을 잊지 말아야 한다.

《124차》 2022.2.22

국가 정체성 회복, 우남 네트워크가 나섰다. 이승만 대통령, 과오는 면제 되었다.

 2022년 2월 21일 양재숲에 위치한 윤봉길의사기념관에서 우남 이승만 건국 이념과 국가 정체성 살리기에 우남 네트워크가 나섰다. 대한민국 정체성 회복운동은 정치에 앞서 국가 존재가치가 무너지는 꼴에 국민이 나서야 한다는데 공감했다.

 이승만은 왜 미국을 신뢰하게 되었는가?

 이승만은 1919년 9월 11일부터 1925년 3월 23일까지 상해 임시정부 초대 국무총리에서 개힌 대통령 자격으로 미국을 위시해 외교력을 발휘하여 강대국과 국제단체에 일제침략을 비난하고 부당함을 호소하는 독립운동을 전개해 나갔다. 당시 우리 동포들은 중국, 소련, 중앙아시아 제국 등에서 대한독립을 위해 일본 요인 암살등 독립을 위해 투쟁했으나 그것만으로 독립운동 쟁취에 한계를 인지한 이승만은 강대국을 상대로 일제의 부당함을 호소하였다. 미국의 자유주의와 자유시장경제 정책을 근거로 미국 통상 외교정책을 신뢰하게 되었다. 소련, 중국, 일본이 작은 나라를 지배하고 소국의 주권을 억압하나, 미국은 소국의 영토를 빼앗지 않는다는 미국 외교정책을 신뢰했다. 미국은 전쟁마다 승리를 거듭하면서도 침략국으로부터 억압 당하는 소국의 편에서 주권을 회복 시켜주고 통상관계를 넓혀·함께 살아가게 하는 미국 외교정책을 이승만은 더욱 신뢰하였다.

- 미동맹 성립과 이승만의 통찰력 -

일제 36년 6·25 남침으로 한국경제는 완전 파탄 상태였다.

이승만의 국가 통치 우선 순위가 한미동맹이었으며, 국가 건설 목표를 미국을 위시한 우방 외교을 넓히는 외교력을 발휘해 나갔다. 당시 국가 예산 52%를 미국 원조에 의존해야만 했고 최빈민국으로 가난에 찌든 생태에서 우리 조상은 굶주림을 극복했다.
 미국은 북한 공산주의 침략을 격퇴시키고 건져주기 위해 전쟁비용 400억 달러를 쏟아 붓고 경제원조 243억 달러, 군사원조 13억달러, 해양 복구비용 5억 달러 등을 원조 받아 겨우 나라 보존 그리고 생명을 보존할 수 있었다. 한미경제협력과 국가수호 한미동맹 관계을 이간질하는 좌파 세력이 1980년부터 넘친 민주화 명분으로 활동하여 왔다. 사회주의 사상에 빠진 세력은 1990년대부터 더욱 늘어 한국사 교육마저 이들에 의해 좌우되었다.
 이들은 대한민국 건국을 부정하고 김일성 주체사상을 우선 왜곡하여 왔다. 그들이 주장하는 목적은 반공주의자 이승만 존재가 그리고 남한의 단독정부를 수립하지 않았다면 적화통일이 완성되었을 텐데 하는 의미가 깔려있다. 국가 이념을 왜곡하고 두루뭉술한 교육으로 학생들의 국가 이념을 흐리게 한 교육이 사회 전반에 퍼졌다. 즉 김일성이 주장하는 주체사상을 우의로 주장하는 열정이었다. 주사파 세력은 적화통일이 목전에 두고도 실패로 돌아간 원인은 이승만의 건국이었다고 비판하는 기이한 현상이 벌어져 왔다(이 땅에 공산주의는 절대 안돼). '반공주의 이승만'. 따라서 건국 반대 세력이 건국이념을 부정하는 데 앞장서 왔다. 이들이 연방제를 주장하며 민족애를 앞세워 이 땅에 갈등과 혼란을 야기시켜 왔다.

- 이승만 통치 기간 과오는 국민으로부터 용서받고 면하여졌다 -

이승만 대통령은 통치 기간 잘못을 뉘우치고 스스로 대통령직에서 하야하고 잘못을 국민에게 그리고 학생에게까지 사과하고, 지도자로서 청렴을 보여 주었다. 그러므로 이승만의 과오는 66년 전에 이미 소멸되었다. 이승만 건국 대통령께 더 이상 무슨 과오을 물을 수 있겠는가?. 당시 이승만 대통령을 정치적으로 곤경에 빠뜨린 이기붕 부통령은 자신의 죄를 국민 앞에 씻을 수 없어 큰아들, 이강석(당시 육군사관 생도)을 불러 나와 너의 어머니를 죽여 달라고 간청하였다. 아들 이강석은 아버지 이기붕, 어머니 박마리아 앞에서 한없는 눈물을 흘리면서 '저를 용서해 주세요'하고 함께 총으로 간청을 실행하고 그리고 동생에게 '미안하다. 형을 용서해라'하고 함께 총으로 자결하였다. 이기붕 가족은 아버지의 과오를 국민 앞에 죄를 죽음으로 씻었다. 이 증언은 당시 도우미 목격에서 밝혀졌다. 역사를 왜곡하는 좌파에 비하면 정의는 있었다.

 이승만은 대한민국 건국 공적이 7이라면, 과는 3이며, 역사 기록은 남겠지만 소멸된 과오를 물고 늘어지는 것은 김일성 주체 사상자들이 기생하기 때문이다. 우남 네트워크 회원들은 떳떳하고 당당하게 이승만 건국 정신을 이어 가겠다는 다짐이다. 따라서 대한민국 정치는 언제까지 생일 없는 나라로 국격을 실추시킬 것인가?. 부끄럽다.

《133차》 2022.2.17

조 바이든 미국 대통령, 2022.5.20. 한국 방문: 한미동맹을 넘어 한미기술동맹으로 한 단계 격상, 미국을 반대하는 것은 어리석음을 언급

- 조 바이든의 정치와 가족의 역경 -

조 바이든(President Biden)은 여당인 공화당 후보를 물리치고 미국 현대사 최연소 상원의원으로 당선 된 정치인이다. 당선 된 후 교통사고로 아내와 딸이 사망하고 아들이 중상을 입는 아픔을 겪어야만 했다 상원의원 당선과 가정사의 아픔을 안고 200km가 넘는 워싱톤과 델리웨워를 5년간 출퇴근 하다시피하면서 두 아들을 돌봐야 하는 가장의 역할을 하고, 의회에 헌신한 불굴의 정치인이다. 큰 아들은 뇌종양으로 사망하고, 마지막 남은 아들 헌트는 사생활이 엉망이고 애물단지였다. 막내 아들 헌트의 스캔들로 공화당 트럼프 대통령과 민주당 바이든 대통령후보(전, 부통령)간 유세에서 트럼프는 바이든 가족의 막장 로맨스로 비판했지만 조 바이든은 트럼프의 공세에 '내 가족을 파괴하지 마라'고 응수했다. 초를 다투는 바쁜 유세 일정에도 바이든은 하루 유세 일정을 취소하고 고향에서 공부하는 손녀의 졸업식에 참석할 정도로 가족 불행을 운명으로 받아 현실을 극복한 불사조 인간승리의 사나이였다. 대선 유세는 끝나고 유권자 투표 결과에서 당당히 승리로 이끌어 낸 불사조(不死鳥)의 정치 인물이다.

- 미국의 힘은 자유, 국가 안보에는 여야가 없다. 한미동맹, 안보 기술동맹 및 경제를 강조한 바이든 -

한미동맹은 1950년 6월 25일 북한 침략의 위기에서 건져 낸 이승만 대통령의 국가 경영 능력과 통찰력(Insight) 그리고 높은 차원의 지도력(Leadership)에 의해 한미 군사동맹 관계를 설정했다. 그의 지혜에서 한미방위조약(1954년 11월 18일)을 이끌어 내었다. 발표 내용은 다음과 같다.

1. 미군 한국 주둔
2. 북한군 남침 억제
3. 동북아 평화 및 안전 수행

4. 한미연합훈련 방위로 전쟁 억제
5. 대한민국 국민 안전과 재산 보호

　남침으로 완전 파괴된 한국경제 조기 복원을 위해 국가 예산 52%를 미국 원조로 채워졌다. 한국경제 재건 부흥 목적으로 미국의 경제원조 243억 달러, 자유 대한민국을 지켜주기 위해 전쟁비용 400억 달러, 간접 군사원조 13억 달러, 전쟁으로 인한 해상 수습 구호비용 5억 달러를 무상원조 함으로서,

　이승만 대통령은 한국경제 가난의 결핍을 이겨내고 뒤를 이어 박정희 대통령 시대로부터 근대화, 산업화의 국정 목표를 설정, 자립경제, 자주국방의 기틀을 마련하게 되었다.

　6·25 북의 남침으로 파탄된 한국경제 위기를 이승만 초대 대통령의 통찰력과 강력한 지도력으로 한미방위조약이 체결되고 굶주림을 비켜나갈 수 있었다.

　- 조 바이든의 한국 방문, 한미방위 동맹 재확인 -

　바이든은 대통령 당선 후 아시아 첫 방문 일정으로 한국을 선택했다.

　미국에게 한국은 중요한 나라임을 직접적으로 암시하였다. 한국의 두 이념의 내치로 한미간 외교 균형에 저급으로 금이 간 외교관계를 불식시키고, 이번 한국 방문을 통해 한 단계 격상한 한미동맹과 한미기술 동맹으로 우리의 우려를 완전 불식시켜 주었다고 할 수 있다. 또한 바이든 대통령은 한미 역사는 영원한 우정으로 발전을 거듭했다고 언급하며 한미동맹 강화, 한미 기업 경쟁력 높이기 방한으로 평가된다.
　우리가 크게 우려하는 북핵 억제력, 북의 완전 비핵화로, 두 정상의 확고한 언급이 우리는 더욱 한미간을 신뢰할 수 있게 하였다. 두 정상 핵심 의제는 안보, 경제, 기술 동맹이었으며, 중국과 소련 공산권에 눈치 보지 않는 자신에 찬 외교였다. 양국 군사 70년을 통해 굳건한 한미동맹은 새로운 미래와 함께 안보와 시장경제 질서를 유지 하자고 바이든은 역설했다. 따라서 북핵 공격에 대비 신속한 전력자산 보호와 한미 전시 작전권 전환을 재확인하고 한반도 안전한 비핵화(공동선언문 포함), 경제 안보 출범이 새로운 의제로 채택된 것이 우리를 안심하게 하는 성과라 할 수 있다. 따라서 원자로 기술 공동협력도 동시에 언급했다. 현충원 참배와 환영 만찬에서 재계 5대그룹 총수들과도 한국 기업인에게 힘

을 실어주는 따뜻한 우호 증진의 행보였다. 2박 3일 일정을 소화하고 일본으로 떠나기 전 오산 항공우주 작전본부를 방문 공중력 전력 강화에 만족해 했다. 그리고 질서 있는 외환 시장에도 한미간 협력 대처하기로 두 정상은 의견이 일치했다.

- 조 바이든의 매력 -

혹자는 조 바이든 대통령을 직접 만나지 못했지만 2009년 부통령때 부터 낯익은 바이든이다.

그의 인생 험로는 상원의원부터이었고 상원의원, 부통령, 대통령까지 50년 정치에서 바른 언어 구사의 바른 자세는 상원의원 부통령 때나 똑같아 보였다. 바이든은 81세의 고령임데도 그의 바른 몸집, 자세와 행보는 40대와 80대 조 바이든은 달라진 모습은 찾아볼 수 없었다.

그는 경사진 곳이나 평지나 그의 걸음거리는 허리에 힘이 들어간 바른 자세 그대로였다. 부통령 때와 달라진 것은 엉성하게 곳곳에 핀 흰 머리카락은 고목에 덤덤히 자란 잎에 비유할 수 있으며, 머리카락 사이 사이 틈으로 보이는 두피에 핀 약간 검은 검버섯은 팔순의 인생 관록과 자신의 정치 의지를 나타내는 듯 했다. 고목에 향기를 품고 아름답게 핀 꽃처럼 매력이 줄줄 넘쳤다. 50년 그의 정치 인생에서 발끝부터 머리에 이르기까지 허리에 기부스한 것 처럼 흐트러짐 없는 그의 자세와 언변은 81세 노익장에서 자신만만 그 자체였다. 100세 시대에 한국 노인회에 새로운 희망의 메시지를 던져 주기도 한다. 전 세계가 주시하는 노익장의 건전함, 그 자체의 매력은 우리 기억에 오래 남게 될 것으로 간주된다. 백번 물어도. 그의 인생 역정은 불사조요, 그를 어여삐 여기는 수호신이 한국의 안보 경제를 걱정하여 제일 먼저 한국을 방문하게 한 것으로 믿어 의심치 않는다. 이번 한국 방문으로 한미간 우호 증진을 한층 우위에 두고 떠난 바이든을. 국민 모두가 오래 기억할 것이다. 따라서 조 바이든 대통령 방한으로 한국의 나태한 안보 불감증을 일깨워주는 경긱심의 계기가 되었다. 백발 노장께서 세계 자유주의 균형을 위한 충성스런 정치 행보에 하나님의 가호가 있기를 바라면서 그의 정치 여정에 한국 국민은 축원을 아끼지 않을 것이다. 윤석열 대통령님이 조 바이든 대통령 두 정상간 펼친 정치력은 6월 2일 후 134회 김상덕 칼럼에서 연재합니다.

《135차》 2022.6.26

누가 당신에게 무거운 짐을 던졌나? 잊혀진 건국절 늪에 빠진 경제 무거운 짐 안고 갈 윤석열 대통령이 짠한 마음이다. 나쁜 정치, 나쁜 이념에 보수 가치를 살려야 한다

정치도 잘 모르는 당신에게 누가 무거운 짐을 던졌는가? 이제 와서 난 몰라라 한다. 상생의 정치도 없는 부패 고리가 연줄되었다.

보통 사람 느낌에 뻔한 사실을 덮으려 한다. 신뢰는 바닥에 떨어졌다. 그들이 저지른 정치적, 사회적, 경제적 나쁜 짐 덩어리를 지고 가야 할 운명에 처해 있어, 회복하려면 오래 갈 것이다. 참으로 안타깝다. 이게 나라냐?

5년간 독선과 횡포, 세금폭탄, 부정부패, 검수완박, 신상 덮기로. 국민 알 권리를 덮겠다는데 통탄은 하늘을 찔러 정권 교체뿐 다른 대안이 없었다.

누구를 위해 종이 울렸고 국민의 호주머니를 쉽게 털려고 하였는가? 세금 폭탄 당하는 국민의 불만과 스트레스가 5년 내내 였다. 거짓말에 쏟아지기도 하였다. 그러나 어려운 고비고비마다 대한민국을 지켜준 수호신이 정권 교체 핸들을 잡아 주었다. 대한민국 체제 수호를 위해 미국 바이든 대통령이 아시아 첫 순방과 첫번째 한국 방문은 하늘의 뜻이었다.

두 정상은 한미동맹, 새롭게 결성된 한미기술동맹 결속이었다.

- 윤석열 대통령 통치에 만족해야 할 몇 가지 -

윤석열 대통령은 공식 석상에서 '청춘을, 나라를 위해 바친 영웅'들을 잊지 않겠다고 했다. 언제 만에 들어본 말인가. 귀를 의심했다. 대통령의 목소리가 우리 귀에 들렸다. 기쁨 그리고 감격이었다. 전 정부의 탈 원전정책은 바보같은 결정이라고 못박았다. 세계가 인정한 대한민국 한수원, 한국전력, 그리고 두산중공업(전 한국중공업), 세계적 원전기술 보유가 한 순간에 털리고 빚 투성이 공기업으로 추락했다. 5년 동안 한국전력의 적자 경영으로 인해 한국전력채 13조원을 발행하여 국민 호주머니를 빨아들이고 있다.

 네팔에 방문 했을 때, 네팔 경제인마저 한국전력의 희소가치는 사라졌다고 했다. 정부가 출연한 과학기술대학이 지역에 있는데 한국에너지공과대학(약칭, 한전공대)을 설립한 이유는 무엇일까. 윤석열 대통령은 공기업 적자 경영을 개혁 하겠다는 의지가 분명하다. 첫째도 기술, 두 번째도 기술, 세 번째도 기술이라고 기술 우위 사다리를 놓겠다는 것이다. 자원이 부족한 우리나라는 고급기술과 맨 파워로 성장했다. 윤석열 대통령은 경력이라고는 검찰뿐인데, 아마추어로 보는 것은 큰 오산인 것 같다. 하기야 박정희 대통령도 정치하지 않은 군인이었다. 정치 많이 했다는 능구렁이들이 나라를 망친다. 해방 후 국가 지도자 최고 반열에, 오른 분은 1. 이승만 건국 대통령 2. 근대화 산업화 박정희 대통령이다. 2025년 쯤은 윤 대통령의 국정 평가가 예견된다. 윤대통령의 통치 우선 순위는 망가진 국가 정체성을 회복 시키는 것이며, 한미 동맹 강화, 한미기술동맹으로 국가 월 비즈를 확대하여 차세대의 미래 삶을 확보하는데 역점을 두겠다는 뜻이다.

 - 윤석열 대통령 혁신의 길 -

 43년 간 대한민국 정체성에 보수는 없었다. 윤석열 대통령은 국민이 요구하는 뜻이 무엇인지 잘 알고 있어 다행한 정권 교체였다. 무능한 국회와 국회의원 150명으로 줄이는데 과감한 혁신을 단행해야 한다. 국민은 국회의원 줄여 달라고 애원하고 있다.

 방만한 공공기관을 개혁해 공기업 적자 경영을 줄이고, 불필요한 재산은 매각, 공기업 재무 건전성을 확보해야 한다. 우리가 먹고 살아가는 아젠다가 성장 위주에서 생존 위주로 가야 한다는 대통령 의지가 반영되고 있다는 점이다. 저 성장 늪에 빠진 한국경제, 세계경제 변화에 따라 경제 체질을 바꾸려는 의지도 담겨 있어 보인다. 특히 저성장 늪에 빠진 스태그플레이션 현상에서 시장 경제 형벌을 완화시키고 기업활동 광폭을 넓혀 고용을 확대 시키는데 올인해야 한다.

 윤대통령은 규제를 하나 만들면 규제를 2개를 풀겠다는 의지를 밝혔다. 세계를 누비는 기업 전사들의 활동을 정부가 지원하겠다는 뜻이다. 기업인 가슴에 대못을 박은 근로시간 단축하여 주 40시간을 60시간으로 근로 자율성을 높이겠다는 정책을 경제계는 환영하고 있다. 따라서 법인세를 감면하고 고용 유연성을 확보, 기업의 투자를 확대시키고 고용 창출을 유도해 나아가야 한다. 즉, 관리형 안전 경영 위주보다 투자와 창업을 확대시키고 시장을 개척해 나가야 한다.

- 대기업과 공기업 혁신은 대한민국 경제 뿌리가 튼튼해 질 수 있다 -

공기업은 실적 위주로 평가해야 한다. 적자 공기업을 민영화하여 경쟁력을 높이고 기업 자체 혁신도 요구된다.

삼성그룹, 현대자동차그룹, SK그룹, LG그룹, 롯데그룹 등 30대 순위그룹까지 구조조정과 신중한 경영혁신을 바란다.

이들 대부분 기업들은 성장시대에 재벌 굴기였다. 산업 1세대가 이룩한 기업 덩어리를 잘 이어가야 한다. 덩어리 크다고 기업 존속이 영원할 수 없다. 따라서 잘못하면 산업 1세대가 이룩한 창업 정신이 할퀴고 수모를 당할 수 있다. 기업이 붕괴된 슬픔은 2대손, 3대손, 4대손, 5대손을 거쳐도 회복은 불가능하다. 기업은 불경기를 대비해 잉여자금이 확보되어야 불경기를 대비할 수 있다. 잘 나갈 때 기업의 사회적 책임을 높여야 하고 기업을 뒷받침하는 신뢰로, 사회 기여도를 높여야 한다.

- 이익을 증대하여 이익을 분배하여 사회적 책임을 높여야 -

(이기주의를 버리고 물가 안정에 힘써야)
삼성전자 고졸 6년 차 연봉이 9천만원이란다. 삼성전자 대졸 초임 신입사원 연봉은 5,150만원, 다른 나라에 비해 20% 이상 임금이 높다. 선진국 나라에 비해 턱없이 높은 임금이다. 기업 이익을 자기들만의 돈 잔치로 빈부 갈등을 부추기는 이기주의 독선. 물가를 부채질하는 임금은 안된다. 기업이익을 배분해 사회적 책임을 높여야 한다. 반도체 분야에서 세계 제일기업으로 성장시킨 삼성, 핸드폰 주파수 부품 소재 등 각종 부품소재를 수입해 완성시켜 성장한 삼성전자, 잘 나갈 때 이익을 나누어 사회적 역할을 높여주기 바란다. 2021년 한국과 일본의 1인당 GDP를 비교하면, 일본 46,000달러, 한국 33,900달러인데도 임금이 턱없이 일본, 미국, 독일, 프랑스보다 높다는 것이다. 2018년부터 연이어 500인 이상 기업을 대상으로 조사한 결과, 한국 연 평균 임금은 6,097달러, 일본 4,103달러, 미국 5,031달러, 프랑스 5,371달러 였다. 공기업, 공영방송도 적자 경영인데도 매년 임금을 올리는 무책임한 경영, 그리고 보직이 없는 사람까지 임금 지불한다는 공영방송, 국민 시청료가 내 것, 네 것 없이 세금 먹는 하마와 같은 경영에 국회가 합당한 감사로 제동을 걸지 않았다. 무능한 정부, 국회의 혁신이 우선이다. 감사를 단행하여 책임을 묻고, 패널티도 부과해야 한다. 코로나19로 2년 이상 불경기에 허덕이는 자영업자, 서민생활 눈물을 외면하는 시중 금융권은 서민 자영업자 대출이율을 올리고 그 돈으로 자기들만의 잔치를 벌리는 포식을 하고 있다.

　나라와 국가관은 없다. 나쁜 경영자들이 물가를 부추긴다. 1인당 소득 1백만원 이하가 전체 인구 65%가 넘는데 말이다. 빈부 격차는 심해 지는데도, 노동조합이 경영에 발목 잡으면 언젠가는 그 기업은 붕괴되고 고용은 해체될 수밖에 없다. 방대한 경영이 부도의 원인이며, 개미 투자자들에게 피해를 주면 안된다. 이자놀이 하듯이 그들만의 돈 잔치만 벌리지 말고 흑자를 분할해 사회적 책임을 높여야 한다. 또한 사회적 도리를 다하고 빈부 갈등을 줄이는데 은행도 적극적으로 동참해야 한다.

《138차》 2022.7.12

박정희 대통령 수많은 경제 악재에 대처: 고물가 저성장 국민스스로 고통 분담 해야, 공기업 혁신, 대기업 금융권 고통 분담 나서야, 잔치는 안돼

　러시아 우크라이나 침공 사태와 코로나 사태로 물류 공급망이 무너진 상태, 정부만 탓하지 말고 국민 스스로 지혜롭게 극복하는데 협력해야 한다.

　박정희 대통령 재임기간 동안 수많은 경제 악재를 기억하는가? 나라 경제 위기가 풍전등화인데, 대기업, 금융권, 공기업끼리만의 잔치를 벌려서는 안된다.

　윤대통령 정부가 들어서 대기업, 공기업이 임금을 인상하면서 서민을 위한 기금마저 사라졌다. 조금 절약하여 자금을 국민을 위해 써달라고 기탁하는 기업이 없어졌다.

　박정희 대통령 집권 때의 경제 악재를 되돌아본다.

　1960년 4·19 학생 혁명 후 민주당 정권은 7개월 8일 동안 국민이 원하던 개혁은 없었다. 민주당 정권 사회 전반의 부패를 참지 못해 일으킨 1961년 5·16 군사혁명은 하늘에서 내린 국가 수호였다. 무능하고 부패한 민주당을 일소하고 군사혁명 정부는 이승만 대통령 때 발표한 한미방위조약을 재정립하고, 1954년에 체결된 한미동맹 내용은 다음과 같다.

1. 미군 주둔 2. 북한 남침 억제 3. 동북아평화와 안전 수행 4. 자유대한민국 안전 및 재산 보호였다. 5·16 혁명 정부는 도탄에 빠진 민생과 북의 남침 억제를 공고히 하면서, 1. 자주자립, 경제 생산성 증대, 공업시설 확충 2. 철도, 일반교통, 광업, 전력, 제조, 가공업 생산을 확대 추진하고 3. 원자재 공급을 원활히 공급하여 소맥, 대맥, 원당, 석유, 무연탄, 공급 등 민생에 전력을 기울였다.

1) 1962년 제1차 경제개발 5개년 계획

2) 1967년 제2차 경제개발 5개년 계획 성공을 이끈 박정희 정부는 1년 국민총생산 4.7% 배, 무역 흑자 4.2배로 성장시켰지만 당시 유가 폭등으로 물가를 안정시키기 위해 대통령이 직접 나섰다. 서민의 돈이 시장에 나오도록 유도하기 위해 공인법인 체계 확립, 외자 도입시 특별 세제 지원, 비공개 법인 여수신 종합관리체제, 대주주 세무관리, 외부감사 강화 등 공개 기업을 확대해 증권을 통해 국민의 자금유입과 참여를 유도해 나갔다.

- 1968년 수출 100억 달러 선포, 물류 대비한 경부고속도로 착공 -

 수출 100억 달러 목표, 수출 물류를 대비한 경부고속도로를 1968년 착공하고, 1970년에 2년 5개월 만에 완공했다. 따라서 1973년 중화학공업 추진 선언으로 수출은 확대되고 우리의 기술 자본을 인정받게 되었다. 그러나 당시 국제 유가가 4배로 뛰면서 석유제품 가격 폭등, 통화 인플레이션, 저성장과 36% 이상 전반적인 물가 상승으로 경제에 큰 타격을 입게 되었다.

 이에 대처하기 위해 단기 금융개발, 상호신용금고법, 신용협동조합법, 기업공제회 등 국민 참여를 높혀 나갔다. 박정희 대통령의 중화학공업 선언 후 그 때 그 시설을 활용하고 발전시켜, 수출입 1조 달러 달성하여 경제 대국의 길에 일조한 것이다. 그때 H/W는 우리나라 GDP의 35%가 박정희 대통 국가 정책에서 50년 동안 경제발전에 이바지하였으며, 앞으로 50년간 우리가 지탱할 경제는 여기에 벗어날 수는 없다.

 박정희 대통령은 유신 정치가 내 개인의 정치적 욕심이 있었다면, '내가 죽은 후에 내 무덤에 침을 뱉으라'는 말을 남겼다. 그의 사후 재산은 군 시절에 장만한 35평의 집 한 채 뿐이고 다른 재산은 없었다.
 - 윤석열 정부는 고통 분담, 국민 스스로 나서야 한다 -
 전 정권에서 이어진 경제적 Damage는 오래 지속될 것이다. 퍼주기식 포퓰리즘은 20년 동안 이어져 왔다. 정권을 잡으면 국가 재산을 마음대로 주물럭거리었으며, 정규직 실적 높이기 위해 공무원, 공기업 직원 채용하기에 혈안이 되었다. 정치가 생각 없이 국민의 비위를 맞추려 할 때, 그 나라 경제는 붕괴될 수밖에 없다. 이에 가짜 좌파가 사라져야 건전한 진보가 살아남아 대한민국 미래를 걱정하는 일원이 될 수 있다. 국민으로서 책임과 의무가 변질된 가짜가 설치는 대한민국, 사건을 만들어 국가재정을 축내는 세력들을 색출하여 사회 개혁을 단행해야 한다.

국민은 포퓰리즘에 빠져 이것 저것 해 달라고 목을 메는 근성이 문제다.

 선심성 포퓰리즘으로 나라는 이미 골병이 들었다. 윤석열 대통령 선거 유세 때, 약속한 공약을 선별해서 줄여야 한다. 국민을 위한 정치라면 국민은 이해할 것이다. 거짓과 끼리끼리 그들만의 정치, 지역주의 정치는 윤정부에서 끝나야 한다. 이번 정권 교체로 윤정부가 우리의 안전을 보장하는 한미동맹과 한미기술동맹 체계를 갖춘 양국 우호 다짐은 자유 대한민국을 새롭게 하는 이정표가 될 것이다. 방만한 공공기관을 신속히 개혁하고 부실 공기업을 민영화하여 경쟁력을 높여야 한다.
 대기업 그리고 금융권이 인금 인상과 잔치 벌리는 것에 제동을 걸어야 한다. 대기업이 망하면 국민에게 주는 피해는 어떻겠는가? 대기업들이 서민을 돕겠다는 국민 기금도 없이 자기끼리 잔치만 벌리는 꼴이다. 따라서 나라는 점점 쇠퇴의 길로 빠질 것이다.

 대기업이라고 영원할 수 없다는 사실은 우리에게 이미 교훈을 주었다. 기업이 망하면 국민의 세금으로 채워졌다는 사실을 대기업은 명심해야 한다.

《141차》 2022.7.30

38선 그은 역사 왜곡, 무고로 고발한다. 김일성 묵인 하에 소련이 1945년 8월 9일, 38선까지 무단 침공, 미국이 막아주었다.

 1941.12.7-1945.9.2일끼지 세계 2차대전 증 일본제국이 아시아 태평양지역 진주만에 위치한 미 해군 태평양함대 기지를 기습 공격하여 미국과 전쟁이 직접 벌어졌다. 미국의 승리로 1945.8.15 정오에 라디오를 통해 일본 천황이 무조건 미국에 항복한다고 발표하였다. 히로히토 일본 천황은 맥아더 사령관 앞에 무릎을 꿇고 항복 문서에 서명했다. 1945.7.26 포츠담 회담에 일치하는 한반도의 독립을 인정하는 날부터 맥아더는 한반도에서 일본군을 철수하게 했다.

(영국 처칠, 미국 루즈벨트 대통령, 소련 스탈린 서기장 회담)

 - 미국은 1차 히로시마, 2차 나가사키에 핵폭탄 투하하다 -

 미국이 히로시마에 핵폭탄을 투하하고 3일 후인 8월 9일 나가사키에 재차 원자폭탄을 투하하자, 소련은 일본이 항복할 것으로 예단하고 1945.8.9에 만주에 주둔한 일본군을 소련이 침략 점령하고 1945.8.13 북한 나진을 거처 청진, 평양을 거처 남으로 개성을 거처 38선까지 무단 침공했다.
 미국은 일본으로부터 항복은 받았지만 전쟁 피로가 쌓여 오키나와 군사기지에서 휴식을 취하고 있었다. 미국은 한반도를 해방시켜 주고 소련이 한반도 38선까지 점령했다는 보고를 받고, 닭 쫓던 개가 되었다. 소련이 한반도 무단 침공을 보고 받은 맥아더 사령관은 한반도 무단 침공을 소련에 경고함으로서, 소련군은 38선에서 더 이상 남으로 향한 침공을 멈추었다.
 맥아더 사령관은 딘 러스크(David Dean Rusk) 대령(케네디 대통령 때 국무장관)과 찰스 보스틸(Chares Bonesteel, 후에 미 8군 사령관) 대령을 즉시 남한에 파견하여 소련의 한반도 38선 무단 침공하여, 철수를 요구하고 분쟁을 막기 위한 수단 끝에 38선 이북은 소련이 일본군 패잔군을 철수하게 하고 38선 이남 남한은 미국이 일본군 패잔병을 본국으로 철수 시키도록 하였다. 이것이 지금의 38선이 그어진 시초이며 6·25 남침과 전쟁 중 휴전협정에 따라 그어진 일치한 경계선이 지금의 남북 휴전선으로 그어진 경계선이다.

1945년 말 모스크바에서 미국, 소련, 영국 외상간 3상회의에서 한반도 문제를 논의한 결과, 먼저 미·소 공동위원회가 한반도에 임시정부를 조직한다는데 의견을 같이 하고 5년의 기한으로 신탁통치 과정을 거쳐 절차를 밟아 반도를 독립시킨다는 골격 이었다.

- 신탁통치 반대와 찬성 -

이승만, 김구 등 남한 우익 인사들은 신탁통치를 반대하고, 소련의 지령을 받은 북의 김일성과 남로당 박헌영은 신탁통치 찬성 쪽으로 남한사회는 극한 이념 대립에 봉착했다.

당시 미국은 신탁통치 반대 의견을 받아들이고 남북 민주선거를 통해 남북이 자주적 통일을 주장했으나 북한 김일성과 남로당 박헌영은 소련 지령을 받아 거부함으로서 극한 대립 가운데 남한 만의 단독선거를 유엔 동의 아래, 1948년 5·10 유엔 감시 하에 실시하게 되었다. 통일정부를 구현하기 위해 남북 동시 선거를 실시하라는 유엔 권고가 북의 반대로 무산 되었다. 남한 만 이라도 유엔 감시 하에 보통 선거를 실시하겠다는 의지를 받아들였다.

김구는 자유대한민국 정부 수립에 참여하지 않았다. 남북합작 통일선거를 거부한 북한 때문에 불가능한 남북합작 통일 현실을 왜 끝까지 남북합작 통일을 고집하면서 정부 수립에 참여하지 않고 사실상 반대한 입장 이었을까? 북한 김일성과 남로당 박헌영의 신탁통치 잔성, 한반도 통일을 위한 남북 동시선거를 통해 통일정부 수립을 북한이 반대했는데도 김구는 단독 정부 수립에 참여하지 않았는지에 대해 의문이 아닐 수 없다.

해방 후 건국 공적이 없는 김구만 영웅시하는 좌파들의 뜻이 었는가? 좌익들은 김구만 독립운동의 지도자로 섬기며 공정에 어긋난 이유는 무엇인가? 세계 지도자를 향해 일본 제국주의 침략 부당성을 외친 이승만의 독립운동 공적을 철저히 왜 외면했는가? 이승만과 김구는 상해 임시정부 때부터 상하 관계였으며 신탁통치 반대도 같은 뜻이었는데 왜 대한민국 수립에 참여하지 않았을까?, 광복회는 대한민국 이승만 건국의 공적보다 김구만 우위로 하는 이유는 무엇인가?

역사 사실과 진실 왜곡에 우파는 대응하지 못하고 건국절이 없는 현실에도 침묵하였다. 건국절 없는 나라, 정치권이 나서지 않는 이유는 무엇일까? 바른 역사 공부를 중요시하지 않았다. 건국에 공적이 없는 김구를 내세우면서.

 이승만의 공적은 왜곡 폄하해 왔다. 역시 정치인이 문제였다. 이승만 건국 대통령과 김구에 대하여 역사관, 국가관, 애국심을 재평가해야 한다.

 자유대한민국 국가 건설에 공적이 없는 김구를 존경할 수는 없다. 우리는 자유대한민국 국민이기 때문이다.

- 반성은 하는가? -

 죄에 반성 없는 좌파, 사회주의를 꿈 꾸면서 북을 찬양하는 종북 주사파들. 자칭 민주화 투사라고 하기도 해 삼권분립도 모르는 것 같다. 자신의 자식들은 소련보다 미국에 유학 보내는 이중적 행태다. 나라가 망하는 줄도 모르고 나와 내 자식만 잘 되면 된다는 이기적 기회주의자가 우리사회에 판을 깔고 있다. 애국심은 없다. 세계 유례없는 경제발전도 민주주의도 시들어 간다. 민주주의 근본은 양심과 도덕적 정치개념이다. 나라를 지키기 위해 국민이 나서야 한다. 정치 불신 시대에 국회의원 수를 반으로 줄여 정치꾼들을 축출해야 한다.
 월급도 반으로 줄이고, 대형 사건마다 정치 권력으로 거짓과 가짜로 국민 혈세를 빨아 먹게 하는 정치였다. '건국절도 없다'. 윤석열 대통령님께 말합니다. 광복절만 외치지 말고 위대한 대한민국 건국을 외쳐 국가 위계 질서를 바로 세워 주기를 바랍니다. 위선의 정치 내전 상태를 종결시켜야 우리가 함께 살아갈 수 있다.

《143차》 2022.8.15

혹자는 한국의 경제인인가? 해방과 일본인 귀속 재산: 미군정이 대한민국 정부에 소유권 이양, 미국은 소국을 탐하지 않고 상호 통상을 넓혔다.

본 칼럼은 1945.8.15. 일제 36년 동안 한반도를 지배하면서 쌓아 놓은 일본인 귀속 재산을 미 군정이 이승만 정부에 이양한 과정과 귀속된 자산이 어떻게 활용되었는지 알아보고자 한다.

2015년 10월 성균관대학교 이대근 명예교수가 발표한 700여 쪽의 저서에 근거한 내용입니다.

- 혹자도 한국의 경제인인가? -

저자는 선대 맹자, 수자 아버님과 의령옥(玉)씨 집안 명자, 고자 사이에서 막내로 태어났다. 선친께서 일제 때부터 경남 거제와 경남 김해 대저면 두 곳에서 정미소업을 운영했다. 1966년부터 공직에 근무를 했으며, 1975년 4월을 끝으로 1975년 10월 미래 한국 경제발전은 도시 위주로 발전되고, 사람이 몰려들 것으로 예측하면서 주거에 착안 금호합판 창업에 이어 금호목재상사. 금호 무니목 가공공업사에 이어 한국조나단 스포츠산업, 원서개발(주)를 창업했다. 32살 나이였지만 77년부터 선대에 힘입어 미국 뉴욕 포터리, 영국 피카델리가, 이탈리아, 싱가포르에 거점을 두고 달러가 부족한 나라에서 달러를 벌기 위해 2/3를 해외 출장 다니면서 신혼생활도 어떻게 보냈는지 잘 기억나지 않을 정도로 사업에 열중했다.

당시 원서개발을 설립하고 본격적으로 해외 영역을 넓히면서 미국 뉴욕 포터리에 있는 USF그룹 포터스 회장을 통해 해외공사 보증과 그의 친동생인 당시 씨티뱅크 J.포터스 은행장을 소개받아 지불보증을 성립시켜 싱가포르, 리비아, 동남아에 주력할 수 있는 계기가 마련되었다. 티크, 올랏트 로즈, 호크 특수목재 최고 산지인 미얀마, 태국, 인도네시아, 말레이시아 등 5개국을 오고가며 거래를 활발하게 했다. 고급 특수목재인 티크 올라트 흙단 로즈목재를 스레스 기계로 무니목으로 깍아 내고, 로타리에는 참나무 등 억센 나무를 깎아 합판에 무니목을 2차 프레스에 압축한 다음, 3차 쎈딩을 가공하여 건설현장 및 가구회사에 제공했다. 그 후 필자는 1988년부터 국내외 원서종합건설, 경주저축은행, 병원, 대체에너지 정유, 환경, 시그너스호텔, 덕구콘도, 해운업, 조나단스포츠산업, 조나단출판 문구산업, 금호특수목재 등 13개 계열사를 둔 임호그룹으로 승격시켜 리비아에서 김우중 대우그룹회장의 세계화 열정과 영국 피카델리에서 정주영 현대그룹회장 리비아에 진출한 한양그룹 배종열회장, 유원건설 최효석회장 등 선배들의 경영을 배우면서 열심히 사업에 열중했다. 성격상 주변에서 정치를 권유했고 첫 지방자치제 민선 경남지사도 준비하다 벌려 놓은 사업 책임에 따라 포기했다.

2001년 5월 신체에 이상이 생겨 서울 강남세브란스병원에 입원한 후 담당의사 최승호 박사와 상봉에 있는 제세병원 조병희원장의 질병 진단 결정에 따라, 임호그룹을 정리, 매각하기로 결심하고. 임원과 담당 공인회계사를 통해 법인재산과 개인재산을 모두 처분하여 저와 인연을 같이한 은행 등 거래업체에 피해가 없도록 조치하게 하였다. 지금도 당시 4개 은행 총부채 1천 9백억원을 사업 잘 하라고 임호그룹에 지원한 당시 제일은행, 한일은행, 대구은행, 중소기업은행에 감사하게 생각하며, 협조한 거래업체 모두에게 감사하게 생각한다. 주거래 은행은 당시 한일은행(후 우리은행), 신한은행, 중소기업은행, 대구은행, 서울투자금융이었다.

한양대학교 경영대학원 경영, 중앙대학교 행정대학원 행정, 영국 피카델리 부동산 리츠 빅테일 분야 개발정책, 리비아 사막 식량의 자급자족 녹색정책혁명학교에서 공부하면서 국제 비즈니스 전문성을 쌓았다. 필자는 국내 건설뿐 아니라 해외분야 사업을 미국 USF 그룹과 일본 아카사카 건설 그리고 일본중앙흥업(주) 아사노 회장으로부터 해외계약 공사, 공사비 선불을 받기위해 간접 지불보증서를 발급받아 리비아 쌀리어 지역 파밍 프로젝트, 식량창고 공사와 농무성에서 발주한 농촌 농로공사, 카다피 궁전 정원공사, 나이지리아 아부제 공무원 아파트공사, 싱가포르 아키메스도로공사 등 현장을 지휘하며 경험을 넓혀 나갔다.

국내건설, 해외건설 모두 건강상 사업체를 매각한 상태에서 다행히 2002년 2월부터 급속한 건강 회복으로 교육사업에 뛰어들어 광운대 경영대학원 강남교학부 대표 교수로 시작하여, RAMP과정 원장, 남경 효장대 동방교육원 특임교수, 남경의대 경영 한국 총장, 동국대 행정대학원과 국제한인경제협력회간 산학협력 GYLP 미래지도자 프로그램 원장직을 담당하면서 청년인재 양성교육에 분주했다. 당시 사업할 때, 기업인 대부분은 필자와 나이 차이가 10~20년이 높은 연세인 산업 1세대 선배 기업인들과 인연을 같이 했으며, 사랑을 많이 받으면서 달러가 부족한 나라로 분류된 한국의 달러 보유고가 어려움에 달러 유치에 남다른 관심을 가졌다. 그러나 현재 대부분 선배 경영인들은 세상을 떠났으며, 정든 세월의 슬픔을 안고 외로움을 느낀다. 현재는 국제한인경제협력회 이사장직과 김상덕국제경제 TV와 김상덕 칼럼(Naver blog sdkim 1944), Google에 올리며 국제한인경제협력회 국제 비즈니스 경제단체를 이끌고 있다. 산업 1세대의 보훈정신과 애국심이 충만했지만 후진적 정치에 나라걱정이 앞선다. 이 글을 작성한 이유는 저를 잘 아는 C언론 칼럼리스트가 잊어가는 산업 1세대 노력을 2~4세대에게 알려야 한다는 충고에 의해 쓴 것이지, 저를 내세우기 위한 것이 아님을 구독자 여러분에게 말씀드립니다.

- 애국하는 대통령, 무능한 대통령 -

박정희 대통령 서거 후 1980년부터 일어난 민주화 과정에서 역사 왜곡과 지역주의, 민주화를 앞세워 부정부패 지도자의 거짓 신분 세탁, 국가 품격은 떨어지고 건국에 공로가 없는 김구가 건국 대통령 이승만 어깨를 넘는 현상이 벌어지고 영웅시하는 건국의 반란이 계속되었다. 70년대 40대 기수론 두 김씨가 투쟁 정치로 민주화 만사형통은 시작되었다. 멀쩡한 나라가 IMF를 당하게 한 YS 문민정부 후임 DJ는 국부를 유출하고 북한에 퍼주기식 불법 송금, 안보 불감증에 열을 올렸다. 두 전직 대통령은 일생 동안 투쟁정치로 상도동, 동교동 세력을 키운 대통령병이 걸린 분이다. 좁은 땅 덩어리에 살면서 누가 동서 갈등을 부추겼는가? 북한에 불법 송금, 안보 불감증으로 남북관계가 더욱 악화되었다. 조선시대 매관매직을 비교할 만큼 끼리끼리 정치에 우리는 놀아났다.

혹자는 5.·18 광주 사건, 세월호 사건, 박근혜 탄핵을 보면서 인조반정이 생각났다. 이승만 대통령의 건국정신, 박정희 대통령의 근대화, 산업화, 중화학공업의 완성으로 우리는 60년을 잘 살아 왔다. 투쟁 세력들은 박정희 대통령의 근대화, 산업화를 인정하지 않았다. 가난의 결핍을 해결한 것도 고도 경제성장도 인정하지 않았다.

애국자는 줄어들고 정치 모사꾼이 판치는 나라가 1990년부터 나라의 품격은 떨어졌다. 좌파 이념 굴기로 베트남식 변형된 공산주의 국가로 갈 가능성이 높아졌다.

96% 군사력을 보유한 자유 월남 티우 대통령은 0.4% 힘의 호지민 공산당에 붕괴되었다. 자유월남국민이 약 1,300만명이 죽음을 당하고, 약 100만명 이상이 조국없이 세계를 떠도는 방랑자 신세가 되었다. 미국이 전쟁에서 철수하면서 체결된 자유 월남과 공산 월맹간 평화협정 후 티우 대통령은 평화협정만 믿고, 안보 불감증이 자기 조국의 멸망을 자초했다.

《145차》 2022.10.3

톨스토이의 전쟁과 평화, 러시아 데카브리스트혁명

1960년 3·15 부정선거에 항거한 4·19 학생 혁명정신과 1825년 12월 26일 러시아 청년 장교들이 러시아 귀족들의 부정부패에 항거한 "데카브리스트혁명" 정신을 말씀드리겠습니다.

1960년 4·19 학생 혁명이 성공하여 이승만 정부는 축출되고 허정의 시한부 과도정부를 거쳐 윤보선 민주당 후보가 대통령에 당선되어, 장면 총리 내각이 출범하고도 7개월 8일 동안 개혁 없는 무능한 정치로 학생들의 피의 대가가 이것인가 분노하지 않을 수 없었다.

그때 김일성은 적화통일 기회를 놓쳤다고 한탄했다고 한다.

이승만 박사는 해방이 되어 귀국하여 집무를 수행할 장소가 없어 일제가 운동경기장으로 사용하던 곳을 수리하여 집무실로 만들고 경무대라고 한 명칭을 1960년 12월30일 후임 윤보선 대통령이 청와대로 개칭했다.

귀한 손님이 경무대에 오면 프란체스카 여사는 청와대 뒤뜰 솔잎, 민들레 잎을 말려 끓여 차 내접을 할 정도로 가난한 나라였습니다.

이승만 집권 12년 동안 이기붕 내각은 대통령을 완전히 속인 정치를 더 이상 볼 수 없어 고등학생들이 주축이 되어 "3·15 부정선거 다시 하라." "이승만 물러가라" 학생의 항거가 4·19혁명입니다.

이승만 건국대통령은 책임을 지고 대통령직에서 하야하고, 자기로 인해 희생 당한 학생 국민께 사과하고, 지팡이 하나에 의지하여 하와이로 떠났습니다.

대통령직에서 하야하고 자신의 정치적 과오를 국민께 학생에게 진심으로 사과한 그 시간부터 이승만은 국민으로부터 정치적 과오를 면제 받았습니다.

이승만 정권은 부패했지만 12년 집권 동안 이승만은 개인 재산이나 부동산이라곤 하나도 없는 청빈한 지도자였으며 국민총예산 52%를 미국 원조로 가난의 결핍에서 구제했다.

이 땅에 공산주의는 '절대 안 돼' 반공사상으로 나라를 건국한 위대한 자유주의 통치자였다.
혹자가 고 1학년 때 3·15 부정선거 데모에 앞장서 퇴학당한 적이 있다. 우리는 4·19 혁명 성공 후 국가에 아무런 대가없이 국민 모두가 새 정부를 믿고 자기 자리로 돌아갔습니다.

1961년 5월 16일 박정희 소장을 중심으로 군사혁명이 일어나 수렁에 빠진 사회를 건지는데 속도 빠르게 개혁을 단행해 사회질서를 안정시켰다.

깡패들을 모조리 잡아 법으로 조치하고 어지러운 사회악을 뿌리 뽑아 집권 동안 4,000년 가난의 결핍을 해결하였다.

농어촌 개발, 쌀 증산부터 시작하여 경공업에서 중화학공업 완성을 통해 융합산업 발전으로 오늘의 경제 대국의 초석을 놓은 분이 박정희 대통령이다.

세계는 도탄에 빠진 나라를 구한 업적을 혁명으로 존중합니다.

오늘 언급하는 러시아 청년 장교 데카브리스트혁명은 1차는 성공하고, 2차는 실패해도 러시아 역사는 위대한 혁명이라고 역사에 기록되고 오늘날까지 국민의 귀감이 되고 있습니다.

한국의 4·19학생 혁명 성격과 닮은 러시아 청년 귀족장교들이 주축이 된 데카브리스트혁명정신은 1825년 12월 26일 상트페트르 부르크 귀족 젊은 장교 3,000명이 러시아 원로광장에 나타나 농노제 폐지, 압제정치, 전체주의 근절 요구를 외쳤습니다.

러시아 청년 장교들은 자유·평등·박애라는 혁명 구호를 외치며, 명예를 소중히 여기는 귀족들이 국가의 모든 혜택을 누리고 군림하면서 전쟁이 일어나면 국민을 버린 채 도망가기 바빴다고 외쳤다.

　반면 일반 국민들은 목숨을 걸고 침략자와 싸우면서 나라를 지킨 경험을 가지고도 썩은 정치권력과 상류 귀족층의 노예로 맹종하는 근성을 버리지 못하면 노예로 살 수밖에 없다고 개혁을 외쳤다.

　청년 장교들은 혁명에 성공하고도 정치권력을 탐하지 않고 군으로 복귀했다. 러시아 개혁이 시작되는 가운데 새로운 러시아를 지배할 '차트로 알렉산드르 1세'가 권력을 잡은 후 얼마 되지 않아 휴양지에서 심장마비로 급사하고 후계자 '리콜라이 1세'가 정권을 잡은 다음, 전체주의 독재로 가려하자 항의의 표시로 개혁 성향 청년 장교들이 원로광장에 다시 나타나 1차 혁명 때 약속을 지키라고 요구했습니다.

　청년 장교들이 2차 개혁을 외칠 때, '차르로 니콜라이 친위대' 수만 명이 달려들어 정의를 외친 주모자를 처형하고, 살아남은 청년 장교들은 인간이 살기 힘든 추운 시베리아에 유배시켰다.

　차르로 리콜라이 정권은 다시 귀족부패 세력과 유착 귀족들은 독재자에 아부하고 맹종하면서 이권을 챙기기에 바빴다.

　2차 혁명에 실패한 청년 장교들을 시베리아 유배지로 보낸 다음 청년장교 부인들을 회유하여 남편과 이혼하면 귀족 예우를 보장시키고 평생 잘 살게 해주겠다고 했다.

　그러나 청년장교 부인들은 남편을 따라 유배지로 가겠다고하여 시베리아 유배지에 남편과 합류했다.

　혁명을 주도한 청년 장교 부인들의 절개와 사랑이 현재까지 러시아 전여성들에 귀감이 되고 실패한 혁명이라도 혁명자의 예우를 그의 자손들은 받고 있다.

　차르로 부패 정권은 1905년 80년 만에 처절한 상태로 멸망했습니다.

톨스토이의 문학 거작 '전쟁과 평화'에서 청년 장교들의 혁명정신 리콜라이 정권이 묻어 버리고 왜곡된 역사적 사실과 진실을 명확히 하는 리얼리즘으로 승화시켰습니다.

(러시아 전쟁과 사랑의 거작 톨스토이 부부와 마리아상과 예수그리스도)

그로부터 11년 후 레닌은 1917년 세계 공산당을 선포하고 러시아를 지배했지만 세계 공산당은 그로부터 74년 만에 고르바초프와 옐친 대통령에 의해 1991년에 해체되었다.

해체된 다음 푸틴이 정권을 잡아 다시 전체주의로 장기 집권을 하고 있습니다.

러시아는 아무리 땅덩어리가 크고 자원이 많다고 하나 국민이 노예생활에 익숙하고 개혁정신이 부족하여 일류 국가는 될 수가 없다.

대한민국 국민도 감성팔이에 편협된 일부 세력에 휘둘리면 노예로 살 수밖에 없다.

우리나라 반국가 세력의 반사회적 악행을 키워가는 개딸들의 선동에서 대한민국 정체성을 확립해야 한다.

1990년부터 정치가 지역주의를 통해 대립을 부추겼다.

1917년 레닌의 세계 공산당 선포 후 거세진 공산주의에 물들어 중국 러시아에서 온 교민들이 주로 제주도를 포함한 남한 곳곳에 스며들어 평등한 세상을 만들어 주겠다고 제주도민을 선동하고 밤이 되면 지역민의 재산을 탈취하고 협조하지 않으면 양민을 학살했다.

나라를 건지기 위해 공산주의를 토벌하는 과정에서 억울하게 희생당한 사람도 있었겠지만, 나라를 건지기 위한 불가피한 조치였습니다.

전두환 대통령은 국민화합을 위해 공산주의자 연좌죄를 풀어준 공적도 있다.

러시아는 고르바초프가 공산주의를 목숨 걸고 해체시켜 주었는데도 국민이 노예 근성 때문에 푸틴에 의해 사실상 전체주의 장기 집권으로 돌아갔다.

문재인 대통령이 북한을 방문하여 북한 인민들에게 대한민국 국호가 있음에도 '남쪽에서 왔습니다.'라는 용어를 쓸 뿐만 아니라 북한 인민의 환영식에서 인민기와 한반도기 대한민국 국기도 없었다.

청년 여러분! 1960년 4·19 학생혁명과 1825년 데카브리스트 청년장교 혁명정신을 기억하고 민주주의를 지켜야 한다.

광화문에서 애국시민이 자유를 지키기 위해 지팡이에 의지해 시멘트 바닥에서 밤을 새우면서 국가안보를 외쳤습니다.

러시아는 고르바초프에 의해 목숨을 걸고 공산당을 해체시켜도 러시아 국민은 자유를 지키지 못합니다.

우리는 이제 이 땅에 공산주의는 "절대 안 돼", "뭉치면 살고 흩어지면 죽는다."는 정신으로 추종 세력을 척결해야 합니다.

《165차》 2023.7.1

나도 극우 반열에 오를 수 있을까? 극우로 인정해 준다면 나라를 위해 가문의 영광으로 살겠다.

　건국 75주년 언제부터인가 건국절이 사라졌다.
2023년은 국민이 바라는 건국절 축제가 이루어질 것으로 기대된다.

　인간 윤석열을 대통령으로 당선시킨 국민 다수는 지도자로서 지도력을 발휘해 광복만 외치지 말고 건국절을 챙겨 주기 바란다.

　2023년 8월 15일은 건국절 행사를 광복 기념은 광복회가 하면 되고, 우리가 이룬 자유 대한민국 생일(건국절)은 정부 주도로 해야한다. 우리 힘이 아닌 광복만 외치고 건국절을 외면하는 것은 아비 없이 태어난 사생아와 같다.

　건국절을 외면한 것은 전직 역대 대통령들의 역사관 무능이며 정치가 반대 세력에 밀려 원칙 고수를 피했기 때문이다.

　윤석열 대통령님은 자유대한민국 건국의 권위를 선도해주기 바랍니다.
　우리 힘으로 쟁취하지 못한 광복만 1세기 동안 외치고 건국절은 외면 당하니 국민으로서 부끄럽기도 하다.

　왜 우리나라 지도자들은 한결같이 건국절을 축제로 하지 못하는가. 그 이유가 무엇인가. 그간 종북세력과 광복회에 의해 최고로 여겨야 할 건국절 축제를 방해받았다.

　정치인도 이승만 건국 대통령이 어떤 분인지 물으면 관심 밖이다.
　국민이 건국의 아버지를 모르는 것은 뿌리가 없는 방랑자와 같다.

　자유이념, 시장경제를 바탕으로 한 대한민국 건국은 이승만의 통찰력에서 비롯되었다.

문재인 대통령은 2019년 3·1절 100주년 기념사에서 이승만과 건국을 주도한 보수를 친일로 규정했다.

21세기 독재 국가이며 21대 다수당의 횡포와 직권 남용이 민주주의를 후퇴시킨다.

나라 안에 극우가 존재하여 나라 전통이 유지되어 왔다.

선대 심부름으로 1973년부터 2년간 주말에 일본을 자주 왕래했다.

일본에 머물 때, 요미우리, 아사이 신문, 월간춘추 기자로부터 한국인의 근성이 대단하다 하면서, 남의 나라에 살면서 민단과 조총련 이념 대립이냐고 핀잔을 받기도 했다.

일본 역사는 한 번도 공산주의 한 적은 없었다고 말한다.

일본 극우는 지금도 제국주의 영광과 부활을 외친다.

70년대 동경 한복판 신바시호텔, 바로 뒷 쪽에서 새벽 5시가 되면, 우렁찬 확성기로 제국주의 옛 영광과 부활을 외치기도 했다.

주변 일본 민간인은 확성기에 잠을 설쳐도 불만하는 사람은 없었다. 일본은 뭉치는 민족성 임을 알 수 있었다. 그들은 사적보다 공을 앞 세운다. 개인이나 사회단체의 잘못을 국가에 책임을 묻는 일은 없다.

그들 조상은 국제 전범이었다. 그러나 일본인의 해석은 조국을 위해 싸운 전범을 애국자로 자랑한다.

우리 스스로 이승만 박사를 중심으로 건국한 건국 대통령을 우리는 어떻게 예우하고 있는가?

자유대한민국 건국을 반대한 김구를 대한민국 지도자로 존경해왔다.

김구는 대한민국 건국에 공로가 없는 인물이다.

1919년 3.·1 독립만세와 독립을 쟁취하기 위한 상해임시정부를 이끌어 온 독립운동뿐이며, 이승만은 당시 세계가 인정하는 최고 엘리트로서 세계 열강에 일본침략과 부당함을 외친 독립운동가로서 김구와는 차이가 있다고 본다.

영국, 프랑스, 독일 등 식민 지배에서 벗어나 독립된 동남아시아, 아프리카는 독립 후부터 신생 건국일을 건국절로 삼고 있다.

광복회 이종찬 회장은 건국절을 1919년 3·1 만세 일을 계산하는 망언을 했다.
김대중 정부 때 국정원장에 재직했다니 그가 어떤 성향인지 알 수 있다.

3·1 독립만세운동은 일제에 항거한 독립운동일 뿐 건국절로 둔갑될 수 없다.
광복회는 고정 관념에서 벗어나 낡고 묵은 역사관부터 벗기는 개혁을 단행해야 한다.

우리 힘으로 못한 광복만 외치고, 우리 스스로 쟁취한 대한민국 건국절을 깎아 내리며 덮어온 국회와 헌정회 국회의장을 지낸 경력은 국민 앞에 석고 사죄해야 한다.

당시 광복회 창립회원 다수는 일제를 피해 중국, 소련에서 공산주의 사상을 공부하고 터득한 교민들이 대거 유입되어 광복회 회원으로 가입했다.
팔로군 등 중공군 공산당에서 활동한 이들이 자유대한민국 건국절을 부정하고 방해 해 왔다.
일본 전범 자손 다나까 수상, 후꾸다 총리, 기시 수상, 아베 총리도 일본 극우 전범 자손들이며 미국에 패전 붕괴된 조국을 건지기 위해 미국, 영국, 독일, 프랑스, 이테리 등 자본주의 국가와 손잡고, 패전 피해를 단숨에 재건시켰다.
일본 국민은 극우가 나라의 줄기라고 인정하기 때문이다.
남미 베네슈엘라, 아르헨티나, 아프카니스탄, 그리스 등은 달콤한 포퓰리즘에 빠져 보수 극우가 사라졌다.
혹자를 극우로 등극시켜 준다면 가문의 영광으로 살면서 종북 주사파와 싸우며 일생을 보내고 싶다.

《234차》 2024.8.8

역적모의 악의 축이 대한민국을 장악했다: 공산주의냐 민주주의냐 이념전쟁 국민 선택이 남았다.

역적 추종자들이 대한민국을 장악했다. 자유 우파라는 당은 무능하여 역적 모의을 보고도 역도 흉내 내기 바빴다. 이들에게 한 하늘 이래 산다고 해서 대한민국 발전을 위해 협조한다는 생각은 버려야 한다.
이들은 나라가 망해야 완장차고 몽둥이로 설치는 세상이 올 것이라 착각에 빠져 있다.

대한민국은 사실상 공산주의냐 민주주의냐 이념 전쟁 깃발을 선포한 것과 다름없다.
김대중, 노무현. 문재인 대통령에 이르기까지 역적 모의가 지속 청와대 붉은 용을 중심으로 곳곳에 주사파를 심어 붉게 확산시켰다.

IMF 경제 어려움을 알고 극복해야 할 국가 재정에 북한 퍼주기식 불법 송금 등 국군 통수권자로서 해서는 안 될 모의가 시작되었다.
북한 김정일은. 2000년 6월 12일 약속한 돈 4억 5천만 달러를 다 보내지 않으면 정상회담 않겠다. 북한에 오지 마라는 등 남북정상회담을 돈으로 흥정의 산물로 삼았다. 핵무기 개발을 위해서였을까?
4억 5천만불 불법 송금 후 김대중 대통령의 변명은 북한은 핵무기 만들 의사도 핵무기 만들 기술도 없다고 국민의 안보 불감증을 가중시켰다.
노무현 대통령은 북한 함정에 경고 사격했다고 국방장관, 정보본부장을 축출했다.
또한 김정일과 남북정상회담에서 연평도를 지키기 위한 이승만의 NLL 평화선을 괴물이라고 김정일과 맞 장구 쳐 해상 지휘부와 해병대 전투 의지를 약화시키는 모순이 되었다.
2002년 6월 29일 오전 NLL선을 넘어온 북한 경비정 684호 포신이 우리 참수리함 358호를 겨누어도 김대중이 만들어 놓은 교전 수칙에 따른다고 북한 경비정에 경고 방송만 할 수밖에 없는 경계 태세였다.

1999년 6월 제1차 연평해전에서 우리 해군이 승리한 직후 김대중 대통령은 국무회의에서 NLL을 상습적으로 침범하는 적의 함정에도 먼저 발포하지마라, 절대로 먼저 쏘지 말고 악당을 잡으라는 것과 같다. 우리군 병사들의 목숨은 귀하게 여기지 않은 군 통수권자의 막말이다.

북의 684호 경비정이 시속 12노트로 남하하는데도 경고 사격하지 않았다.
햇볕정책이란 마취약이 우리국군 지휘부를 마비시킨 것이다.
남하 한 적의 포탄은 우리 해군 참수리호 358호 조타실에 명중시켰다.
북한 684호 포탄에 기습 받은 참수리호는 침몰했지만, 햇볕정책 지침에 의해 우리 군은 보복할 수 없었다.
 그 이유는 사격 중지 명령이 내려왔기 때문이다.

 김대중의 햇볕정책에 기초한 자살적 교전 지침이 국군 지휘부의 전투 의지를 마비시킨 것이다.
 김대중 정부는 북한의 의도적 기습을 우발적 사건이라고 발표를 했다.
 북한 845호 경비정의 포탄을 맞고 참수리호 장병 6명이 순직하고 19명이 부상했다.

 한철용 5679부대장은 참수리호 사건 후 정보지원 미흡이란 이유로 조사 받고 자진 전역을 했다.
 국군 통수권자인 김대중 대통령과 국방장관은 참수리호 순직자 장례식에도 참석하지 않았다.
 김대중 대통령은 사건 다음날 일본 월드컵 구경하러 떠난 안보에 무책임 한 대통령이었다.

 광주 5.18 순수 민주화운동 외에 국군 무기고 40곳 습격, 아세아 방위산업체 장갑차 탈취, 전남도청 카빈총 탈취, 교도소를 습격한 세력들이 누구였는지 밝혀져야 한다.

 따라서 가짜 유공자 확인과 위 사실을 밝히지 않으면 국민의 마음을 모을 수 없다. 이들을 색출하고 300조 이상 사회적 비용을 줄이는 것은 윤석열 대통령의 결단에 달려 있다.

《235차》 2022.8.18

윤석열 정부 인사 작동이 고장난 것 같다.

　우파 승리로 윤석열 정권이 들어섰다. 아슬아슬한 승리였지만 바라던 정권 교체가 이루어졌기 때문이다.

　세월이 유수와 같이 흘러 어느덧 윤석열 대통령의 임기가 전반기를 넘어서고 있다.

　2년 반 동안 우리에게 주는 교훈은 문재인 정권의 연장 선상 인지 정권 교체인지 헷갈리게 한다.

　윤석열 대통령의 통치철학과 통찰력에 의심이 가기 충분하다.
　대통령중심제는 대통령의 정치철학이 큰 비중을 차지한다.
　그러나 오히려 지지 기반이 무너지고 있다.
　지지하는 전사를 내치는 나쁜 선례가 지금도 작동되고 있다. 자유체제의 정권 교체는 묵은 것에서 새 것으로 포대에 담아 소신껏 일할 체제를 갖추어야 한다.

　윤석열 정부 임기가 반환점인데도 공공기관장 314명 중 121명이 임기가 끝났는데도 기관장은 그대로 머물고 있다.
윤석열 대통령 앞에는 인재가 보이지 않는 건지, 문재인 정권 연장 선상인지 구분하기 어렵다.
　따라서 알박기 그대로 인사를 이어 가는 모양새로 정권 교체를 무색하게 한다.
즉 인사를 찔금 찔금 흉내만 내는 인사다. 신영복을 존경하는 문재인 정권 연장 선상으로 오해하기에 충분하다.
　지지한 국민들은 대통령에 대한 실망을 감 출 수 없다.

　동서발전 사장, 김경수 전 경남지사 특보를 지낸 남동발전 감사도 임기가 끝났지만 교체하지 않고 있다. 원인이 어디에 있는지 묻고자 한다.

정말 지지자 중 인재가 없는가? 대통령님은 인사 설명이 있어야 한다.
애타게 정권 교체에 사력을 다한 우파 인재는 보이지 않는 것인가? 외면하는 것인가? 대통령님은 답을 해야 한다.

대한민국에 충성스러운 인재는 없는가? 그렇지 않다. 실력 있는 지성인이 상대 세력들보다 더욱 많이 포진되어 있다.

김대중, 노무현, 문재인 정권을 벗어 나지 못하는 윤석열 대통령의 인사 스타일이다. 집권 2년 반 동안 사회 악의 축에 검찰 조사만 거창한 듯하고, 올바른 개혁은 없었다.

더욱 이해하지 못할 점은 임기가 끝나거나, 공석인 자리도 인사를 단행하지 않는 윤석열 정부의 인사 시스템이다.

국무총리는 임기 만료된 기관장 공기업 인사 제청권도 없는가?
왜 그럴까. 문재인 전 대통령 눈치 보는 것일까? 묻지 않을 수 없다.
참으로 국가 미래에 어둠을 덮고 진흙땅으로 가게 하는 징조로 불안하기만 하다.

지지층이 바라는 정권 교체의 의미가 무엇인지 대통령 자신이 잘 모르는 것 같다.
대한민국 전체가 대통령의 인사와 개혁 부재로 공공 부채만 늘어 가고 있다.
현재 대한민국은 년 100조원을 차입하여 먹고 살고 있다.
2024년 1~6월까지 국가 부채가 74조억원이 늘어났다.
이러다간 문재인 정권 410조보다 국가 부채가 더 늘어날 전망이다. 대통령께서 부채를 줄이겠다는 의지가 없다.
1995년 김영삼 정부의 소급입법으로 양산된 광주 5·18 가짜 유공자를 색출하고 국민의 혈세를 환수해야 한다. 홍준표(현 대구시장), 권영해(당시 안전기획부장)를 조사해 국가 보훈처가 있는데도 광주사회단체에 맡겨 가짜가 국고를 축냈는지 국민에게 궁금증을 풀어 주어야 한다.

그리고 여성가족부를 한 부서로 줄여 예산 31조, 년 인건비 1조 4천억원부터 줄여야 한다.

건국부터 대한민국은 남녀동등이다. 학벌과 사회 참여도에서 여성이 약자가 아니다.

한국을 우리 정부가 아닌 것처럼 비난하며 종북 세력들끼리만 부르는, 임을 위한 행진곡. 윤석열 대통령은 대한민국 대통령으로서 불러서는 안 될, 임을 위한 행진곡을 대통령에 당선 되자마자 광주 5·18 묘역에 찾아가 불렀고, 이번 행사에서도 불렀다. 대통령의 생각에 무엇이 자리 잡고 있는지 실망스럽다.

용산 대통령실 보좌진과 행사 검증팀을 의심하게 된다. 역사를 거꾸로 공부한 그들 때문인가.

문재인, 이해찬 등 56명의 여야정치인 공직자 등 가짜 유공자를 조사해 국고를 환수해야 한다.

윤석열 대통령은 거꾸로 인사 난맥에 이진숙 방통위원장 임명과 김문수 노동부장관 임명을 두고 이제 와서 제대로 된 인사다라고 말한다.

그리고 년 300조의 비사회적 비용을 줄이는 개혁을 단행해야 한다.

국민의힘 한동훈 당 대표의 아리송한 국가관이 더욱 국민을 불안하게 하고 있다.

한동훈 당 대표는 한국 근대사 따라서 이승만 건국 대통령, 박정희 근대화, 산업화, 중화학공업 성공 사례를 더 공부하는 자세가 필요하다. 좌로 기울어진 생각을 씻어 국가 건설에 이바지해 주기 바란다.

《237차》 2024.8.30

장기표의 정치역정 가슴에 고인 눈물에 이 글을 바친다.

 장기표의 정치 역정을 멀리서 응원 한 필자는 투병 소식이 전해져 가슴이 아프다. 60여 년 동안 그의 이상과 정치 이념 그리고 창당과 낙선을 거듭 하면서 가슴에 고인 눈물을 생각하게 된다. 먼저 위로의 말씀을 전하고 싶다.

 장기표는 어떤 사람인가? 소년시절 1960년 3·15 부정선거 다시 하라하며, 학생운동을 거처 70년대 민주화 대열에 앞장선 정치 투쟁가였다.

 필자는 1944년생, 경남 거제이며, 장기표는 1945년생, 경남 김해에서 자란 4·19학생 혁명 세대 대열에 같이 선 벗이었다.

 필자는 부산에서 공부하면서 장기표와는 개인적 친분은 별로 없었지만 성인이 되면서 그의 간결한 처신과 정치 이상에 감동을 받았다.
 그는 정치인으로 변신하고 필자는 공직 근무한 뒤 사업에 열중했기 때문에 만날 일은 별 없었다.

 이승만 정권이 물러나고 우리 학생들의 피와 땀으로 얻어진 한 단계 성숙된 민주주의 발전과정에서 우리는 국가 미래를 위해 아무런 대가를 바라지 않았다.

 당시 민주당 새 정권이 들어섰지만 사회악 부패를 개혁하지 않았다. 참으로 무능한 정권이었다.

 질서 없는 사회 범죄자가 우글거리는 22대 국회와 닮은 꼴이었다.

 생생한 기억에서 4·19의 피와 땀이 이것 뿐 인가하는 불만이 터져 사회 전반에 퍼질 때, 박정희 육군소장을 중심으로 1961년 5·16 군사혁명이 일어나 부패 일소로 국가 안정 질서가 빠르게 회복되는 세상을 만들었다.

장기표는 몇 년 지나 서울대 법학도로서 정치에 관심이 많았을 것이다.
그때부터 그는 거리의 혁명가로서 영원한 재야 정치인이 되었다.

세계 공산당이 붕괴되고 러시아 고르파쵸프 서기장에 의해 공산당이 해체되자 정치 제도권에 들어간 동지들과 달리, 내가 추구하는 정치를 하겠다며 고집한 정치인 장기표...

그는 정치로 국민을 행복하게 만들겠다는 소신을 굽히지 않았다. 초등학교시절부터 빈농 아버지의 고통을 바라보면서 바른 세상을 바라보는 이상을 추구했다고 전해졌다

그는 마르크스, 레닌의 허상이 무너지는 것을 보고 민주시장주의와 복지국가 건설을 대안으로 삼았다.

가난의 재화에 의한 이윤극대화가 국민 모두가 행복해진다는 것이 장기표가 추구하는 세상의 핵심이었다.

정쟁을 일삼는 국회의 온갖 카르텔 특혜, 1년 1억 5천만원 봉급에 18가지 이상 혈세로 각종 특혜를 누리는 것을 그냥 두고 볼수 없어 국회의원 200명 축소 특혜 폐지 운동을 펼쳐 나갔다.

호응은 좋았으나 세상은 바뀌지 않는다. 국민이 문제다.

특히 22대 국회는 민생은 도탄에 빠지든 말든 탄핵과 특검을 유행가 가사처럼 여기는 지뢰밭 범죄자가 입성하여 국회에 범죄자 소굴이 되었다고 한탄한다.

장기표는 군사독재와 싸울 때도 지금과 같은 부패와 무기력한 정치는 아니었다고 말한다.
오직 대한민국 국회의 권력 탐욕이 민생을 거덜 내고 있다고 질타하며,
따라서 도덕성과 인간성을 회복하지 않으면 그리고 도덕성 없이 능력만 있으면 정치판에 도둑과 범죄자는 득실거릴 수 밖에 없다고 말한다.

농사짓는 사람도 공장에서 일하는 기능공도 일일 근로자도 국가발전에 기여하는데, 그

는 민주화운동 대가로 주는 물질적 혜택 등을 모두 거절하고 반납했다.

파렴치한 권력형 비리, 5·18 가짜 유공자 등 65명과는 대조적이다.

이들 가짜를 조사해 수혜를 받아 포식한 혈세를 국고로 환수하는 것이 현 정부는 시급한 과제일 것이다.

윤석열 대통령은 장기표 같은 청렴한 선비를 찾는데 삼고초려 고민하는 인사를 단행해야한다.

문재인 정권 연장인지, 공기업사장 314명 중 아직 임기가 끝나도 문정권이 임명한 그대로 인사 정체 현상이 30%나 된다고 한다. 인사부실로 국고를 낭비하는 이유가 무엇인지 대통령과 국무총리는 국민께 설명해야 한다.

장기표는 어려운 가정형편에 서울대 법대까지 갔으면 육법전서를 줄줄이 탐독하여 판검사가 되든지 행정고시에 합격하여 고위 공직자로 떵떵거리며 출세할 수 있었을 것이다.

그는 썩어 무너진 정치 개혁에 앞장서다가 이제 지쳐 암 투병으로 시한부 인생을 살고 있다.

앞으로 중요 과제인 국회의원 200명으로 축소 그들이 누리는 포식 특혜 폐지에 앞장 설 사람이 없다.

가정의 어려움과 치료비도 많이 쌓였을 텐데 말이다.

청렴하고 깨끗한 정치인 장기표를 국회에 보내지 못한 지역민의 아쉬움도 많을 것이다. 대한민국을 지켜준 수호신이여 당신만이 할 수 있는 기적을 내리시여, 국회의원 특권 폐지에 앞장서도록 장기표를 살려 주세요.

따라서 국가 수호를 위해 부처님의 가피가 있기를 바랍니다.

《특별기고》 2024.8.26

역사와 경제를 보는 눈

'국가가 먼저다' 저자 김상덕은 새로 출판되는 '역사와 경제를 보는 눈'의 제목 첫 글은 가난의 결핍을 해결한 산업 1세대의 기업가 정신과 보국정신을 본 받아야 할 대상으로 경제인 거목 이병철 삼성그룹 창업자, 정주영 현대그룹 창업자, 박태준 포항제철 창업자, 김우중 대우그룹 창업자의 창업정신에 촛점을 맞추었다.

기업가는 애국심이 가득해야 하고 취업을 준비하는 청년들은 사회성, 국가관이 높아야 국가와 사회, 기업으로부터 사랑과 신뢰를 쌓아 갈 수 있다는 내용이다.

이 번에 출간되는 '역사와 경제를 보는 눈' 출판의 요체는 공동체의식이 낱낱이 흩어지고 사변적 이익에만 치우친 개인주의의 범람 시대에 경종을 울릴만한 책 주제와 내용이다.

저자 김상덕은 기업인은 올바른 역사의식을 바탕으로 나라를 먼저 생각하는 자세가 우선되어야 한다는 일관된 주장이다.
이와 관련 산업 1세대 창업가의 창업정신 및 기업가정신은 재물을 쌓기 위한 존재가 아니라, '국가가 먼저다'라는 보국정신을 염두에 두고 국가, 사회, 경제에 이바지했다는 논지다.
'역사와 경제를 보는 눈'을 펼친 책 내용은 역사와 경제 면에 눈이 밝으면 좋은 결과가 오며 경제가치가 높아 가정경제도 풍요롭게 된다는 내용이다.

해방 후 79달러에 불과한 가난과 결핍을 해결한 사람들이 서두에서 거론된 네 분의 경영인은 이 시대에 앞서가는 시대적 경제 리더라는 주체의 논단으로 삼았다.

저자는 이 분들을 평가한 글에서 평소 역사 공부와 경제를 즐겨 공부한 특성이라고 강조했다.
이들은 창업을 생각할 때, 나라에 어떤 도움이 되겠는가 고민하며 창업을 준비했다고 공통적으로 말한다.

1960년대를 거친 가난의 재화 그들의 인생철학은 인성, 속성, 적성 중심으로 평가되었다는 논지다.

책 내용 전체를 들여다보면, 개척의 시대에 한국경제발전사, 부루주아혁명과 자본주의 생성, 인간경영론, 공자·맹자·순자의 논제로 구분되어 있고, 해방 후 두 이념 체제에 의한 싸움의 질곡을 나누어 엮었다.
또한 저자의 블로그 칼럼 중에서 지식을 알아가기 위한 논지로 보강되어 있다.
김상덕 저자는 1944년생으로 거제, 김해에서 정미소를 운영한 아버지와 옥(玉)씨 가문의 어머니 사이에서 막내로 태어났다.

저자는 11년 공직 생활과 1977년 버마. 태국, 인도네시아, 말레이지아에서 특수목재 티크 오랏트 구루미 등 특수목재를 수입하여, 1차, 2차 가공하는 공장을 서대문구 홍은동에 설치하여 제조업을 창업하고, 건설현장 수요에 공급하며 성장, 1991년 임호그룹으로 승격하여 종합건설, 병원, 호텔, 금융, 환경, 해운관광, 유통 분야 등 13개 계열사를 둔 그룹으로 성장시켰다.

2001년 예상치 못한 건강상 이유로, 그룹을 매각, 정리하고 2003년 교육사업으로 전환하여, 광운대학교 경영대학원 강남교학부 대표교수와 RAMP원장, 남경 효장사범대 국제교류원 특임교수, 남경의과대학 한국 경영총장에 이어,
현재 국경협 이사장 직에서 중소기업 해외 진출과 창업을 돕고 있으며 동국대 미래지도자 청년 인재 육성에 힘쓰고 있다.

저서로는 '대한민국 건국', '알아야 할 진실', '국가가 먼저다'의 출판에 이어, '역사와 경제를 보는 눈'을 책의 논지대로 출판하게 되었으며, 기성 세대 뿐만 아니라 취업준비생에게도 도움이 될 내용의 논지로 펼쳐 졌다. 저자는 취업준비생에게 도움이 되기를 바라며, 사회 전반에 유익한 인재로 성장하기를 기대한다고 저자는 전한다.

<국제한인경제협력회 사진 모음>

세계화 봉사대상 수상

제80차 국제한인경제협력회 총회

경제사절 등과 함께

김용환 재무장관 등과 함께

박태준 회장의 포항제철 공사 현장에서

포항제철 준공식: 박정희 대통령과 박태준 회장

해양과학기술원과 공동 세미나

MB와 함께

한국-말리 비즈니스 협력 비즈니스 협력 포럼

한국-말리 MOU 후

말리 VIP

인터내셔널 슈퍼퀸 모델 콘테스트

중국기금 최고 경영진 한국 방문 환영

INNO 그룹 환영

다문화가정과 대학생 역사 탐방

KYGL 제1기 입학식

동국대 GYLP 17기 입학식

동국대학교 GYLP 17기 학생

차담회

보좌관 아내와 함께

가족과 함께

어드밴스그룹과 MOU

투르그메니스탄 방문

이희범 부영그룹 회장(전. 산업통상자원부 장관)과 함께

여성 경제인들과 함께

인도 카르나타카주 투자상담회

한국-미얀마 경제포럼

주한미군 철수 반대한 싱글러브 장군

싱글러브 장군

대한민국 건국절 축제 요구

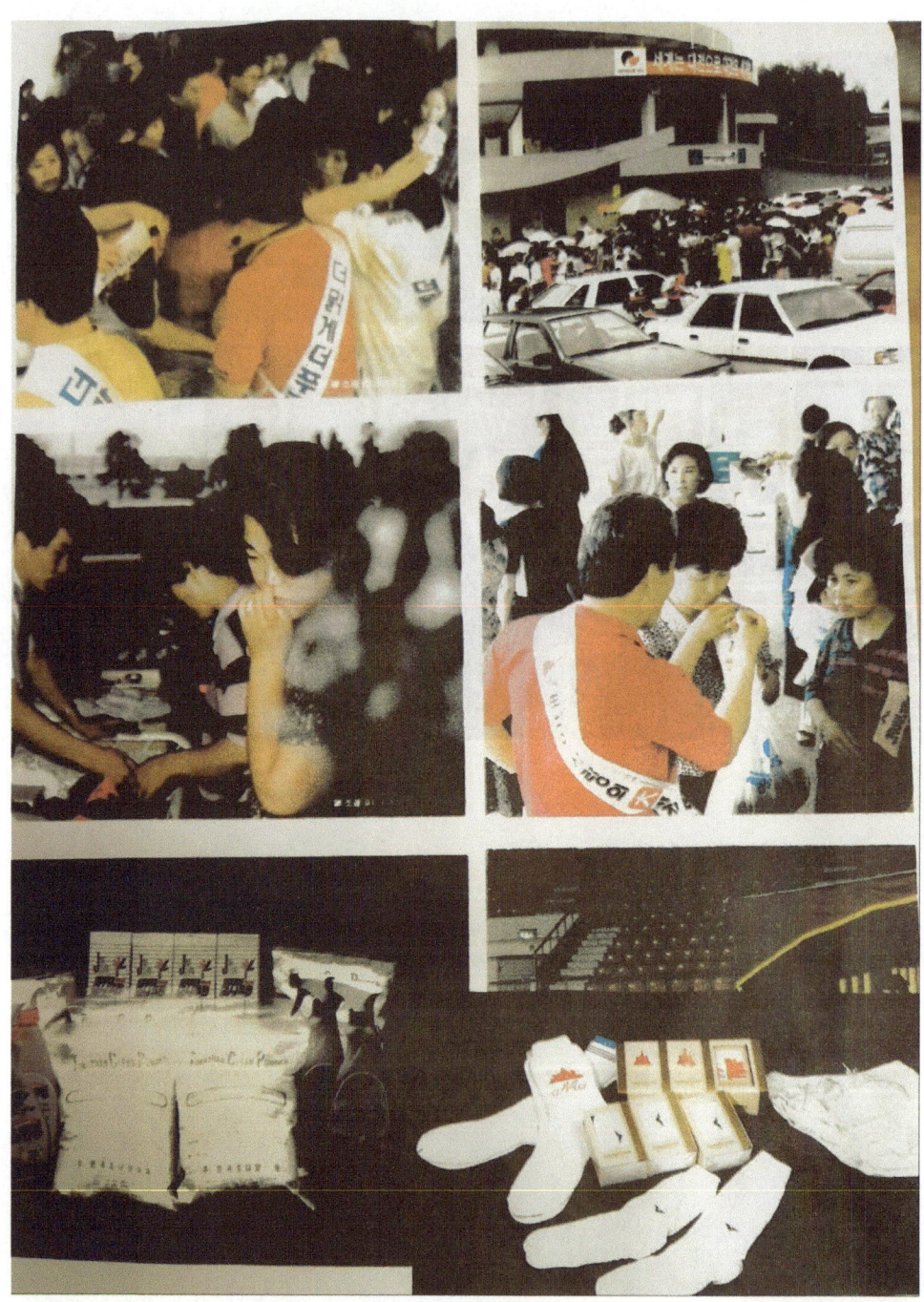

THE COUNTRY COMES FIRST
국가가 먼저다

THE ERA OF PIONEERING BEYOND TRIALS
The pioneers who led the Korean economy
They had a creative mind

시련을 넘어 개척의 시대

한국 경제를 이끈 선구자들

그들은 창조적 마인드가 있었다

<요 약 문>

저자는 오랜 세월 동안 경제, 정치, 사회, 문화의 변화 과정을 기록해 온 역사가 단순히 과거를 되돌아보는 데에 그치지 않고, 현재와 미래를 위한 중요한 교훈을 제공해야 한다고 강조합니다.
역사의 왜곡이나 거짓된 기록은 미래를 이끄는 데 도움이 되지 않으며, 진실한 사관이 세대 간 소통과 공명을 이루는 데 필수적이라는 입장을 취하고 있습니다.

특히, 이 책의 핵심은 지난 역사를 올바르게 기억하고, 정치, 경제, 문화의 귀중한 교훈을 후대에 전달하는 데에 있습니다. 저자는 러시아의 공산주의 혁명(1917년)과 그 결과 공산주의가 1991년 소련의 붕괴와 함께 사라진 역사적 사건을 언급하며, 공산주의 이론이 실패했음을 역사적으로 증명하고자 합니다.

또한, 저자는 대한민국이 겪어 온 여러 위기들을 언급하면서, 자유 대한민국의 건국과 그 이후의 도전을 어떻게 극복해 왔는지를 강조합니다. 예를 들어, 여순 사건(1948년), 한국전쟁(1950년) 등의 위기 속에서도 한국의 산업 1세대들이 이를 극복하고, 대한민국을 도움을 받는 나라에서 도움을 주는 나라로 성장시켰다고 평가합니다.

미래에 대해 저자는 우리의 후대들이 안고 가야 할 책임과 높은 가치에 대해 언급하면서, 역사에서 가볍게 여길 수 없는 교훈들을 강조합니다. 또한, 자유민주주의와 경제발전 과정의 가치를 훼손하지 말아야 한다는 점을 강조합니다.

기업가정신, 기업 윤리, 애국심의 발로로 대기업 회장들의 기업관을 되돌아보고, 역사적 교훈을 바탕으로 한 한국 경제 발전의 중요성을 강조하고, 정치권의 각성을 요구하고, 노조 활동의 병폐, 급진주의를 경계하고, 부디 후대들이 글로벌 경제의식을 갖고 한국경제의 바톤을 잘 이어 나가기를 바라는 마음을 담고 있습니다.

참고문헌

고문승, 《박헌영과 4·3사건》 (신아문화사, 1989)

송효순, 《붉은 대학살》 (갑자문화사, 1979)

이선교, 《대한민국 근현대사 북한 실상》 (현대사 포럼, 2011)

《한국 진보 세력 연구》

중앙일보 특별취재반, 《비록 조선 민주주의 인민공화국》 (중앙일보사, 1992)

《남로당 연구》

《공비 연혁》

《대비 정규전사 : 1945~1960》

이하 참고문헌(V. 저자 블로그 중에서 : 지식을 알아가는 힘)

37차. 신상준 저, 《제주 4·3사건》 (제주문화, 2010)

　　　고문승 저, 《제주 사람들의 설움》 (신아출판사, 1991)

38차. 송효순 저, 《붉은 대학살》 (갑자문화사, 1979)

39차. 《조선일보》지, 2020년 4월 11일 자, A26. 강천석 칼럼

40차. 미 육군사령부, 〈정보 참모 안보보고회기록〉(1948년 10월 23일)

　　　김봉현·김민주 공편, 《제주 인민들의 4·3 무장투쟁》

41차. 〈여수 순천 지구 13호 계엄령 선포〉(1948년 11월 17일)

　　　《4.3사건 토벌 작전사》 (2002) 《4·3 증언자료집》

　　　《제주도 인민유격대 투쟁보고서》

42차. 《제주도 인민유격대 투쟁보고서》

43차. 〈국방보고서 전과 발표〉, 이덕구 제2인민사령관 사살

44차. 《4·3사건 토벌 작전사》 (2002)

　　　《제주 사건 진상조사보고서》

52차. 《위조지폐범 박헌영》 박윤식 저, 《대한민국 근현대사 시리즈-남로당》

53차. 북경 특파원 김정식(토담출판, 1985)

54차. 《비록 조선 민주주의 인민공화국》 《조선공산당 위조지폐 사건》

55차. 이중근 편저, 《6·25 전쟁 1129일》 (2014)

57차. 《남로당 연구》 송효순 저, 《붉은 대학살》

　　　(갑자문화사, 1979), 《비록 조선 민주주의 인민공화국》

58차. 정연진 저, 《폭풍의 10월》 (한길사, 1976)
59차. 《붉은 대학살》
60차. 《폭풍의 10월》
61차. 《대한민국 근 현대사 시리즈 남로당》《붉은 대학살》

역사와 경제를 보는 눈

A Perspective on History and Economics

발 행 인 : 김 상 덕 (金 相 德)

역 은 이 : 김 상 덕 (金 相 德)

디자인·편집 : 문 승 권 (文 承 權) 다산스마트경영연구원장

발행 인쇄 : (사)국제한인경제협력회

발 행 일 : 2024년 11월 02일

인 쇄 일 : 2024년 11월 10일

주   소 : 서울시 용산구 원효로 77길 10, 501(엠·케이빌딩)

전   화 : 02-587-8844 팩스 : 02-587-3342

홈페이지 : www.wfkb.or.kr

네이버블로그: https://blog.naver.com/sdl1944(김상덕국제경제)

email : sdl@hanmail.net

가격 : 20,000원

* 이 책의 내용 일부나 전부를 무단으로 전재·복제할 수 없습니다.